ORLÉANS

3.

Ce volume a été déposé au ministère de l'intérieur (section de la librairie) en mars 1872.

PARIS. TYPOGRAPHIE DE HENRI PLON, IMPRIMEUR-ÉDITEUR, RUE GARANCIÈRE, 8.

CAMPAGNE DE 1870-1871

ORLÉANS

PAR LE GÉNÉRAL

MARTIN DES PALLIÈRES

COMMANDANT EN CHEF LE 15ᵉ CORPS D'ARMÉE
DÉPUTÉ A L'ASSEMBLÉE NATIONALE

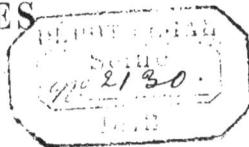

PARIS

HENRI PLON, IMPRIMEUR-ÉDITEUR

RUE GARANCIÈRE, 10

1872

Tous droits réservés

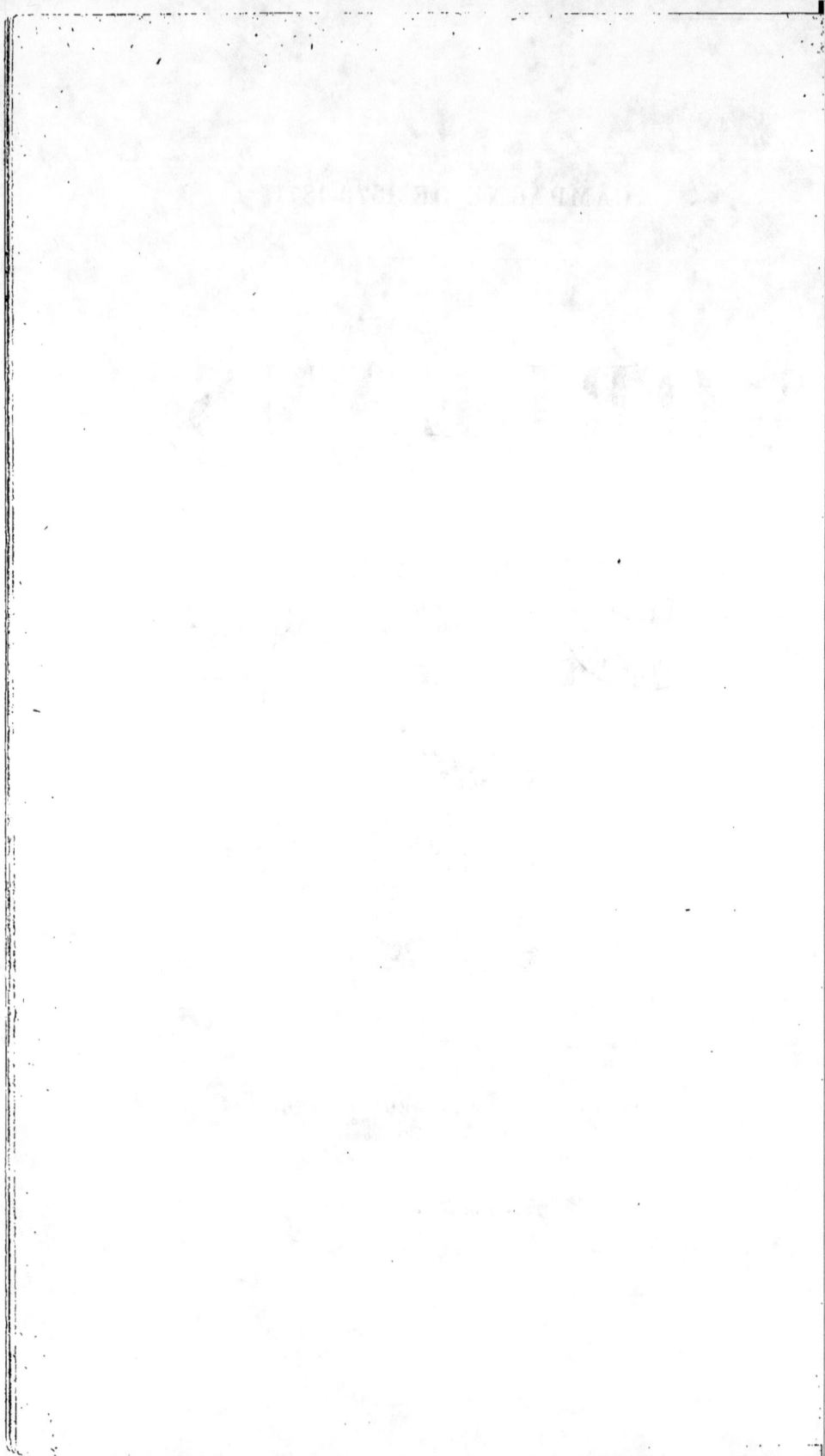

PRÉFACE

Dès les premiers jours qui ont suivi la conclusion du traité de paix, on m'a sollicité de soumettre au jugement de l'opinion publique la partie des événements de la dernière guerre à laquelle j'ai pris part. J'étais d'autant plus fondé à prendre à mon tour la plume, que, dans un bulletin daté du 5 décembre 1870, et répandu à profusion par toute la France, le ministre de la guerre du Gouvernement de la défense nationale à Tours rejetait sur le général en chef de l'armée de la Loire, et, jusqu'à un certain point sur le commandant du 15ᵉ corps, la défaite de l'armée devant Orléans et l'évacuation de cette ville, après les journées des 1ᵉʳ, 2, 3 et 4 décembre.

Malgré cette attaque, destinée, comme tant

1

d'autres, à égarer l'opinion publique sur la
véritable cause de nos désastres militaires en
province, j'ai pensé qu'il était bon d'attendre
qu'un certain apaisement se fût fait autour de
ces questions, avant de reproduire, dans leur
réalité, des faits dont la connaissance appartient
au pays, au double point de vue de son histoire
et des enseignements qu'il doit en tirer.

Ces faits ont été exposés par le ministère de
M. Gambetta dans un ouvrage publié depuis
plusieurs mois déjà, par M. de Freycinet, son
délégué à la guerre.

De nombreuses inexactitudes se trouvent dans
ces pages, qui présentent à la France, sous le
jour le plus favorable, les actes de l'administration militaire de Tours et de Bordeaux, depuis
le 10 octobre 1870.

Il eût été à la fois plus honnête et plus habile
de montrer les événements dans toute leur sincérité, surtout ceux au sujet desquels on avait
des informations fournies par les acteurs mêmes
de la lutte, dont on aurait dû provoquer les
explications pour arriver à la vérité, dans le
cas où les renseignements donnés pouvaient
paraître contestables.

C'était d'ailleurs un devoir sacré vis-à-vis du pays, que de lui rendre un compte exact de la gestion de ses intérêts pendant cette période funeste : alors surtout qu'on s'était emparé du pouvoir et des destinées d'un grand peuple, avec cette audace et cette confiance en soi qui n'appartiennent qu'au génie ou à l'incapacité.

Après avoir agi en dictateur et montré une insuffisance complète dans la direction des affaires, il ne suffit pas, pour se disculper, de rejeter ses fautes sur les instruments dociles, dévoués et pleins d'abnégation que le pays a remis entre vos mains pour le sauver. Il ne suffit pas de lui présenter, sur des faits qui l'in- téressent au plus haut point, des relations qu'on reconnaît soi-même douteuses, de les grouper avec autant d'art que de modération apparente, pour lui faire prendre le change sur les véritables auteurs de sa ruine définitive.

Quand on traite de l'honneur des autres, il ne faut pas se contenter de l'espoir de faire des récits exacts ; il faut en avoir la certitude.

Il ne convient donc pas à ceux qui étaient placés à cette époque à la source des informa- tions les plus sûres, puisqu'ils dirigeaient les

1.

armées de leur cabinet, sous prétexte de mettre
les événements dans leur véritable jour, de produire l'obscurité sur des faits qu'ils auraient
certes tenu à placer dans la plus vive lumière,
si la fortune avait, par hasard, couronné de
succès leurs conceptions.

Quand le public saura que M. Gambetta était
saisi, dès le **29** décembre **1870**, d'une lettre
officielle du commandant du 15e corps dans
laquelle, tout en protestant contre son factum
du 5 décembre, il lui exposait très-nettement
le rôle qu'avaient rempli les troupes sous ses
ordres, il s'étonnera que M. de Freycinet ait
écrit, chapitre IV, page **70**, sans avoir men-
tionné cet important document, les lignes suivantes : « J'entre dans l'historique des opérations militaires. Mais, dès l'abord, je ferai une
remarque essentielle, c'est que les rapports
officiels des chefs de corps sur les divers engagements, sauf celui de Coulmiers, ne nous
ayant pas été fournis, je ne puis prétendre à
faire un récit des batailles complet. Mais j'ai
l'espoir de le faire exact, car je n'ai opéré que
sur des dépêches authentiques, sur nos propres
instructions et sur les *narrations de témoins ocu-
laires méritant créance. De plus, pour certaines*

batailles, entre autres celle qui a amené l'évacuation d'Orléans, j'ai pu, en m'aidant des relations étrangères, rétablir un historique détaillé des divers incidents. »

Lorsque le lecteur aura pris connaissance de la pièce citée plus haut[1], il comprendra facilement pourquoi M. le délégué à la guerre l'a passée sous silence ; elle dérangeait quelque peu l'échafaudage de son récit.

Il me reste à espérer que, dans les autres parties de son ouvrage, l'auteur s'est appuyé davantage sur des documents officiels fournis par les acteurs de ces drames, et qu'en ce qui les concerne, à l'instar de l'abbé de Vertot, ils ne lui sont pas parvenus alors que « son siége était fait ».

Ce livre n'est pas écrit dans un intérêt de défense personnelle ; s'il répond à des attaques injustes dont le bon sens public a déjà fait justice, c'est qu'il est indispensable de replacer les faits sous leur vrai jour. Au moment où le

_____

[1] Voir au chapitre VII.

pays va être appelé, par la voix de ses représentants, à se donner les institutions militaires
capables de lui rendre, dans un avenir plus
ou moins rapproché, la virilité et la vigueur
morale sans lesquelles il ne pourra reprendre
son rang parmi les nations,. il m'a paru qu'il
était de la dernière importance de lui faire comprendre la nécessité des réformes qu'on lui
demande et des sacrifices qu'il devra s'imposer.

Si, pour la clarté et la rapidité indispensables
de ce récit, je suis amené à parler trop souvent
de mes actes, je prie le lecteur de croire que ce
n'est nullement dans le but de les faire valoir.
Je suis loin de me considérer comme ayant le
monopole des idées que j'ai émises ou le mérite
des faits que j'ai accomplis, étant de ceux qui
pensent que, dans le conseil, le chef doit s'entourer de toutes les lumières, et dans l'action,
prendre à lui seul toute la responsabilité.

Le commandant du 15e corps a eu la mauvaise fortune, dans cette guerre, de n'assister
qu'à des combats dont l'issue a été douloureuse,
mais n'a pas été, cependant, sans gloire pour
les braves gens qu'il avait sous ses ordres. Il a
pour eux une estime profonde et méritée, car

c'est peut-être encore plus dans l'adversité que dans le succès qu'on apprend à connaître la valeur des hommes.

S'il n'en cite pas un grand nombre dont le dévouement mérite de n'être pas oublié, il les prie de considérer que le but principal de son ouvrage est d'éclairer le pays, à l'heure suprême à laquelle il est arrivé, en lui exposant, même par de tristes exemples, les causes et les effets de sa décadence militaire, fruit d'institutions dans lesquelles il avait une aveugle confiance.

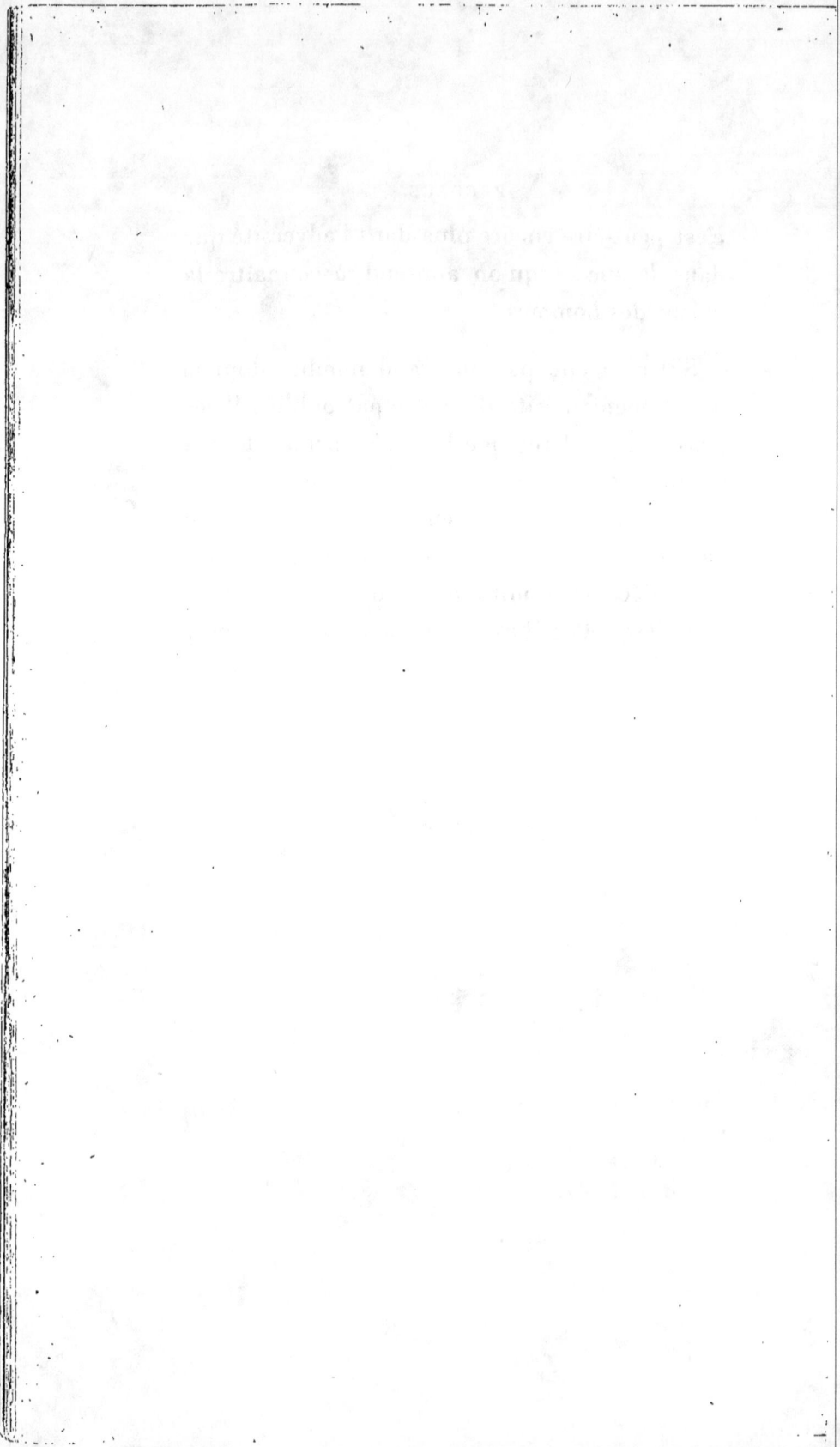

ORLÉANS

CHAPITRE PREMIER.

De Sedan à Tours. — Nécessité pour le gouvernement de la défense
nationale d'organiser le plus promptement possible les forces
que la loi du 10 août 1870 avait mises entre ses mains. —
Véritable situation de la province en hommes et en armes, après
la perte de l'armée de Sedan, l'investissement de Paris, de Metz
et des autres places de l'Est. — Modification à apporter à la loi
de justice militaire pour faciliter un rapide retour à la discipline,
sans laquelle l'organisation des armées nouvelles devenait impossible. — Vigoureuse et méthodique organisation à donner aux
armées dès le début. — Influence qu'elle eût pu avoir sur les
destinées de la campagne. — Projets présentés au gouvernement
à Tours : il n'y est pas fait de réponse. — Gaspillage des ressources du pays en hommes comme en armes.

La bataille de Sedan, dans laquelle je commandais
la 2ᵉ brigade de la division d'infanterie de marine,
qui faisait partie du 12ᵉ corps d'armée, n'entre pas
dans mon sujet.

D'autres, plus autorisés que moi et d'ailleurs mieux
placés en raison de leur situation élevée pour voir et
juger les événements, ont fait le récit de ces journées : je n'en parlerai donc que pour mémoire et
pour indiquer l'origine du commandement qui m'a
été confié dans l'armée de la Loire.

En ce qui me concerne, je fus chargé le 31 août, vers deux heures et demie de l'après-midi, de défendre Bazeille avec la moitié de ma brigade, le 2ᵉ régiment d'infanterie de marine. Ce corps s'y maintint seul jusqu'à cinq heures, malgré toutes les colonnes d'attaque que l'ennemi ne cessa de lancer avec furie sur ce point et les pertes sérieuses qu'il nous fit éprouver. Mon cheval atteint de cinq coups de feu, moi-même blessé d'une balle qui me traversa la cuisse, je dus me retirer du champ de bataille à cette heure, au moment où le reste de la division venait à notre aide, pour assurer à l'armée cette importante position, qui fut attaquée et défendue avec un égal acharnement.

Je fus dirigé par l'ennemi sur Mézières douze jours après, sans engagement ni conditions, à cause de la gravité apparente de ma blessure, qui semblait devoir m'empêcher de servir pendant plusieurs mois.

Les Allemands ne croyaient pas sans doute à la continuation possible, pour nous, d'une longue guerre; c'est ainsi que je pus arriver à Paris avant l'investissement et solliciter un nouveau commandement.

Tous les postes étant occupés, je fus envoyé à Cherbourg pour prendre la direction des lignes de Carentan, qu'on mettait en état de défense.

Quelques jours après, j'étais rappelé à Tours et nommé général de division. Il fut d'abord question de me donner le commandement et l'organisation des forces militaires des cinq départements suivants, la Manche, le Calvados, l'Orne, l'Eure, l'Eure-et-Loir, dont deux touchaient aux lignes d'investissement de Paris; puis le ministre, changeant d'avis, me chargea définitivement d'aller former à Nevers la 1re division du 15e corps.

Après le désastre de Sedan, il était indispensable, si l'on voulait créer en province une armée capable de défendre le territoire, de l'organiser sans perdre un instant sur des bases d'autant plus solides que les éléments dont on pouvait disposer étaient plus fragiles.

Le gouvernement de la défense nationale avait en province à sa disposition, après l'investissement de Paris et sans comprendre les effectifs des armées de Metz, de Sedan, et les troupes des places fortes investies, plus d'un million d'hommes levés par l'ancien gouvernement, 2,000 canons rayés et plus de 500,000 fusils se chargeant par la culasse, dont 400,000 chassepots au moins, et non pas « moins de 40,000 soldats, autant de mobiles et 100 canons », ainsi que le dit M. de Freycinet dans son ouvrage « *La Guerre en province.* »

Ce fait, si essentiel à constater, ressort clairement des deux tableaux officiels suivants, dressés au ministère de la guerre, et qui invalident complétement l'assertion de M. de Freycinet, tendant à faire croire au public qu'aucune mesure n'avait été prise par l'administration militaire avant le 4 septembre, en présence de nos rapides et successifs désastres, et que, seul, M. Gambetta, en frappant le sol du pied, avait eu le pouvoir d'en faire sortir des défenseurs.

TABLEAU N° 1.

Au 1er juillet 1870 :

Armée active et réserve (officiers et troupe). .	564,748
Garde nationale mobile (officiers et troupe). .	420,000
Total [1]	984,748

Postérieurement au 1er juillet 1870 :

La classe de 1869 a produit 75,000 incorporations dans les corps de l'armée de terre et 145,000 dans la garde nationale mobile. Soit, en les réunissant. 220,000

La classe de 1870 a produit, non compris les contingents des départements envahis, 141,000 incorporations et 37,266 dans la garde nationale mobile. Soit [2]. 178,266

Les engagements volontaires pour la durée de la guerre (loi du 17 juillet 1870) se sont élevés à 140,514 (armée active), et à 7,192 (garde nationale mobile). Ensemble. 147,706

A reporter. 1,530,720

---

[1] Dans cet effectif ne sont pas compris les jeunes soldats et les gardes nationaux mobiles de la classe de 1869. Les opérations pour la levée de cette classe ayant été retardées, d'une part par la loi du 21 avril 1870, qui a réduit le chiffre du contingent de 10,000 hommes, et d'autre part par le plébiscite du 8 mai suivant.

[2] La classe de 1869 a pu être appelée avant l'envahissement de nos départements de l'Est. C'est donc pour ce motif que le chiffre de cette classe, tant dans l'armée que dans la mobile, est supérieur à celui de la classe de 1870, laquelle n'a été mise en route qu'en octobre.

Report. . 1,530,720

Les anciens militaires et les jeunes soldats ayant fait partie des deuxièmes portions rappelées à l'activité par la loi du 10 août 1870, ont atteint le chiffre de. 92,600

Les hommes âgés de moins de trente-cinq ans qui n'avaient jamais servi (célibataires ou veufs sans enfants) et qui ne se trouvaient dans aucun des cas d'exemption ou de dispense prévus par les lois de recrutement, ont également été appelés à l'activité, en vertu de la loi précitée du 10 août 1870. Ils n'ont pas dépassé le chiffre de. 177,000

Les hommes qui ont été incorporés dans la garde nationale mobile (loi du 10 août 1870), c'est-à-dire ceux qui, étant célibataires ou veufs sans enfants, s'étaient fait exonérer du service des classes de 1865 et 1866, ont produit : Incorporations. 14,000

Ensemble. 1,814,320

Si donc on retranche de ce chiffre, savoir :

1° La garnison de Paris, 260,000 hommes, chiffre qui se composait de 110,000 gardes nationaux mobiles et de 150,000 hommes de troupes régulières, marine, gardes forestiers et douaniers compris. 260,000

2° L'armée du Rhin, c'est-à-dire les armées de Sedan, de Metz et les diverses troupes des places fortes ayant été faites prisonnières de guerre, les hommes tués, disparus, etc.; environ. . . 500,000 } 760,000

on reconnaîtra qu'il est resté à la disposition du gouvernement de la défense nationale en province un effectif assez considérable, mais pour la plus grande partie sans éducation militaire, de. 1,054,320

TABLEAU N° 2

Indiquant approximativement le nombre des canons de cam-
pagne et d'armes rayées se chargeant par la culasse exis-
tant, tant en service que dans les magasins, soit en province,
soit à Paris, à l'époque de l'investissement de la capitale [1].

			A PARIS.	EN PROVINCE	TOTAL EN PROVINCE.
Bouches à feu rayées	de campagne	de 12.......	52	244	
		de 8........	36	46	
		de 4........	265	1,350	2,064
	de montagne	de 4........	73	396	
Canons à balles ou mitrailleuses. . . .			»	28	
Armes à feu rayées se chargeant par la culasse.	Fusils m^le 1866 (chassepots)	d'infanterie . . .	150,600	436,260	
		de cavalerie. . .	»	10,449	
	Armes dites à tabatière.	Carabines	14,339	2,997	569,899
		Fusils d'infanterie.	95,000	104,324	
		de dragons.	17,565	15,869	
En plus, 1,198,501 armes à percussion rayées de toutes sortes.			158,364	1,040,137	1,040,137

La marine au début de la guerre en province a mis
à la disposition des armées tout le matériel et les
armes qu'elle avait dans ses arsenaux et sur ses na-
vires, à savoir :

    60 pièces de 12 rayées de campagne.
    60   —   4   —
    72   —   4   de montagne.
    6 mitrailleuses.
28,000 fusils modèle 1866, moins les 8,000 fusils de
la division d'infanterie de marine perdus à Sedan.

[1] Non compris les armées de Sedan, Metz, et les places fortes
investies par l'ennemi.

Ces tableaux 1 et 2 ont été relevés sur des documents fournis par le ministère de la guerre à la commission d'enquête de l'Assemblée nationale sur les actes du gouvernement du 4 septembre, et bien que leur résultat soit approximatif, on peut dire sans crainte d'erreur qu'il existait en province, après l'investissement de Paris, 900,000 hommes levés, 400,000 chassepots et 100,000 fusils et carabines rayés, transformés, se chargeant par la culasse ; enfin 900,000 armes rayées à percussion, de différents modèles, sur lesquels ce gouvernement, étranger à toutes les questions militaires, n'a pas su mettre la main. Il en ignorait peut-être l'existence, mais en tout cas il les a laissé gaspiller par ses agents, plus pressés d'armer les forces nécessaires à soutenir leur pouvoir passager que celles qui devaient se présenter devant l'ennemi pour le repousser hors du territoire.

Il y a loin de ce million d'hommes aux 40,000 soldats et aux 40,000 mobiles de M. le délégué à la guerre.

La France apprendra sans doute avec un égal étonnement qu'il nous restait, alors que nos armées de province en manquaient, 2,000 canons rayés, nombre double de celui que possédaient les armées de Metz et de Sedan réunies ! Étaient-ce les harnais, les caissons, les voitures de munitions qui faisaient défaut ? Pourquoi n'en a-t-on pas fait confectionner immédiatement par l'industrie privée ? N'y avait-il pas 26,000 bourreliers et autant de charrons dans les 26,000 communes non envahies de la France, qui eussent en un mois suffi, avec le stock de matières nécessaires à l'approvisionnement même journalier de leur commerce, à procurer tout ce qui manquait ? Nos fonderies auraient également en un mois produit les ferrements, les projectiles nécessaires, et nos campagnes fourni les attelages.

Est-ce qu'il n'apparaît pas qu'au milieu des peuples hostiles, indifférents ou qui croyaient trouver leur intérêt dans l'abaissement de la France, il était plus sûr de faire appel au génie, à l'initiative et aux immenses ressources d'une nation douée d'autant de ressort que la nôtre? C'était presque un crime d'en douter. Pourquoi avoir fait dépendre nos moyens de résistance, d'étrangers dont on pouvait acheter les lenteurs ? C'était une grande faute de leur donner le monopole de la fourniture de nos armes, par l'intermédiaire de gens incompétents, beaucoup plus empressés à vendre leurs marchés à des sous-traitants, qu'à remplir eux-mêmes directement les contrats qu'ils arrachaient à l'insouciance ou à l'ignorance des membres du gouvernement.

Deux ou trois commissions d'officiers d'artillerie secondés de contrôleurs d'armes, envoyées en Amérique et en Angleterre, auraient suffi pour enlever immédiatement à des prix raisonnables, sans les scandaleux tripotages révélés par la commission des marchés et par de récents débats judiciaires, tout le stock d'armes et de munitions qui se trouvaient dans ces contrées? On aurait évité ainsi les lenteurs apportées par les discussions d'intérêts particuliers à satisfaire, soulevées par les agents du gouvernement de la défense nationale, qui souvent se sont fait concurrence les uns aux autres, et ces commissions, en restant ensuite sur les lieux, eussent pu passer les marchés utiles et surveiller rigoureusement les conditions de livraison.

Mettons un moment de côté la trop triste réalité, pour examiner une hypothèse qui eût pu se produire. Imaginons le gouvernement travaillant avec persévérance et méthode à la constitution des forces qu'il avait à sa disposition au lendemain de l'investissement de Paris. Il s'entoure des hommes compétents et s'appuie sur les ressources immenses du pays d'abord, puis sur celles de l'étranger, éventuellement. Pendant deux mois et demi, du 21 septembre aux premiers jours de décembre, il marche d'un pas ferme vers ce but, sans se laisser détourner par les vaines incursions de l'ennemi, ni par les plaintes qu'elles excitent. Il entre en ligne à son heure, avec des armées commandées par les généraux qui l'auraient aidé dans cette œuvre d'ordre et de bon sens, peut-être de salut, à coup sûr de vrai patriotisme, et qui auraient ainsi gagné sa confiance.

Sans être parfaites, ces armées eussent été composées de troupes mieux organisées, mieux instruites,

plus nombreuses que celles dont nous nous sommes
servis ; elles eussent frappé en masse au jour voulu,
au moment où elles étaient dans leur meilleur état
d'organisation, un coup décisif, au lieu d'être, pour
ainsi dire, offertes en pâture successivement à l'ennemi, par petites fractions, sans armement ni instruction, au fur et à mesure, je ne dirai pas de leur formation, mais de leur réunion.

Cette concentration inattendue de forces eût grandement impressionné le quartier général allemand, et si
jamais le siége de Paris eût dû être levé, c'eût été dans
cette occasion où l'ennemi, affaibli par la grande armée
que Paris immobilisait, eût été amené à nous opposer
des forces inférieures en nombre sur un terrain acci-
denté, propre à maintenir égale la balance entre nos
deux artilleries. Si au contraire il s'était déterminé à
lever le siége ou à réduire son armée d'investissement, les troupes de Paris seraient sorties du cercle
de fer dont il essayait de les entourer, pour l'attaquer sur ses derrières.

C'est ainsi que la supériorité numérique que nous
pouvions rétablir en notre faveur, jointe à une meil-
leure organisation et au choix d'un terrain favorable à
nos moyens d'action, eussent pu changer la fortune
de camp, et, rétablissant la lutte dans de bonnes
conditions, faire entrer notre situation dans une
phase nouvelle, qui eût sans doute décidé la Prusse
à ne pas désirer la continuation de la guerre.

Dans ce cas, la direction suivie par le gouvernement eût offert ce résultat excellent, que la solidité des troupes se fût augmentée dans les divers combats soutenus, au lieu de se perdre dans l'impuissance d'efforts tentés sans espoir, au milieu du désarroi et de la démoralisation générale du pays. Mais pour atteindre ce but, il fallait d'abord que ce gouvernement n'ignorât pas qu'il avait en France à sa disposition et ces hommes et ces armes, et qu'il n'eût pas désorganisé une administration seule capable de le soutenir, ni gaspillé dans des mains indignes de s'en servir un trésor d'armes qu'il n'avait plus la force ou la volonté de leur retirer.

On me dira : Mais l'ennemi ne vous aurait pas laissé le temps de vous organiser. — Pourquoi?

Fatalement retenu en effet dans les départements de l'Est par l'investissement de Metz et dans le Nord par celui de la capitale, il était obligé de fourrager pour se nourrir; et il devait jusqu'à la reddition de Metz nous laisser un répit forcé. Avant cette capitulation, qui seule devait rendre disponible une partie de son armée et lui permettre d'effectuer des pointes très-éloignées, tous ses mouvements autour de la capitale, dans un cercle de trente à quarante lieues, ne devaient être considérés que comme des excursions momentanées d'approvisionnements, dans lesquelles il ne pouvait prendre aucun point d'appui contre nous, sans s'affaiblir outre mesure dans son œuvre principale.

2.

Se voyant maître sans conteste de l'Est de la
France et des environs de Paris, il eût certes poursuivi avec acharnement, mais sans plus de succès, le
siége et l'investissement d'une ville contre laquelle
son orgueil était venu se heurter, sans prendre aucun
souci de tous les bruits de formation qui seraient
arrivés à son oreille, et qu'il aurait dédaignés.

Le jour de la révélation de nos armées, il eût été
trop tard pour qu'il pût porter obstacle à leur réunion.

Nos cadres étaient prisonniers à la vérité en grande
partie; quelles craintes les créations nouvelles de-
vaient-elles donc inspirer à l'ennemi, qui, dès le mois
de septembre, nous considérait comme incapables de
nous relever et impuissants pour le reste de la guerre,
prévision que malheureusement le gouvernement
de Paris et de Tours semble avoir pris à tache de
réaliser?

En présence de nos institutions si discutées depuis
quatre-vingts ans, il fallait donner à l'armée en formation une base solide, et, dans ce but, la doter dès
le principe d'une loi de justice militaire assez sévère
pour maintenir et rappeler au sentiment du devoir
ces masses qui en avaient perdu les notions les plus
élémentaires.

Dès lors, il y avait lieu de créer un ensemble de
dispositions répressives qui, tout en reposant sur la
plus stricte équité, fussent de nature à frapper les
imaginations, en rendant les individus témoins des

délits également témoins obligés du châtiment, quelle
que fût la rapidité des mouvements de l'armée.
L'instantanéité de la procédure peut seule enlever
aux coupables l'espoir de se soustraire à la justice,
en ne leur permettant pas de compter sur le concours d'événements malheureux, qu'au besoin ils
savent provoquer eux-mêmes. En général, les
gens indisciplinés sont lâches. Ce qui les conduit à
se révolter contre le commandement, c'est le désir
d'échapper à des chances de mort qui répugnent à
leur instinct de conservation. Ils comprennent fort
bien que si l'ordre et la discipline règnent en maîtres,
ils sont forcés de marcher correctement à leur place,
sous peine de voir leurs écarts immédiatement ré-
primés. Le motif qui rend leur présence dissolvante et
dangereuse dans les corps de troupes est précisément qu'ils cherchent à s'entourer de nombreux
complices, afin de pouvoir se perdre et se dissimuler
dans la masse, lors des investigations de la justice.

Si dès le début le gouvernement avait envisagé
sans esprit de parti, avec un patriotisme viril et élevé,
l'état de la France, que son devoir était de sauver
sans s'occuper d'y fonder avant tout ses doctrines
politiques, il se serait immédiatement entouré d'une
commission de gens du métier, qui, après un examen approfondi de la situation, lui aurait fait un
rapport contenant en substance la seule ligne de conduite qui pût nous offrir quelque chance de salut:

1° Conserver avec soin dans tous les départements

et dans toutes les branches des administrations, les titulaires alors en fonction, qui, rompus aux affaires, connaissaient parfaitement les ressources du pays ainsi que les moyens de les développer rapidement et de les faire concourir à la défense commune. Tous ces fonctionnaires, en effet, n'avaient en présence des malheurs de la France qu'un seul et ardent désir, celui de chasser l'étranger du territoire. En les remplaçant en masse par des gens inconnus et brouillons, on ne pouvait qu'agiter le pays, et même paralyser l'action du gouvernement dans le cas où il eût eu un plan sérieux à mettre à exécution.

2° Créer de suite, sur tous les points favorables et sous la direction des ingénieurs civils qui avaient, dans un élan patriotique fort louable et tout spontané, offert leurs services au gouvernement, des ateliers nombreux sur lesquels eussent été dirigés tous les ouvriers de profession capables de transformer les matières premières susceptibles de servir à la fabrication des armes, du matériel, à la confection des vêtements, équipements, harnachements et munitions de toutes sortes, nécessaires au besoin de l'armée.

3° Ne demander à l'étranger que ce qu'il avait d'immédiatement disponible en approvisionnements, lui commander les appoints seuls que notre fabrication ne pouvait fournir, et surtout ne pas mettre la défense du pays à sa merci; en d'autres termes, compter d'abord sur soi, puis sur les autres. Dans

ces conditions, les trois quarts de l'argent dépensé
pendant la guerre restaient chez nous et enrichis-
saient nos populations : un grand nombre de gardes
nationaux et de mobilisés étaient laissés à leurs
affaires, et l'on conservait non-seulement les bras
utiles au pays, mais le calme, la direction et les
moyens d'action nécessaires aux productions demandées.

4° Organiser dans chaque département une brigade à trois régiments d'infanterie de 3,000 hommes,
dont un de troupes régulières, un de mobiles et un de
nouvelles levées, avec la cavalerie, l'artillerie, le
génie et les troupes d'administration correspondants.
Les chevaux et les convois pouvaient être réquisi-
tionnés dans le pays contre argent. Il était facile de
composer les cadres en officiers de ces brigades, à
l'aide de commissions provisoires, en prenant : les
officiers généraux parmi ceux en activité qui restaient disponibles en France et en Algérie, et ceux
du cadre de réserve encore valides, ainsi que parmi
les colonels en activité ou en retraite; les officiers
supérieurs parmi les officiers supérieurs et les capitaines en activité ou en retraite ou démissionnaires;
les officiers subalternes, parmi les officiers en activité, en retraite ou démissionnaires et les anciens
sous-officiers appartenant encore ou non à l'armée,
ainsi que l'autorisaient, du reste, les dispositions de
la loi du 29 août 1870.

Beaucoup d'officiers de marine pouvaient être

employés avec succès dans le service de l'artillerie
ou dans les états-majors, en raison de certaines
aptitudes spéciales. La marine possédait ou avait
élevé, en outre, plus de 10,000 fusiliers brevetés de
1re et de 2e classe, en état de former d'excellents
sous-officiers pour compléter les cadres, gens aux allures franches, rudes et décidées, propres à inspirer la
confiance, à prendre de l'ascendant sur les jeunes
troupes, et qu'on a fait tuer comme de simples soldats, en les organisant en bataillons de marche. Les
vieux soldats pouvaient tous fournir les caporaux.

C'est ainsi qu'on pouvait encadrer l'armée nouvelle de gens du métier, et lui faire acquérir en peu
de temps beaucoup de régularité dans le service
et de solidité au feu.

J'ai parlé d'une commission, formée d'hommes
compétents en matière militaire ou d'administration,
que le gouvernement aurait dû réunir autour de lui.
Une telle commission lui aurait proposé, après la
répartition des forces nouvelles en brigades actives
dans chaque département, de donner aux généraux
commandant ces brigades, des ordres précis, simples et uniformes, relatifs à leur instruction rapide.

Cette instruction des troupes devait nécessairement se borner aux seuls mouvements indispensables à la guerre : ploiements et déploiements,
marches en bataille, en colonne, par le flanc, école
de tirailleurs, chargement de l'arme et tir.

Les troupes, essentiellement mobilisées dans le

département, auraient appris à marcher, à vivre de réquisitions payées. Cantonnées chez l'habitant, on leur aurait enseigné à se mettre à l'abri sans expulser ni même trop gêner les gens de la maison, à ne pas gaspiller ses ressources, à se rassembler, au premier signal, au lieu convenu, à se conduire en un mot en compatriotes au milieu des populations, au lieu d'y causer mille désordres et d'agir avec elles comme en pays conquis. N'est-ce pas, en effet, pour ce dernier motif, que nos généraux ont dû pendant la campagne se priver d'abriter leurs hommes dans les villages, alors que cette ressource a été si précieuse pour l'ennemi, qui en a usé souvent durement, il est vrai, mais toujours avec ordre, sans rien gaspiller, se réservant de trouver plus tard, s'il en était besoin, encore à vivre là où il avait déjà passé une ou deux fois?

Toutes ces choses s'apprennent aux troupes d'avance, mais ne s'improvisent pas.

Pendant les deux mois que l'armée eût employés ainsi à s'organiser, à se discipliner, à s'instruire et à s'équiper, les ateliers de l'industrie, grands et petits, pourvus au début par l'État des avances nécessaires et des ouvriers utiles, auraient pu transformer leur outillage et confectionner, les uns des canons, des chassepots, les autres du matériel roulant, des vêtements, des chaussures, des fourniments, des cartouches, etc., etc.

C'est dans cette œuvre si importante que cette foule d'ingénieurs civils, intelligents et instruits, eût pu être sérieusement utilisée, au lieu de dépouiller les dépêches du cabinet de M. de Freycinet, de surveiller l'expédition des plis et même de copier ses lettres, comme il veut bien nous l'apprendre dans son ouvrage. Les travaux de la défense de Paris, auxquels ils ont pris une part qui leur fait grand honneur, nous ont appris ce que l'on pouvait attendre de leurs talents et de leur dévouement; mais la délégation de Tours leur a ravi en province l'occasion de conquérir à jamais la reconnaissance et l'admiration du pays, en coordonnant, sous la direction patriotique et éclairée du gouvernement, les efforts et les grandes ressources de l'industrie française.

En même temps, en arrière des bases d'opération arrêtées pour les futures armées, on se serait occupé de réunir et d'emmagasiner des approvisionnements considérables en vivres et objets de toute nature, pour l'époque des concentrations.

A ce moment précis, les brigades, par le simple rapprochement de deux ou trois d'entre elles, eussent formé des divisions, et celles-ci de même des corps d'armée.

Les corps d'armée, groupés en quatre masses distinctes, eussent composé quatre grandes armées ayant leurs quartiers généraux :

Celle du Nord, à Lille.	150,000 hommes.
Celle de l'Ouest, au Mans.	400,000
Celle du Centre, à Bourges. . . .	100,000
Celle de l'Est, à Lyon.	200,000
Total.	850,000 hommes.

Telles étaient les idées générales que me suggérait l'état du pays, au lendemain de l'investissement de Paris; tels étaient les moyens qui se présentaient à mon esprit pour faire face à la situation.

Navré de voir la direction que prenaient nos affaires, sous la conduite de deux vieillards qui s'occupaient bien plus de changer les conseils municipaux élus depuis quelques mois, et de renouveler le personnel de l'administration et de la magistrature, de dissoudre enfin, plutôt que d'organiser la défense du territoire, je profitai des quelques jours que je restai alité à Tours, pour jeter à la hâte sur le papier les idées que je viens d'exposer. Je les soumis au gouvernement, qui ne me fit pas l'honneur d'une réponse.

Sur ma demande, M. Le Cesne, président de la commission des marchés, vint me voir. Mais, dès le début de la conversation, je m'aperçus que ce personnage était très-pressé; il ne prit même pas la peine de s'asseoir un instant, cet exposé ne lui inspirant aucun intérêt et sa visite étant de pure politesse. Je dus abréger une entrevue qui m'était dès lors excessivement pénible, et je partis pour mon commandement, avec le pressentiment que

de nouveaux et inévitables désastres allaient s'a-
jouter à ceux qu'avait déjà subis notre malheureux
pays. J'avais pourtant obtenu les encouragements
de M. l'amiral Fourichon, surtout au point de vue
de l'opportunité de la loi de justice militaire, que je
proposai également au gouvernement. Mais le brave
amiral, fourvoyé par son patriotisme au milieu de
cette foule impuissante qu'amenait au pouvoir la
dissolution matérielle et morale de la France, n'avait
qu'une influence limitée dans le conseil. Il dut même
bientôt se démettre du portefeuille de la guerre, qu'il
tenait avec celui de la marine, pour ne pas prendre
sa part de responsabilité dans l'acte odieux commis
contre le général Mazure par le préfet de Lyon, et
ce portefeuille fut repris par M. Crémieux.

J'insiste sur ce point de départ de la conduite du
gouvernement de la défense nationale en province
dans ses débuts, car tous les malheurs qui vont
suivre en sont la conséquence.

Il ne voulut pas se rendre compte de la gravité de
la situation, et surtout de la nature des mesures à
prendre en vue d'y porter remède. Inconscient de
l'étendue du danger que courait la France, il s'em-
pressa de partager sa responsabilité avec un entourage pour lequel l'élément militaire était, de tradition, frappé en masse d'incapacité, et qui exploitait
les derniers événements dans le sens de ses aspira-
tions. Ce groupe, qui forma la commission des marchés, et donna naissance aux divers comités de dé-

fense des départements, contribua pour une large
part à faire perdre un temps précieux en discussions
stériles et en tâtonnements. Il eut la fatale influence
d'écarter des conseils du gouvernement, en le dis-
créditant par suite des événements malheureux de la
première partie de la campagne, cet élément militaire, qu'il considérait comme un instrument aveugle,
apte seulement à exécuter ses conceptions; s'attri-
buant l'omniscience parce qu'il avait pu s'emparer
de la direction des affaires.

Absorbée dans sa pensée politique, la délégation
tenait essentiellement à imposer au pays une forme
de gouvernement qui seule, suivant elle, pouvait garantir sa délivrance. N'ayant d'ailleurs aucune idée
des principes fondamentaux qui constituent la force
des armées, voulant masquer ses faiblesses et l'irrésolution qui en était la conséquence « en faisant quelque chose », sous la pression des gens qui l'entou-
raient, elle se laissa entraîner à envoyer les troupes
au combat à mesure qu'elle pouvait en réunir, avant
même de les avoir organisées, armées et équipées,
avec le matériel qu'elle avait sous la main, afin de
répondre aux sollicitations des contrées menacées ou
exploitées par les coureurs ennemis.

Vivant au jour le jour, et semblable au noyé qui
saisit la première planche qui s'offre à sa portée,
sans s'inquiéter si elle pourra le soutenir, le gouvernement de Tours chercha le salut du pays dans la

levée en masse, sans se rendre compte des résultats
de cette mesure lors de notre première révolution.

Aux efforts de l'invasion, on opposa d'abord une
multitude de francs-tireurs et de gardes nationaux
qui immobilisèrent et perdirent la plus grande partie d'armes qu'on ne pouvait remplacer; la loi du
29 septembre sur les gardes nationales mobilisées
vint en outre priver les ateliers qui restaient ouverts
sur le territoire, du peu d'ouvriers qui n'avaient pas
été appelés par les lois antérieures. Des contingents
plus ou moins réguliers furent rassemblés, mais les
ressources limitées de la fabrication par suite des
levées en masse, et les marchés qui furent passés avec
l'étranger au détriment du pays, dont le gouvernement ne soupçonnait pas les ressources, entravèrent
et retardèrent beaucoup leur armement et leur équipement, en même temps qu'ils limitaient leur nombre.

C'est ainsi que les troupes engagées dans les premières affaires d'Orléans et que nombre de régiments
de mobiles marchaient au feu avec des fusils à percussion alors qu'il existait en France plus de 500,000
fusils, se chargeant par la culasse, dont 400,000 chassepots.

Nourris dans les traditions des écrivains révolu-
tionnaires de 93, les membres du gouvernement et
ses conseillers ont cru qu'ils pourraient créer tout
d'une pièce une organisation puissante, dont ils ne
connaissaient pas les plus simples détails. La plupart,

plus confiants dans le nombre que dans l'organisation et l'instruction des combattants, se figuraient
que chaque paysan, plus ou moins braconnier par
état, sortirait la nuit pour tuer « son Prussien »; que
par conséquent l'effectif de l'armée ennemie irait
sans cesse et rapidement en diminuant. Ils étaient
persuadés qu'il suffisait de surexciter et d'enflammer
les masses par des discours et des proclamations pour
les lancer à corps perdu contre l'ennemi.

Ils ne devaient pourtant pas ignorer, pour les avoir
fréquentés, que les gens qui se nourrissent de cette
éloquence exaltée des clubs ne sont en général que
des fainéants trop énervés pour demander leur existence au travail et à plus forte raison à la vie des
camps. Ils ne devaient pas ignorer non plus que cet
enthousiasme factice n'a d'autre durée que celle des
discours qui l'enfantent ou des libations dont ils sont
le prétexte; que s'il est déjà difficile d'amener les
hommes les mieux trempés à se faire tuer, sous le
joug de la plus austère et la plus inflexible discipline,
on doit faire peu de fond sur des gens qui ne s'organi-
sent en franchises d'allures, à de rares et très-ho-
norables exceptions près, que pour échapper à l'obligation d'entrer en ligne dans des corps où il y a de
dures privations à supporter, des coups assurés à
donner ou à recevoir en tout temps, et non plus seulement quand tel est votre bon plaisir.

Engagé dans cette voie, le gouvernement perdit
un temps qui ne se retrouva plus; l'arrivée sur ces

entrefaites de M. Gambetta, qui prétendit remplacer l'ordre et la méthode indispensables pour préparer l'efficacité de l'action, par sa confiance en lui-même et dans l'habileté de ses combinaisons stratégiques, acheva la ruine militaire de la France déjà commencée par tant de malheurs.

CHAPITRE II.

C'est le 20 septembre 1870 que commença, à Bourges, l'organisation de la 1re division du 15e corps de l'armée de la Loire, par deux compagnies de chasseurs à pied, auxquelles vinrent se joindre successivement un bataillon fort incomplet de tirailleurs algériens, le 29e de marche et 2 batteries d'artillerie. Ces troupes, ainsi que le 12e régiment de mobiles (Nièvre), bien que dépourvues de tout et n'ayant pas leur complet d'officiers, furent envoyées à Orléans pour s'opposer aux premières attaques de l'ennemi sur cette ville. Le reste de la division se formait à Nevers, point sur lequel furent dirigés peu à peu

3

le 18ᵉ mobiles (Charente), les diverses compagnies destinées au 4ᵉ bataillon de marche des chasseurs à pied, 2 batteries d'artillerie, le 38ᵉ de ligne, venant d'Afrique, 1 bataillon d'infanterie de marine, le 1ᵉʳ régiment de zouaves de marche ; en tout, environ 25,000 hommes.

A mon arrivée à Nevers, le 28 septembre, je trouvai les troupes dans le plus misérable état.

Le 18ᵉ mobiles, logé dans divers établissements de la ville, était vêtu de blouses et de mauvais pantalons d'étoffe où le coton dominait ; les souliers faisaient défaut, l'équipement était des plus défectueux. Les sacs et les cartouchières, confectionnés en mauvaise toile, n'abritaient ni effets ni cartouches de la pluie. Les fusils étaient des armes rayées à percussion.

Le bataillon de zouaves avait la plupart de ses hommes habillés de blouses grises et de pantalons de toile, avec des chapeaux de paille ; il attendait d'Antibes, où était son dépôt, les effets d'habillement, d'équipement et d'armement, dont il manquait absolument.

Les chasseurs étaient à peu près équipés.

Les deux batteries d'artillerie, dont une de mitrailleuses, se composaient d'artilleurs ignorant, pour la plupart, la manœuvre du canon.

En résumé, chaque jour amenait de nouveaux

détachements destinés à former les différents corps de la division; mais, à l'exception du 38ᵉ de ligne et des troupes de la marine, tous arrivaient avec des équipements incomplets, des fusils sans aiguille, pas de nécessaires d'armes, une seule paire de souliers.

Le 18ᵉ mobiles souffrait cruellement de la petite vérole, qui, pendant toute la campagne, s'acharna sur ce régiment. Il était essentiel de le pourvoir au plus tôt de vêtements chauds, et de garantir au moins les hommes des effets de la température. Les envois des dépôts étaient insignifiants; les nombreux besoins des corps en formation absorbaient rapidement les ressources insuffisantes de l'administration de la guerre. Les préfets n'avaient plus d'ouvriers dans leurs départements, par suite de la levée des mobilisés, et s'occupaient d'ailleurs beaucoup plus des moyens de se maintenir en position que de l'organisation, remise à leurs soins, des troupes à envoyer à l'ennemi.

Je n'avais que peu d'espoir, si je ne changeais les procédés employés jusqu'alors, d'arriver à fournir aux troupes de ma division les objets de toute nature qui lui étaient indispensables.

Mon sous-intendant, M. Bassignot, officier aussi actif qu'intelligent, perdait un temps précieux en correspondances inutiles à ce sujet, puisqu'on ne pouvait lui fournir ce qu'on n'avait pas.

Dans ces conditions, après m'être assuré des res-

3.

sources générales que présentait la localité, je donnai l'ordre à ce fonctionnaire supérieur d'administration de passer des marchés pour nous fournir les objets nécessaires à nos besoins, partout où il pourrait se les procurer, en informant ses supérieurs directs de ses opérations au fur et à mesure de leur exécution.

Comme les ateliers du département étaient dépourvus de certains ouvriers, j'en mis à la disposition de l'industrie; les ouvriers en cuir principalement furent d'une grande utilité.

J'informai en même temps le préfet de la Charente qu'il n'avait plus à s'occuper du régiment de mobiles de ce département, au point de vue de son habillement et de son équipement. Les ateliers fonctionnèrent bientôt avec activité, de telle sorte que le 12ᵉ mobiles, à son retour d'Orléans, put en profiter également. En peu de temps, la division fut en état de tenir la campagne, sauf sous le rapport des chaussures, qu'il était impossible de se procurer autrement que par les soins de l'administration supérieure, et celle-ci fut loin de se plaindre de notre initiative.

A cette époque, les chemins de fer étaient littéralement encombrés par les transports de troupes et de matériel de toute sorte qu'on destinait à l'armée; les colis qui nous étaient expédiés restaient quelquefois des semaines en route, et s'égaraient ou se perdaient au milieu d'un amas confus et inextricable. Je pris le parti d'expédier, suivant l'importance des envois, des officiers ou des sous-officiers pour les ramener sans perdre de temps.

Par ces moyens, nous pûmes donner plus tard des effets à d'autres divisions plus mal partagées que nous, et indiquer à des corps nécessiteux nos fournisseurs, aussitôt que nos besoins du moment étaient satisfaits.

Couvert par la responsabilité du général commandant la division, M. le sous-intendant Bassignot développa la plus grande activité, organisa un convoi auxiliaire, prit des distributeurs dans les corps, se fit suivre par un troupeau, et, tout en tenant ses supérieurs administratifs directs au courant de ses opérations, assura, par son initiative et ses mesures habiles, en quelques jours, l'approvisionnement de la 1re division en vivres et en fourrages, qui, pendant toute la durée de la campagne, ne lui fit jamais défaut. Le pain, par exemple, nous est venu jusque de Vichy.

Cette partie du service une fois arrêtée, je tournai de suite mes préoccupations vers l'organisation militaire de toutes ces troupes de si récente formation. Ici tout était à créer également, et le concours de mes deux généraux de brigade et de mes chefs de corps ne pouvait suffire, vu la force de la division, à donner aux troupes l'instruction et la cohésion utiles, par les moyens ordinaires. Les circonstances étaient, en effet, des plus critiques, le temps manquait absolument, et la plupart des chefs de corps débutaient dans leurs difficiles fonctions. Je me décidai à réunir chaque matin, au rapport, les généraux et tous les chefs de corps; là, dans une conférence, nous examinions ensemble la situation, les besoins satisfaits ou à satisfaire pour les troupes de chacun d'eux. Nous adoptâmes une ligne de conduite générale, de laquelle il fut expressément recommandé de ne jamais dévier, et l'initiative de tous fut bientôt stimulée en même temps que les responsabilités indispensables furent bien déterminées.

L'instruction, réduite au strict nécessaire pour exécuter les mouvements utiles à la guerre, nous permit de rendre en très-peu de temps nos hommes, presque tous recrues, en état de marcher et de manœuvrer aussi bien qu'il était possible de l'espérer en pareille circonstance, et je ne tardai pas à voir naître cette confiance réciproque entre les officiers et les soldats, qui s'établit dès qu'ils apprennent à se connaître et à compter les uns sur les autres.

Avec une division aussi nombreuse et des hommes aussi neufs, le désordre dans les mouvements pouvait devenir très-grave; il était du plus haut intérêt, à une époque de l'année où les routes étaient seules praticables, que, les colonnes une fois en marche, il fût possible de prendre, sans les arrêter, les dispositions de combat nécessaires dans des cas de rencontre imprévue de l'ennemi.

Je donnai donc un ordre de marche que je m'appliquai à faire exécuter avec la plus grande rigueur. Tous les corps devaient invariablement tenir la droite de la route, l'infanterie marchant sur quatre rangs, la cavalerie par deux, l'artillerie et le convoi la roue de droite dans le caniveau de droite de la route, de façon à permettre la libre circulation du côté gauche pour tout mouvement ordonné à un moment quelconque, de la tête à la queue de la colonne.

Ce résultat fut atteint et supprima bientôt les traînards, ce fléau des armées en marche, qu'un ordre invariable qui empêche tout homme de quitter son rang et une discipline inflexible peuvent seuls empêcher. Ces sonneries, ces feux immodérés de bivouac qui, dans la première partie de la campagne, avaient tant aidé l'ennemi à connaître la force et les emplacements de nos troupes, et à effectuer sûrement de nuit les mouvements destinés à nous envelopper, furent supprimés; les commandements, les réunions, le réveil, tout se fit à la voix; par suite, les officiers et les sous-officiers étaient obligés d'être constamment au milieu de leurs hommes et de s'en occuper sans cesse. Bientôt l'on put voir nos soldats marchant à leur rang, sans chants ni cris, les officiers à leur place, veillant avec sollicitude à prévenir l'allongement des colonnes. Je dois dire que l'installation des cours martiales fut un puissant auxiliaire pour arriver à ce résultat, qui contrastait singulièrement avec celui de la campagne de Sedan, où l'on vit les traînards de l'armée assez nombreux et assez audacieux pour exécuter le pillage en règle de la gare de Reims, dans laquelle étaient accumulés des approvisionnements considérables, et défier insolemment les officiers qui tentaient de les ramener dans le devoir.

Chaque batterie d'artillerie fut pourvue, à demeure pour toute la campagne, d'une demi-compagnie d'infanterie de soutien, environ 100 hommes, qui ne la quitta plus; des volontaires pris dans son sein furent de suite exercés à la manœuvre, pour aider à remplacer au besoin les servants tués ou malades.

Une compagnie d'éclaireurs de 150 hommes, sous le commandement d'un officier solide, choisie avec le plus grand soin dans toutes les troupes de la division parmi les marcheurs les plus intrépides et les meilleurs tireurs, fut chargée de grouper autour d'elle et de maintenir dans le devoir les corps francs qui étaient adjoints à la division, d'appuyer avec eux nos avant-postes de cavalerie, qui ne devaient jamais perdre l'ennemi de vue; enfin, de nous mettre au courant du service de nos grand'gardes, qu'elle tint toujours en éveil.

Largement associés au commandement, jouissant de leur initiative tout entière, les chefs de corps rivalisaient d'activité et de dévouement, et tous se montrèrent à la hauteur de la confiance du général commandant.

Au bout de six semaines, en voyant défiler cette division sur la route d'Orléans, il eût été impossible de s'apercevoir que ces troupes avaient si peu de service. Seul le tir à la cible laissait à désirer, parce que nous n'avions à notre disposition que 75 cartouches par homme; je ne pus en faire brûler que trois à chaque recrue, pour lui apprendre le maniement nécessaire de son arme.

Je reviens maintenant à la difficulté la plus grave, avec laquelle je me trouvai aux prises dès mon arrivée à Nevers, je veux parler de l'indiscipline incroyable qui régnait parmi les troupes de la division. Il y avait en instance cinq ou six cas de conseil de guerre, presque tous devant entraîner la peine de mort, et il était impossible de former un tribunal militaire, tant à cause de la pénurie d'officiers pouvant remplir convenablement les fonctions de rapporteurs ou de commissaires du gouvernement, que par suite des difficultés d'instruction de ces affaires et du temps qu'elles eussent fait perdre à des officiers indispensables dans leurs corps.

Tous les jours, cependant, cette situation allait s'aggravant; il fallait absolument y mettre un terme dans le plus bref délai. J'en étais préoccupé au delà de toute expression; il m'était démontré surabondamment par une foule d'exemples, depuis le commencement de la campagne, combien était insuffisante notre loi de justice militaire, surtout dans les temps de revers. J'avais été témoin de nombreux actes de la plus grave insubordination, restés forcément impunis, et dont l'influence avait été des plus funestes sur l'état moral de l'armée.

Cette indiscipline existait bien davantage alors parmi les troupes que nous tentions d'organiser; il fallait en triompher à tout prix ou renoncer à tout espoir de succès.

Un incident qui survint peu de jours après mon arrivée à Nevers, le 29 septembre, me détermina à renouveler auprès du ministère mes sollicitations pour obtenir la promulgation de la loi martiale.

Un prêtre d'Orléans fut arrêté comme espion prussien et en un instant entouré et menacé par une foule furieuse qui vociférait contre lui toutes sortes d'injures et les cris de « à la Loire, à la Loire ». Le désordre fut signalé à la division, et le lieutenant-colonel Des Plas, mon chef d'état-major, auquel revient la plus grande part du succès de l'organisation de nos troupes, sortit aussitôt pour rétablir l'ordre. Il trouva, en arrivant sur les lieux, un attroupement formidable d'ouvriers, de mobiles et de soldats ameutés contre le prétendu espion et tous disposés à lui faire un mauvais parti.

Le colonel voulut saisir un chasseur à pied qui se distinguait parmi les plus mutins; mais il dut dégainer son sabre pour se faire respecter et recourir à l'appui d'une compagnie de chasseurs, fort heureusement de piquet sur la promenade. Il put ainsi se dégager sain et sauf de ce rassemblement de mille à douze cents personnes au moins, parmi lesquelles les plus exaltés étaient des sous-officiers de mobiles, et, grâce à sa rare énergie, soustraire la victime aux entreprises d'une populace déchaînée.

Quelque temps auparavant, à son passage à

Bourges, cet officier supérieur avait assisté à une scène du même genre, qui montre bien le profond désarroi qui régnait dans l'armée à cette époque et l'indifférence qui atteint les officiers eux-mêmes, alors que leur prestige d'autorité a disparu et qu'ils se sentent impuissants en présence d'une démoralisation générale.

La buvette de la gare était livrée au pillage par les soldats d'un régiment de marche de la division[1], qu'avait mécontentés une élévation du prix du vin. Le colonel Des Plas voulut arrêter ce scandale, et s'adressa aux officiers du régiment, qui refusèrent de le seconder, chacun prétendant que les fauteurs du désordre n'étaient pas de leur compagnie, et que par conséquent cela ne les regardait pas. Il dut se retirer fort maltraité personnellement.

Devant ces faits, il me parut indispensable d'enrayer brusquement sur cette pente qui nous conduisait à l'abîme.

J'écrivis au ministère de la guerre qu'il m'était impossible de conserver un commandement dans de telles conditions, que les officiers d'énergie se trouvaient en butte aux mauvais traitements des troupes, tandis que les autres en avaient peur ; qu'en un mot, si la loi martiale n'était pas décrétée, l'armée ne pourrait être constituée, et que la France était irrévocablement perdue.

---

[1] Ce régiment, le 29e de marche, devint plus tard un des meilleurs du corps d'armée.

La réponse du Gouvernement fut le décret du 2 octobre 1870. En quelques jours, il ramena dans l'armée l'ordre le plus complet, sans sacrifices importants.

A la réception de ce décret, j'en donnai connaissance par un ordre général aux troupes.

Je leur annonçai que je renvoyais dans le rang, avec une sévère punition disciplinaire, quoiqu'en disproportion avec la gravité de leurs fautes, les hommes qui s'étaient attiré des plaintes en conseil de guerre; mais qu'à l'avenir, je ferais exécuter la nouvelle loi avec la plus grande rigueur contre tous les promoteurs de désordre, qui devaient se tenir pour bien avertis.

Voici le texte du décret; il est conforme au projet que j'avais rédigé et remis à M. l'amiral Fourichon avant mon départ de Tours :

DÉCRET.

« Le Gouvernement de la défense nationale, considérant que du maintien ou du rétablissement de la discipline dépendent la dignité et la force des armées ;

» Considérant que la législation et les règlements actuels ne contiennent pas de dispositions qui permettent de réprimer immédiatement les crimes et délits commis par les militaires en campagne.

» Décrète :

ARTICLE PREMIER.

» A partir du jour de la promulgation du présent décret, des cours martiales sont établies, pour remplacer les conseils de guerre, jusqu'à la cessation des hostilités, dans les divisions actives et dans les corps de troupe détachés de la force d'un bataillon au moins, qui marchent isolément.

ARTICLE 2.

» Il n'y aura lieu ni à révision ni à cassation des sentences rendues par les cours martiales.

ARTICLE 3.

» La plainte dressée par l'autorité qui aura constaté le délit ou le crime, et portant le nom des témoins, sera transmise, dès l'arrivée au gîte du soir, à l'officier du grade le plus élevé. Celui-ci donnera l'ordre de la convocation immédiate de la cour martiale, qui se réunira aussitôt au lieu indiqué par son président.

» Le président donnera lecture de la plainte en présence de l'accusé, le conseil entendra les témoins présents de l'accusation, puis l'accusé et les témoins à décharge qu'il appellera et s'ils sont présents; l'accusé aura la parole le dernier. Il n'y aura pas de plaidoirie par avocat pour ou contre.

» Le président fera sortir l'accusé, résumera les dépositions faites en faveur de l'accusé et celles faites contre lui. Il posera en ces termes une question unique aux membres du Conseil, en commençant par le moins élevé en grade :

» Au nom de la Patrie envahie,

» Le nommé un tel est-il coupable d'avoir brisé son arme, maraudé, insulté un supérieur… etc., etc.?

» Il sera répondu par oui ou par non.

» La majorité simple décidera de la culpabilité.

» Le greffier rédigera, séance tenante, le procès-verbal, et le président faisant rentrer l'accusé, lui lira la sentence qui le condamne ou qui l'acquitte.

» En cas de condamnation, la sentence sera exécutée le lendemain matin, avant le départ des troupes, en présence du bataillon auquel appartient le coupable.

ARTICLE 4.

» Pour les soldats, caporaux, brigadiers et sous-officiers, la cour martiale de la division se composera d'un chef de bataillon président, de deux capitaines, d'un lieutenant ou d'un sous-lieutenant, qui resteront tous en fonctions pendant quinze jours, sans être renouvelés, et d'un sous-officier qui appartiendra toujours à la compagnie de l'accusé. Un sergent-major remplira les fonctions de greffier, sans voix délibérative.

» Pour toute fraction constituée de la division, en marche isolément, de la force d'un bataillon, ou commandée par un chef de bataillon, la cour martiale se composera de deux capitaines dont le plus ancien présidera, d'un lieutenant ou d'un sous-lieutenant, et de deux sous-officiers dont l'un appartiendra toujours à la compagnie de l'accusé. Un sergent-major sera greffier.

» Les membres de la cour martiale seront pris par rang d'ancienneté, jusqu'à épuisement de la liste des officiers, sans qu'aucun d'eux puisse décliner cette fonction, sous peine de réforme.

» Les cours martiales des fractions isolées cesseront de fonctionner, aussitôt qu'elles seront revenues au campement de la division; partout ailleurs elles fonctionneront.

ARTICLE 5.

» La composition des cours martiales pour les officiers sera la même que celle des conseils de guerre concernant les officiers; mais la procédure sera la même que celle suivie à l'égard des soldats, caporaux, brigadiers et sous-officiers.

ARTICLE 6.

» Seront punis de mort les crimes et délits suivants :

» Assassinat. — Meurtre. — Désertion. — Embauchage pour commettre un des faits punis de mort par le présent décret. — Complicité dans un de ces faits. — Espionnage. — Vol. — Maraudage. — Pillage avec ou sans armes. — Refus de service à un supé-

rieur, avec ou sans menaces ou injures. — Inexécu-
tion d'ordre compris et réitéré, avec intention d'opposer de l'inertie. — Injures, menaces, voies de fait
envers un supérieur. — Provocation en paroles, à la
révolte ou à l'indiscipline. — Bris d'armes, perte
volontaire d'armes, afin de ne pas marcher au feu.
— Destruction de munitions dans le même but, faite
en présence ou non de l'ennemi par lâcheté.

» Au feu, tout officier ou sous-officier est autorisé
à tuer l'homme qui donne une preuve de lâcheté, en
n'allant pas se mettre au poste qui lui est indiqué ;
ou en jetant le désordre par fuite, panique ou autre
fait de nature à compromettre les opérations de la
compagnie et son salut, qui dépend de la résistance et
de l'accomplissement courageux du devoir.

ARTICLE 7.

» Tout individu non militaire qui se rendra com-
plice d'un militaire dans un des crimes et délits prévus ci-dessus sera soumis à la même juridiction et
passible des mêmes pénalités.

ARTICLE 8.

» Seront traités comme maraudeurs et punis comme
tels les traînards sans armes que les chirurgiens du
corps n'auront pas autorisés à suivre avec l'arrière-
garde et les traînards autorisés à suivre avec l'arrière-garde, s'ils ne marchent pas en ordre sous sa
conduite.

ARTICLE 9.

» Chaque division aura une prévôté composée de soixante gendarmes à cheval, commandés par un officier ; cette troupe se divisera au besoin de manière que chaque portion de corps marchant isolée soit accompagnée au moins de deux gendarmes et d'un brigadier.

» La prévôté arrêtera d'elle-même tous les délinquants, quels qu'ils soient, officiers ou non, et dressera des procès-verbaux des délits commis, qui seront aussitôt transmis au commandant de la colonne. Contre les délinquants arrêtés qui tenteraient de fuir ou de faire résistance, elle fera usage de ses armes.

» La prévôté recevra et conduira les délinquants qui lui seront remis par une autorité quelconque de la colonne. Quand il y aura lieu, il lui sera donné des hommes de garde pour conduire les délinquants.

» La juridiction pénale des prévôtés prévue par les articles 51, 52 et 75 du Code de justice militaire, s'étend à la suite du corps d'armée, sur tout le sol français.

ARTICLE 10.

» Tous les manquements simples au service seront punis par le doublement des sentinelles des grand'-gardes et avant-postes ; mais une de ces sentinelles, ou deux, ou toutes les deux, s'il n'y a pas d'hommes punis, appartiendront toujours à la fraction constituée de grand'garde.

4

ARTICLE 11.

» Les dispositions du présent décret s'appliquent à tous les corps de troupe armés, équipés et entretenus aux frais de la République ou qui auraient seulement reçu l'attache de belligérant.

ARTICLE 12.

» Dans tous les cas non prévus par le présent décret, les pénalités édictées par le Code de justice militaire devront être appliquées.

ARTICLE 13.

» Le vice-amiral ministre de la guerre par intérim est chargé de la promulgation et de l'exécution du présent décret.

» Fait à Tours, le 2 octobre 1870.

» *Pour le Gouvernement de la défense nationale,*

» Les membres de la délégation,

» AD. CRÉMIEUX, AL. GLAIS-BIZOIN,
» L. FOURICHON.

» Par le Gouvernement :
» Le vice-amiral,

» *Ministre de la guerre par intérim,*
» L. FOURICHON. »

Une autre question, très-importante aussi, devait, à mon avis, éveiller la sollicitude du commandement, la nécessité de procurer à tous nos officiers des cartes, d'état-major, du théâtre des opérations qui allaient commencer. J'avais pour moi la possibilité de prendre l'exemplaire de la bibliothèque de Nevers, mais cette ressource était très-insuffisante, il en fallait pour les officiers de tout grade. J'ignorais que toutes les planches qui avaient servi au tirage de la carte de France eussent été avant le commencement du siége envoyées hors de Paris dans une ville du littoral, à Brest, ce dont la délégation, négligeant ces questions comme celles des armes, n'était pas mieux informée.

Sur ces entrefaites, un ancien capitaine d'infanterie de marine, démissionnaire, reprit du service pour la durée de la guerre et fut envoyé à ma disposition par le ministre de la marine, pour faire partie de mon état-major.

La vue de grandes photographies des bords de la Loire, lors de mon passage à Tours, m'avait fait espérer qu'il devait se trouver dans cette ville des appareils capables de reproduire en petit, mais encore lisiblement, nos cartes, et qu'on avait par suite un moyen bien simple d'en doter les officiers.

Je résolus de confier ce travail à M. Jousselain, homme intelligent et instruit, dont l'état de santé n'était guère en rapport avec les fatigues d'un officier d'état-major en campagne. Je le chargeai, comme il avait besoin de se rendre à Tours pour rendre compte de la perception de Creil dont il était titulaire et qu'il avait dû quitter devant l'invasion, de faire tous ses efforts auprès du gouvernement pour l'engager à en-

4.

treprendre, à ses frais, la confection de ces cartes, indispensables à la direction de nos mouvements. Il devait aussi rechercher un photographe qui voulût bien faire le travail à ses risques et périls, au cas où la proposition ne conviendrait pas au ministère, la vente de ces cartes devant certainement rémunérer l'industriel au delà de ses peines.

Je lui donnai des lettres pour le ministre de la marine et de la guerre, pour le général directeur du génie de Tours et pour ceux de Lyon et de Marseille, s'il ne se trouvait pas à Tours d'appareils suffisants pour le travail en question.

Je confiai en même temps à M. Jousselain une autre mission, celle d'insister auprès du gouvernement pour l'adoption des commissions de grades provisoires d'officiers. C'était une mesure du plus grand intérêt (dont je l'avais déjà saisi dans mon projet d'organisation à Tours), que nécessitaient la création des cadres nouveaux et le désir si juste de ménager la situation de nos officiers prisonniers de guerre, dont on ne pouvait perdre de vue la rentrée en France, à la paix.

Le gouvernement répondit à M. Jousselain qu'il n'avait pas de fonds pour faire confectionner des cartes. L'amiral Fourichon m'écrivit que chez tous les agents voyers cantonaux il me serait facile de trouver des cartes des départements que je traverserais.

M. Jousselain de son côté m'informait de ses mécomptes auprès du ministère ; il s'était pourtant abouché avec un photographe et m'envoyait une carte fort bien réussie, quoique à une échelle un peu trop petite pour une lecture facile. Ce n'était plus qu'une affaire de grossissement, la question était donc résolue. En présence du refus de fonds qu'on lui avait fait pour cette entreprise, M. Jousselain me demandait s'il devait prendre sur lui la commande, auprès du photographe, du nombre de cartes nécessaire pour le compte de la division. Je répondis que le refus du gouvernement me mettait dans l'impossibilité d'endosser une pareille responsabilité pécuniaire, que c'était l'affaire de l'industriel qui voudrait bien s'en charger.

Relativement aux commissions provisoires de grades d'officiers, M. de Freycinet, arrivé au pouvoir sur ces entrefaites, avait répondu qu'il avait fait mieux que ce que je demandais, qu'il avait suspendu la loi sur l'avancement.

Qu'il me soit permis, en passant, de douter que M. de Freycinet ait fait mieux que ma proposition. En introduisant de prime saut dans les plus hauts grades la multitude de ses protégés, ignorant les plus simples éléments de l'art de la guerre, il frappait de déconsidération des fonctions élevées, et compromettait le succès de nos armes en plaçant les troupes entre les mains de personnages qui n'avaient aucun titre à leur confiance. L'expérience a démontré qu'il en est résulté dans l'armée

une ambition effrénée chez les uns et un violent mé-
contentement chez d'autres, parce qu'il s'établit à
cette époque une sorte de course au clocher après
les grades, dans laquelle les individus placés dans
l'entourage du nouveau pouvoir furent infiniment
mieux traités que les officiers devant l'ennemi dans
les corps déjà formés.

Nul doute qu'il eût été bien préférable de faire
remplir par l'armée tous les grades vacants, en con-
fiant à des gens du métier, au moyen de commissions
provisoires, des fonctions supérieures à leur grade,
leur disant : Après la guerre vos titres seront exami-
nés, et, si vous avez bien mérité du pays, la conservation de votre grade sera votre récompense.

Peu après, M. Jousselain réussit à faire accepter
à M. de Freycinet la nécessité d'organiser un bureau
topographique dont il fut chargé. Mais il m'écrivit
qu'il déplorait que cette entreprise n'eût pas reçu le
développement qu'elle comportait, en autorisant
l'industrie à une libre reproduction et vente de ces
cartes, qui se fussent tirées à des milliers d'exem-
plaires et répandues de tous côtés dans l'armée.
C'est ainsi qu'on ne put jamais en produire que le
nombre bien insuffisant que le bureau arriva à confectionner lui-même, le ministre craignant que ces
cartes ne servissent aux Prussiens. Malheureusement
pour nous, l'ennemi en tirait de l'Allemagne autant
qu'il lui en fallait, et de meilleures que les nôtres,
car elles mentionnaient tous les changements sur-

venus sur la surface de notre territoire, chemins de fer, routes en constructions nouvelles, etc., tous détails encore inédits sur les cartes d'état-major, que nous pouvions nous procurer dans les villes de notre parcours.

Ce fut à peine si les généraux, les chefs de corps et tous les officiers supérieurs purent être munis de cartes, qui eussent été fort utiles entre les mains de tous les officiers de l'armée sans distinction, évitant ainsi aux états-majors, si peu nombreux à l'armée de la Loire, d'être obligés de faire des croquis pour les officiers envoyés en mission aux avant-postes, lesquels durent la plupart du temps s'en passer.

Déjà, vers le 20 septembre, régnait dans l'Orléanais une grande agitation, à cause des incursions de la cavalerie ennemie, qui s'occupait de procurer, par voie de réquisitions, des vivres à l'armée allemande qui investissait Paris. Les faibles détachements de cavalerie et d'infanterie envoyés contre elle avaient eu des engagements malheureux.

Le gouvernement de Tours, qui n'était retenu par aucun plan sérieux d'organisation, avait besoin de mouvement autour de lui, pour faire illusion à lui-même et aux autres sur son insuffisance et son irrésolution. Il devait donc fatalement tomber à la merci de tous les importants qui essayaient de le diriger dans le sens de l'action pour établir leur influence. C'est pourquoi au lieu de dédaigner des incursions, auxquelles il ne pouvait s'opposer et qui n'augmentaient en rien l'assiette de l'ennemi sur le territoire ; au lieu d'attendre pour agir qu'il eût créé et organisé une armée sérieuse à lui opposer, on le vit céder à des sollicitations intéressées, qui cherchaient bien plutôt à s'imposer à l'attention des populations de ces contrées qu'à consulter leurs véritables intérêts. En effet, le résultat de cette stérile agitation devait être d'amener sur elles prématurément les charges et les horreurs de la guerre, sans compensation aucune pour le sort de nos armes.

Il commit donc la faute de donner au général de La Motterouge l'ordre de transporter son quartier général de Tours à Bourges, puis de là à Orléans.

L'ennemi apprit bientôt avec étonnement que le quartier général d'une armée française était établi dans cette ville. Comme on devait s'y attendre, il voulut immédiatement disperser cet essai d'organisation de forces militaires, qui se déployait pompeusement avant même d'exister, pour protéger ses coureurs dont la mission était de diriger de la Beauce des approvisionnements sur Paris, en vivres, fourrages, bestiaux, etc. Il mit en marche sur Orléans le corps bavarois du général Von der Tann, composé d'environ 40,000 hommes et 70 pièces de canon.

Par une conséquence naturelle, les 2e et 3e divisions du 15e corps, en voie de formation, et la partie de la 1re division dont j'ai parlé, en tout 25,000 hommes à

peu près, mal armés, mal équipés, réduits la plupart
à porter dans leurs poches les quelques cartouches
qu'on put leur donner, mal soutenues d'ailleurs par
une artillerie insuffisante, furent rejetées au delà de
la Loire, après le premier combat d'Artenay.

Orléans pris, tout le pays environnant fut occupé
par l'ennemi jusqu'à la bataille de Coulmiers, opération qu'il n'avait aucun intérêt à faire et qu'il n'eût
certainement pas entreprise à cette époque sans
cette malencontreuse démonstration.

Ce fut une faute d'engager la partie avant d'être
prêt; ce fut une faute bien plus grande de l'engager
dans la Beauce, pays plat, où l'artillerie dont étaient
pourvues nos troupes, très-inférieure en nombre, en
qualité, et surtout en portée, à l'artillerie ennemie,
était mise en ligne sur le plus mauvais champ de bataille pour elle; où nos soldats, mal armés, puisqu'il
y en avait qui étaient pourvus de fusils à percussion,
mal équipés, mal organisés et insuffisamment approvisionnés, étaient opposés à un corps nombreux,
solide, depuis longtemps aguerri et jusqu'alors victorieux.

Nos soldats se défendirent cependant avec toute la
fermeté qu'on pouvait attendre de leur part, et ce
fut un déplorable spectacle de voir leur chef, ce
brave vétéran de Sébastopol et d'Italie, qu'on était
allé chercher au fond de sa retraite pour défendre le
sol de sa patrie, révoqué brutalement de ses fonc-

tions, et succombant sous les clameurs de politiques de brasserie et d'estaminet, qui ne mettaient au service de leur pays qu'une agitation malsaine et intéressée.

J'ai dit que c'était une faute d'entamer la campagne par l'Orléanais.

En effet, après la deuxième bataille d'Orléans, on a vu que toute l'armée allemande, à la poursuite du général Chanzy, qui commandait ce qu'on a appelé la deuxième armée de la Loire, c'est-à-dire une force moitié moindre que celle dont nous disposions en avant d'Orléans au commencement de décembre, rencontra une très-sérieuse résistance, et eut à subir des pertes énormes, dès que les corps français purent gagner des terrains accidentés ou des positions naturelles faciles à défendre, qui forçaient l'artillerie de l'ennemi à se mettre à portée de la nôtre sous peine de ne pas la découvrir, et son infanterie à aborder carrément notre infanterie établie en position.

La configuration topographique de l'ouest de la France nous permettait en outre, en cas d'échec, de nous replier en ordre et à temps sur d'autres positions en arrière désignées d'avance, aussi favorables pour nous, et qui coûtaient à l'ennemi de nouveaux sacrifices, sans résultat décisif pour ses armes.

L'idée qui militait le plus en faveur de l'ouverture de la campagne dans l'Orléanais, pour les stratégistes du cabinet de M. Gambetta comme de ses prédéces-

seurs, était évidemment de couvrir d'abord Tours et
le siége du gouvernement, puis Bourges et Nevers
plus accessoirement qu'ils n'en veulent convenir. Or,
il importait fort peu que le gouvernement eût son
siége dans un point stratégique, s'il n'eût nourri
la pensée de se substituer au général en chef dans la
direction de l'armée. C'est d'ailleurs un aveu qu'il
fait lui-même.

« Tout d'abord », dit M. de Freycinet, dans son
chapitre qui traite du plan de campagne, « on évi-
tait l'inconvénient de découvrir les points qu'on voulait garder (Tours, Bourges et Nevers), car l'armée
en s'avançant vers Paris continuerait à les protéger.
Ensuite, puisqu'on cherchait à relever le moral de
la France, cette occasion s'offrirait naturellement.
En effet, dans la situation actuelle des troupes, concentrées, comme on l'a vu, en avant de Vierzon et de
Blois, pour aller à Paris, on passerait par Orléans.
La campagne débuterait donc par l'attaque de cette
ville, et si l'on était assez heureux pour s'en emparer,
on agirait vivement sur l'opinion, qui y verrait une
éclatante revanche de l'échec même qu'on venait d'y
subir. »

Il est inutile d'en dire plus long pour bien faire
voir la pensée du gouvernement.

Quant aux villes de Bourges et de Nevers, le gouvernement eût trouvé sur son territoire, s'il avait voulu
profiter des ressources énumérées dans le tableau n° 2,
reproduit au précédent chapitre, un nombre d'armes

de toute sorte qui eût singulièrement diminué l'importance de ces deux établissements. Il n'y avait, d'ailleurs, rien à craindre pour ces places; elles étaient
beaucoup trop éloignées pour que l'ennemi commît
la faute de vouloir s'en emparer à tout prix, et s'y
maintenir en se mettant la Loire à dos. En admettant qu'il dessinât un mouvement sérieux de ce
côté, on aurait eu tout le temps d'aviser à les
secourir.

Il ne faut donc tenir compte au gouvernement de
la défense nationale que de son désir de sauvegarder
Tours, puisque le ministère laissa sans réponse la
demande que je lui adressai au nom de certains indus-
triels métallurgiques du Nivernais, lesquels s'éton-
nèrent à bon droit qu'il ne se servît pas de leurs
ressources, alors qu'ils se chargeaient de monter
rapidement l'outillage nécessaire, soit pour fondre
des canons, des projectiles, etc., soit pour confectionner de modestes ustensiles de campement, bidons,
marmites, dont on manquait absolument au début.

Avec son fleuve devant elle et ses ponts, la ville
d'Orléans était une position favorable à l'ennemi,
puisque sa ligne de retraite était sur Paris. Pour
nous, au contraire, si nous l'occupions, elle nous
mettait dans une situation des plus dangereuses en
cas de revers, puisque nous étions obligés d'effectuer un passage de défilé sur une rivière, sous les
efforts et les feux convergents d'un ennemi dont la
puissance irait croissant, tandis que la nôtre dimi-

nuerait par suite du passage successif de nos troupes sur l'autre rive. Si donc l'ennemi venait à établir dans ces conditions, sur la berge, des batteries pour rendre impraticable le passage des ponts, ne deve-nait-il pas inévitable à une partie de l'armée de capi-tuler après une défense, honorable sans doute, mais en tout cas inutile?

Ces réflexions sont inspirées aux hommes du mé-tier à la première inspection de la carte du pays dans lequel s'est engagée la campagne de la Loire. Le cabinet de M. Gambetta n'eût-il pas dû les faire, et tout au moins demander à ce sujet l'avis des hommes compétents? N'est-il pas permis de penser, puisqu'il s'est gardé de suivre une voie si naturelle dans des circonstances de la plus haute gravité, qu'il plaçait les nécessités de sa politique et ses préférences personnelles au-dessus du salut de la France?

Je reviens à la 1re division du 15e corps, que nous avons quittée à Nevers, en pleine voie d'orga-nisation.

Le 9 octobre, je reçus l'ordre de me transporter avec elle à Gien. Chaque jour continuait de nous amener de nouveaux détachements, le travail de formation et d'instruction se poursuivait avec activité, quand eut lieu la première bataille d'Orléans, qui rejeta l'armée sur la rive gauche de la Loire.

Les 2e et 3e divisions du 15e corps se retirèrent sur la Motte-Beuvron, où se transporta le quartier général. Les troupes engagées dans le combat d'Artenay, qui faisaient partie de ma division, 29ᵉ de marche, tirailleurs, chasseurs, 12ᵉ mobiles, artillerie et brigade de cavalerie Dastugues, vinrent nous rejoindre à Gien.

Le 13 octobre, le général de division d'Aurelle de Paladines, qui était occupé à Tours à organiser les bases d'un 16ᵉ corps d'armée, fut nommé au commandement du 15°, en remplacement du général La Motterouge, destitué.

Le 16, ma division reçut de lui l'ordre d'aller prendre position à Argent, pendant que les 2ᵉ et 3ᵉ divisions abandonnaient la **Motte-Beuvron** pour se replier derrière la Sauldre, afin de se reconstituer et d'achever leur organisation interrompue.

Le quartier général se plaça à Salbris, avec la 3ᵉ division, commandée par le général Peytavin. La 2ᵉ division s'étendait sur la droite, en arrière de la Sauldre. Son commandant, le général Martineau des Chenez, s'établit à Pierrefitte, et fut relié à nous par des postes de cavalerie échelonnés dans l'intervalle et des grand'gardes.

A Argent, le terrain était propice pour les manœuvres; nous redoublâmes d'activité dans l'instruction. Le service des avant-postes et des éclaireurs fut particulièrement soigné pendant cette période; en dehors des rondes fréquentes de nuit ou de jour que faisaient des officiers de mon état-major ou des officiers supérieurs de la division désignés à tour de rôle, les rapports des éclaireurs nous tenaient au courant non-seulement des mouvements et des positions de l'ennemi, des réquisitions que ses coureurs se permettaient dans le pays, mais encore de l'exactitude apportée dans les divers services de grand'-gardes.

La cavalerie, mise à la disposition de la division, fut campée à deux lieues en avant d'Argent, à Cerdon, de manière à éclairer tout le pays en avant de mon front jusqu'à la Loire, et à s'opposer aux incursions des partis ennemis qui, s'enhardissant de plus en plus, venaient fourrager dans les villages du val de la Loire. Ces avant-postes eurent de fréquents engagements avec des piquets ennemis qui cherchaient à pénétrer nos desseins et à évaluer notre nombre. En aucune circonstance ils ne furent surpris, jamais ils n'eurent le dessous, et chaque fois ils capturaient à l'ennemi des hommes et des chevaux.

Nous établîmes, en outre, un système de correspondance régulière avec les maires de communes en avant de nous, et par ce moyen, bien souvent nous pûmes obtenir des renseignements précieux.

Le 24 octobre au soir, alors que la division était à peu près organisée, je fus mandé au quartier général à Salbris. Il était question d'un mouvement en avant sur Orléans et d'un conseil de guerre pour le lendemain matin, dans lequel on devait fixer la marche des opérations.

Ce conseil fut, en effet, tenu le 25. Étaient présents : le général en chef, son chef d'état-major, général Borel, le général Pourcet, commandant du 16ᵉ corps, M. de Freycinet, délégué du ministre de la guerre, accompagné de deux de ses employés, et moi.

Après diverses observations sur la valeur des troupes qu'il avait entre les mains, et la nécessité de ne commencer des opérations qu'on ne pourrait plus interrompre qu'avec des éléments mieux pourvus, mieux organisés et plus nombreux, le général d'Aurelle dut céder devant les raisons péremptoires de M. le délégué.

Comme action isolée sur Orléans, certes le plan était très-réalisable; mais le revers de la médaille était la direction irrévocable qu'on donnait aux opérations et le terrain qu'on choisissait pour les entreprendre, comme on l'a vu plus haut.

Je soutins l'opinion du général en chef, que je partageais; mais je compris que le ministère était décidé à passer outre; je refusai, en conséquence, d'assister au deuxième conseil de guerre à Tours, à une nouvelle et stérile discussion, préférant employer ce temps à préparer mes troupes pour l'action arrêtée.

Voici quel était le plan d'attaque :

Les 2ᵉ et 3ᵉ divisions du 15ᵉ corps, unies au 16ᵉ, devaient, sous le commandement en chef du général d'Aurelle, se rendre dans l'ouest d'Orléans en avant de Blois, s'appuyant sur la forêt de Marchenoir pour s'avancer ensuite vers l'ennemi et l'attaquer de front. Pendant ce temps, la 1re division du 15e corps, passant la Loire à Gien, se dirigerait par l'est au travers de la forêt d'Orléans, de manière à arriver sur les derrières de l'ennemi le 1er novembre, jour de l'attaque du général en chef.

Je demandai cinq jours, qui me furent accordés, pour exécuter ce mouvement tournant, me réservant un jour de combat dans le cas où l'ennemi voudrait m'interdire le passage du canal de la Loire à Montargis.

Le 26 au matin, mon artillerie de réserve et mon convoi partaient pour passer la Loire au pont de Gien, avec l'ordre de nous rejoindre à Sully le 28, en longeant le fleuve.

Ma 1re brigade se mit en marche le 27 au matin pour Sully, suivie de la 2e.

Le soir même, l'avant-garde, une brigade et la cavalerie, qui rentrait des avant-postes, avaient franchi la Loire sans aucun accident, bien que le pont suspendu de Sully, récemment déboulonné, eût été réparé à la hâte en vue de ce mouvement offensif.

La division comptait en ce moment plus de 30,000 hommes d'infanterie, 44 pièces de canon et 750 à 800 chevaux.

En passant en voiture, car je ne pouvais encore monter à cheval, sur le flanc de cette longue colonne qui marchait en ordre et en silence sur quatre

5

rangs, les officiers et sous-officiers à leur place, laissant à peine derrière elle quelques fiévreux du 38ᵉ qui revenait d'Afrique, dont les forces trahissaient la bonne volonté, je me demandais si c'étaient bien là les mêmes hommes qui, un mois auparavant, à Nevers, criaient, se révoltaient et ne connaissaient aucun frein.

La loi martiale avait opéré ce prodige; quatre exemples seulement et la certitude de ne pouvoir échapper au châtiment, par suite d'un jugement et d'une exécution dans les vingt-quatre heures, avaient dompté les plus rétifs et ramené l'ordre le plus absolu dans tous les corps.

Vraiment la vue de ces troupes, animées du meilleur esprit, était bien faite pour inspirer la confiance aux chefs. Telles qu'elles étaient déjà, avec quatre semaines à peine de formation et d'instruction soutenues par une rigoureuse discipline, j'étais assuré de pouvoir manœuvrer avec elles en présence de l'ennemi.

Je résolus de me jeter brusquement sur le pont du canal à Combreux, où je n'étais certainement pas attendu, d'y construire un deuxième pont en bois, s'il en était besoin, puis de me rabattre à travers la forêt sur Fleury, par Sèchebrières, Ingrannes, Sully-la-Chapelle, Trainou et Semoy.

Le 29, mon avant-garde quitta à trois heures du matin les bords de la Loire et s'enfonça dans la forêt. A sept heures, au moment où je me mettais

moi-même en route, arriva un contre-ordre du ministre de la guerre, qui nous ordonna de retourner
dans nos positions d'Argent.

A cette époque, nous apprenions la nouvelle de la
capitulation de Metz.

Nous rentrâmes dans nos anciennes positions le
jour même.

Le 6 novembre, je recevais de nouveau l'ordre de
reprendre le mouvement interrompu. Le général en
chef me mandait de désigner le jour où je comptais
arriver devant Orléans, la marche en avant et l'attaque de l'armée devant se régler sur le mouvement
tournant que j'avais à exécuter.

Je fixai le 11 novembre, puisqu'il y avait quatre
jours de marche et qu'il fallait me réserver une
journée, en cas de résistance rencontrée dans mon
trajet.

Le général d'Aurelle me fit suivre d'un télégraphe
qui se monta derrière moi et devait me maintenir en
relations avec lui.

Ma résolution, cette fois, fut de passer le canal
de la Loire à Montargis, à Fay-aux-Loges, pour le
cas où l'ennemi informé de ma marche sur Combreux, dix jours auparavant, eût été m'y attendre en
force. J'emmenai un équipage de pont nécessaire
pour jeter au besoin deux passerelles sur le canal
et activer le passage, en cas de défense de la part
des Bavarois.

5.

Les étapes devaient être Sully-sur-Loire, Château-
neuf-sur-Loire, Loury et Rébréchien, puis Fleury.

Nous nous mîmes en route le 7 ; la Loire fut fran-
chie le 8 au matin et nous couchâmes à Châteauneuf.
Le lendemain 9, l'avant-garde, partie à quatre
heures du matin, passait au point du jour le canal
à Fay-aux-Loges, sans trouver la moindre résistance. Les coureurs ennemis s'étaient repliés depuis
la veille.

J'arrivai de ma personne à Fay-aux-Loges à dix
heures du matin, avec la 1re brigade, la cavalerie et
une partie de l'artillerie.

Nous prîmes un moment de repos, que j'employai
à prendre des renseignements. Tous étaient de nature à nous faire supposer qu'on ignorait à Orléans
la marche de notre colonne, puisque les détachements de cavalerie qui occupaient jusqu'alors le
pays venaient d'être rappelés en toute hâte, sans
doute à cause des bruits de concentration de l'armée
française vers Blois, c'est-à-dire du côté opposé.

Je reçus à ce moment un télégramme du général
en chef me demandant quelle était ma position, si
j'avais rencontré l'ennemi, et quel jour j'arriverais à
Orléans.

Un cavalier porta de suite aux employés qui
installaient le télégraphe derrière nous la réponse
suivante :

« Passé le canal sans coup férir ; coucherai aujour-
d'hui à Rébréchien, Trainou, Vannecy ; serai à
Fleury demain 10. »

Général DES PALLIÈRES.

Je me mis en route, et quelle ne fut pas ma stupé-
faction, en arrivant à Trainou, d'entendre une formidable canonnade du côté d'Orléans ! La configuration du terrain, sans doute, amenait le son le long
de la Loire, vers la trouée de la forêt dans laquelle
circule la route de Pithiviers, de telle sorte qu'Orléans paraissait être le théâtre d'une bataille acharnée.

Je me perdis un instant dans les conjectures les
plus contradictoires, car le télégramme du général
en chef que je venais de recevoir une heure auparavant à Fay-aux-Loges, devait me faire supposer que,
si le combat venait de s'engager sur toute la ligne,
c'est que l'ennemi avait pris l'offensive et nous avait
attaqués.

Comment sans cela expliquer que la bataille se
livrât deux jours avant l'époque arrêtée par le général en chef?

Il me paraissait impossible que le général d'Aurelle pût se priver gratuitement du concours d'un
mouvement tournant de l'importance de celui exécuté par ma division, mouvement qui s'opérait alors
avec plein succès, par environ 30,000 hommes d'infanterie, 800 chevaux et 44 pièces de canon.

Nous connaissions depuis plusieurs jours la capi-

tulation de Metz. Il se pouvait que l'ennemi, informé
de notre mouvement et maître du chemin de fer de
Paris, eût fait arriver en toute hâte, par la voie ferrée en sa possession, les troupes de renfort nécessaires pour lui permettre de prendre une vigoureuse
offensive.

Un pressentiment me poussait tout d'abord à me
jeter vers Artenay, par la route de Rébréchien et
Saint-Lyé, pour aller m'établir à cheval derrière lui
sur la route d'Étampes. C'était le mouvement indiqué dans l'hypothèse où nous étions les agresseurs ;
mais dans ce cas, le général m'eût averti qu'il avançait le jour de l'attaque, au lieu de me demander
simplement où j'étais et ce que je faisais.

La raison, cependant, me ramenait invinciblement
à cette idée que l'offensive venait de la part de l'ennemi. Tout ce qui m'entourait, à l'exception de mon
chef d'état-major, voulait marcher sur Artenay.
Cependant, réfléchissant à la faible organisation de
nos jeunes troupes, les seules ressources de la
France, j'abandonnai avec un serrement de cœur
une direction vers laquelle me poussait mon instinct
de soldat, me disant qu'il ne pouvait être question
d'aventures, quand on jouait la dernière carte de
son pays, qu'il fallait renoncer à suivre les sédui-
santes perspectives de la fortune pour répondre à
l'appel de l'obscur mais honnête devoir.

Je pressai donc la marche de la colonne vers
Fleury ; l'artillerie gagna au trot la grande route de

Pithiviers à Orléans, par Loury, et l'infanterie coupa à travers champs pour arriver plus vite dans cette nouvelle direction.

La 2ᵉ brigade, qui marchait à deux heures derrière nous, fut informée de notre mouvement et reçut l'ordre de coucher à Boigny, en nous envoyant tous ses canons. Les voitures du convoi durent s'arrêter pour laisser filer les troupes.

Alors dans la solitude de cette grande route sillonnant l'éclaircie de la forêt, les 20,000 hommes que j'avais sous la main, serrant les rangs et doublant l'allure au bruit du canon, sans paraître ressentir la fatigue, descendirent vers Orléans en silence avec une fiévreuse rapidité.

Ces troupes firent dans cette journée onze lieues, sans prendre aucune nourriture ni presque un instant de repos; elles marchèrent pendant quatorze heures sans laisser de traînards, faisant preuve d'une réelle énergie et d'une remarquable bonne volonté.

Malheureusement deux compagnies et quelques cavaliers que je dirigeai sur la ville à mon passage à Sémoi en gagnant Fleury, me firent prévenir que l'attaque venait de nous et non pas de l'ennemi, que les Bavarois avaient abandonné Orléans et qu'ils étaient en forces bien moins considérables que nous ne l'avions supposé.

Les renseignements qui nous avaient été envoyés pendant les derniers temps parlaient de 70,000 hommes et 200 pièces de canon que des

habitants notables, trompés sur l'effectif de l'armée
ennemie par les sorties et les rentrées incessantes du général bavarois, qui cherchait à leur dissimuler son effectif, prétendaient même avoir comp-
tés dans Orléans. C'était donc cette armée que nous
pensions avoir devant nous, et non pas 35 ou
40,000 hommes tout au plus avec 70 pièces de
canon.

Le général Von der Tann, convaincu qu'il ne pouvait faire une résistance efficace dans cette ville,
l'avait abandonnée, n'y laissant que les malades et
un régiment parti dans l'après-midi. Depuis plusieurs jours il avait fait rétrograder son matériel sur
la route de Paris, par Étampes, sa ligne de bataille
établie entre Saint-Péravy et les Ormes, sur la route
de Châteaudun à Orléans, poussant ses avant-postes
jusqu'à Coulmiers et Huisseau.

C'est là qu'il fut attaqué par notre armée. Il n'hésita pas à se replier dès qu'il s'aperçut que, contrairement aux prévisions du quartier général allemand,
il avait devant lui une réelle armée de la Loire, et
qu'il n'était pas en forces supérieures en hommes
comme en artillerie.

Nous arrivâmes à six heures du soir à Fleury. La
nuit était noire, glacée; la pluie tombait depuis deux
heures et dura toute la nuit et une partie de la journée suivante. Ce fut un dur moment pour des
troupes aussi fatiguées que les nôtres.

Le lendemain matin, dès la pointe du jour, nous

nous remîmes en marche, et malgré toute la célérité possible nous ne pûmes atteindre l'ennemi, qui déjà depuis la veille au soir était en pleine retraite.

Ce fut en vain que nos deux régiments de cavalerie se mirent à la poursuite d'un convoi qui avait quitté la ville une heure et demie à peine avant notre arrivée au faubourg Bannier; les chevaux, éreintés par la journée précédente, enfonçant jusqu'aux genoux dans les terres détrempées par la pluie, pouvaient à peine avancer. Le convoi bavarois maintint son avance avec la plus grande énergie.

Je pris le parti de m'arrêter à Chevilly, à la sortie de la forêt d'Orléans.

J'établis ma division dans de bonnes positions, au fur et à mesure de son arrivée, et je lui laissai prendre le repos qu'elle avait si vaillamment quoique si infructueusement gagné.

CHAPITRE III.

Le 12, je me rendis au quartier général, où je rencontrai M. Gambetta et M. de Freycinet. Je leur ex-
primai mon étonnement que la bataille de Coulmiers
eût été livrée deux jours plus tôt qu'il n'était convenu, ajoutant que cette faute avait permis à l'armée
bavaroise de se retirer en bon ordre, sans pertes sérieuses, laissant à peine 2 canons embourbés et un
petit nombre de prisonniers, alors qu'elle eût dû tomber tout entière entre nos mains, si le programme
arrêté avait été exécuté.

M. de Freycinet répondit qu'il était heureux que
l'action eût été engagée le 9, car le mauvais temps
survenu le lendemain devait empêcher les manœuvres
de notre artillerie. En présence d'une pareille péné-

[1] Voir à l'Appendice.

tration, il n'y avait pas de réponse à faire, et je demeurai persuadé que la pression du gouvernement
n'était pas étrangère à la précipitation de l'action le
9 novembre, puisque je ne pouvais entrer en ligne
que le lendemain 10 très-tard dans la soirée.

Je trouve à l'appui de cette assertion, dans le livre
du général d'Aurelle, page 93, une lettre à M. de
Cathelineau dans laquelle il l'informe qu'il a donné
l'ordre au général Faye, qui était à Salbris, de se porter avec 6 ou 7,000 hommes à la Ferté Saint-Aubin
le 10, la veille du jour où il espère pouvoir arriver à
Orléans, afin que cet officier général continue son
mouvement sur cette ville le 11. Plus loin, page 123,
dans son rapport au ministre, le général en chef dit
également : « Le 5 au soir il fut décidé d'après les
instructions du ministre de la guerre que l'on repren-
drait le mouvement sur Orléans, arrêté le 28 octobre
au matin. Le général des Pallières, établi à Argent et
à Aubigny, reçut l'ordre de partir le lendemain 6 pour
se diriger par Gien et la forêt d'Orléans sur cette
dernière ville, en lui laissant toute liberté de mouvement, de manière à arriver le 10 au soir ou le 11 au
matin, suivant les événements. »

Enfin, plus loin, page 129 du même rapport : « Le
général des Pallières, dont la marche avait été cal-
culée sur une plus longue résistance de l'ennemi,
marcha pendant quatorze heures au canon dans la
journée du 9. »

Quoi qu'il en soit de la cause réelle qui a fait avancer d'un jour l'attaque de l'armée bavaroise par nos forces du côté de l'ouest, elle est regrettable à tous les points de vue ; si le général en chef eût été pressé par le gouvernement, il eût dû tempérer son impatience en lui faisant observer qu'il devait attendre le moment où la coopération de ma division, avec laquelle il était en communication télégraphique, pourrait lui être fructueusement acquise. Si au contraire lui-même a pris l'initiative d'avancer le jour de l'attaque, il s'est privé volontairement du concours d'une force sérieuse dont il pouvait diriger à son gré les mouvements même de Coulmiers, pour la faire déboucher le 11 de bonne heure sur le champ de bataille, sur les derrières de l'ennemi, mouvement qui eût changé sa retraite en déroute et fait tomber entre nos mains presque tout ce corps d'armée avec son matériel.

C'eût été une petite revanche de Sedan qui eût augmenté de moitié la valeur de nos jeunes troupes. Peut-être alors une marche sur Paris en eût été la conséquence, quoiqu'en réfléchissant à la situation de l'armée, on repousse bien vite ce projet si incertain quant au succès final. Le général en chef, et ceux qui comme lui connaissaient nos troupes pour les avoir formées, eussent été impardonnables de les jeter dans une pareille aventure.

Les journaux d'Allemagne nous ont beaucoup raillés à ce sujet, et les esprits superficiels en profitent pour les imiter. D'après eux, si nous avions marché sur Paris, nous forcions l'armée de blocus à lever le

siége. Dernièrement le *Times*, dont on connaît les
sympathies pour nos ennemis, dans un article critique
sur l'ouvrage du général en chef, ne lui ménage pas
à cette occasion les appréciations les moins bienveil-
lantes. Plus j'examine encore aujourd'hui cette éventualité sous toutes ses faces, plus je reconnais le bon
sens pratique de la détermination du général d'Aurelle. En effet, sous la pression de cette menace, les
troupes allemandes du siége n'eussent pas manqué
de renforcer en quelques heures par les chemins de fer
en leur possession, l'armée en face de nous de 80 à
100,000 hommes, et cela sans que les assiégés
en eussent été avertis. La concentration du prince
Charles sur Montargis, où ses têtes de colonnes apparaissaient déjà le 9, se fût activée singulièrement, et
notre armée, venant se butter en tête contre les meilleures troupes de l'ennemi en position avantageuse,
et prise en flanc ou en queue par l'armée du prince
Charles, eût été complétement compromise, résultat
que sans doute regrettent amèrement nos railleurs.

C'est au général qui a constamment la main sur
son armée, à la manœuvrer suivant ses moyens, et c'est
pour avoir obligé le général en chef à un mouvement
hors de proportion avec ceux de nos jeunes et trop
récentes troupes, que le gouvernement a définitivement compromis le sort du pays et l'a contraint à
accepter la paix ruineuse que nous subissons.

M. de Freycinet dit en substance dans son livre
« *la Guerre en province* », chapitre V, qu'après la

bataille de Coulmiers, les Allemands s'attendaient à
la marche de l'armée de la Loire sur Paris; qu'au
conseil de guerre, tenu le 12 au quartier général, le
général Borel, chef d'état-major, proposa ce plan;
mais que le général en chef fut d'un avis diamétrale-
ment opposé et proposa de repasser la Loire, pour
rentrer dans les anciennes lignes de la Sauldre.

Je n'ai pas assisté à cette première partie du conseil; mais je puis affirmer qu'aucune idée pareille à
cette dernière imputation n'a jamais pu germer dans
la tête du général en chef, qui s'est borné à proposer
de se fortifier devant Orléans et à attendre le choc
de l'armée allemande dans ses lignes.

Sans donc préjuger la résistance que l'armée française devait rencontrer de la part du duc de Mec-
klembourg, dans sa marche en avant à travers la
Beauce, pays plat et défavorable à notre artillerie;
sans parler davantage de la menace sur notre flanc
droit et nos communications, à laquelle nous ne pouvions échapper, de la part du prince Charles, discu-
tons un moment les avantages que nous présentait la
défensive devant Orléans.

Le général d'Aurelle sentait très-bien que l'offensive n'était pas possible dans les conditions où nous
nous trouvions, qu'il fallait se préparer à recevoir
sous peu un choc terrible, dans ce but, s'entourer
de travaux de campagne et continuer une organisation qui nous rendait chaque jour plus forts,

plus nombreux et plus aptes à résister à des efforts
attendus.

C'est ce qui ressortit clairement pour moi du
conseil de guerre du 12 novembre.

Tout d'abord, je réponds à l'objection que l'on
pourrait faire, que l'ennemi, ayant surtout intérêt à
la chute de Paris, nous aurait vus avec plaisir nous
immobiliser dans nos retranchements improvisés, et
se serait contenté de laisser devant nous, en observation, l'armée qui venait de Metz.

Si l'on réfléchit un instant, on est amené à se convaincre qu'il était obligé de nous attaquer, et le plus
promptement possible.

En effet, avec les troupes solides qu'il commandait,
les meilleures de la Prusse, exaltées par le succès
qu'elles venaient de remporter sur notre vaillante
mais malheureuse armée de Metz, avec le mécanisme,
si savamment organisé dès le début de la guerre, qui
les faisait mouvoir, le prince Charles n'avait aucun intérêt à des retards qui augmentaient chaque jour l'importance de nos forces, notre instruction militaire,
notre matériel et notre solidité. Mettant de côté le
désir de réparer l'échec infligé aux Bavarois à Coulmiers, il lui était indispensable de nous attaquer avant
que nous eussions terminé nos travaux de défense.
S'il ne faut pas beaucoup d'échecs pour abattre de
jeunes troupes, il ne faut pas non plus beaucoup de
victoires pour les aguerrir quand leur constitution
s'améliore. Le succès de Coulmiers avait considéra-

blement accru notre valeur morale, et cette ardeur donnait aux chefs le plus grand espoir pour l'avenir. L'important était donc de se servir de l'armée de manière à ne pas compromettre tout à coup cet excellent résultat.

Dans une situation toute contraire à celle du prince Frédéric-Charles, le général d'Aurelle, qui recevait chaque jour de nouvelles troupes et de nouveaux canons, avait tout intérêt à gagner du temps. L'armement, l'équipement et l'habillement de l'armée allaient s'améliorant, en même temps que son éducation militaire et sa cohésion. Fortifiés dans des positions bien étudiées, connues de tous; soutenus par des batteries de marine, dont la longue portée devait compenser la faiblesse de notre artillerie de campagne, nous pouvions attendre, sans trop d'appréhension, le choc prochain de l'armée prussienne, tout en achevant de nous organiser.

Au lieu de nous échelonner en un long et mince rideau en avant de la forêt d'Orléans, de Saint-Péravy à Bellegarde, il fallait placer tous les corps sous le même commandement, indispensable pour coordonner les opérations. De la sorte, l'armée eût pu être concentrée dans les positions suivantes :

En première ligne, les 15ᵉ et 16ᵉ corps, les plus anciens de formation, les plus solides :

Le 15ᵉ de Saint-Lyé à Chevilly,

Le 16ᵉ de Chevilly à Boulay.

En deuxième ligne, les 18e et 20e corps, l'un massé entre les Ormes et Cercottes, l'autre entre Rébréchien et Trainou. Enfin, le 17e en réserve à Orléans.

Tous les défilés de la forêt auraient été gardés par nos éclaireurs et les corps francs, avec mission de tenir le quartier général au courant des mouvements de l'ennemi à grande distance, tandis que la partie de notre cavalerie qui ne servait pas à nous éclairer, scindée en deux grandes masses placées en arrière de nos ailes, se serait tenue prête à saisir toute bonne occasion d'offensive.

Obligée de nous attaquer dans nos lignes, l'armée allemande ne pouvait manquer de faire de grandes pertes. Nous étions préservés de tout mouve-ment tournant à travers la forêt, sauf avec de l'in-fanterie, par des coupures sur toutes les routes transversales. L'ennemi lançait-il des colonnes sur les routes de Pithiviers à Orléans, par Chilleurs et Loury et par Ingrannes, elles rencontraient le 20e corps, auquel le général en chef pouvait au besoin envoyer des renforts des 17e et 18e corps, tandis que par Saint-Lyé, le 15e corps menaçait ses derrières ou à son choix pouvait aller renforcer le 20e corps par la route d'Orléans.

De même, dans le cas d'un mouvement tournant à gauche de notre première ligne, l'ennemi trouvait devant lui les 16e et 18e corps renforcés et appuyés du 17e, puis du 20e.

Une lutte terrible, qui aurait duré plusieurs jours, se serait livrée dans ces positions : il est permis d'espérer qu'ainsi concentrés l'armée du prince Charles n'eût pu nous entamer.

Nous serions sortis alors de nos retranchements au moment où l'ennemi, fatigué d'inutiles efforts, éprouvé par des pertes sérieuses, se fût replié dans un certain désarroi sur Paris. Peut-être le sort des armes changeait-il pour nous redevenir favorable. C'est alors que nous pouvions arriver jusque sous les murs de la capitale, en serrant d'assez près l'ennemi pour ne pas lui donner le temps de se reformer afin de nous livrer une deuxième bataille, dans des conditions trop désavantageuses pour nous; et c'est dans ce cas que toute hésitation, tout regard en arrière eussent été une faute impardonnable.

Les faits se seraient-ils réalisés ainsi? il est permis de le supposer.

Cette manière d'agir était tellement indiquée, qu'il nous semblait à tous que le gouvernement devait avoir complétement abandonné l'idée de marcher en avant. Car du moment qu'il s'était engagé dans l'Orléanais, sur un terrain qui nous était défavorable, il devait chercher à en tirer le parti le moins funeste.

Le général en chef le pensait comme moi, ainsi que le prouve l'ordre général numéro 591, contenant l'ensemble du projet de défense basé sur une forte occupation de la forêt et sur une ligne de retranchements et de batteries qui, partant de la Loire, allait

6.

aboutir au village de la Chapelle, en passant par les Ormes, Boulay, Gidy et Chevilly; complété en avant par une série d'avant-postes également fortifiés.

DÉFENSE DE LA POSITION D'ORLÉANS.

« L'ensemble du projet de défense est basé sur une forte occupation de la forêt et sur une ligne de retranchements et de batteries qui, partant de Chevilly, va aboutir vers le village de la Chapelle en passant par Gidy, Boulay, les Ormes et le bout des Gouttes.

» Mais avant de se retirer dans cette position, il y a lieu de créer une ligne d'avant-postes fortifiée de manière à retarder autant que possible la marche de l'ennemi, en lui faisant éprouver le plus de pertes possible.

» La ligne d'avant-postes fortifiée passerait en partant de la droite, par la Provenchère, Coinces, le Chêne, Saint-Péravy, Coulimelle, Saint-Sigismond, Gémigny et Coulmiers. Il y aurait lieu de fortifier aussi et de mettre en état de défense le village de Bricy.

» Pour l'exécution de ce projet de défense, il est nécessaire de modifier l'emplacement des troupes.

» Si le 16° corps était attaqué dans sa position actuelle, il lui serait peut-être très-difficile de suivre sa grande ligne de retraite qui est la grande route de Châteaudun à Orléans, et dans le cas où son centre serait forcé, il ne pourrait plus se retirer que par Gémigny et Rosières, et peut-être même serait-il jeté en dehors vers Ouzouer; le même danger menacerait aussi toute notre cavalerie qui se trouve sur la gauche de Saint-Péravy et qui pourrait être séparée du reste de l'armée.

» D'un autre côté, Chevilly, qui est le point le plus avancé et sert de pivot à la ligne de défense, doit être très-fortement occupé. Enfin, le 15ᵉ corps, dont la 1ʳᵉ et la 2ᵉ division sont entre Chevilly et Gidy, a sa troisième division tout à fait à l'extrême gauche. Pour la facilité du commandement, il importe de concentrer les troupes des 15ᵉ et 16ᵉ corps comme il suit :

15ᵉ CORPS :

» 1ʳᵉ division, à Chevilly et Saint-Lyé ;

» 2ᵉ division, entre Gidy et Chevilly, occupant les avant-postes fortifiés la Provenchère et Huêtre ;

» 3ᵉ division, entre Gidy et Boulay, occupant Bricy, qui devra être mis en état de défense.

16ᵉ CORPS :

» 1ʳᵉ division à Saint-Péravy, occupant les villages de Coinces, le Chêne, Coulimelle, Saint-Sigismond, Gémigny, Rosières et Coulmiers.

» Une division aux Barres et à Bucy Saint-Liphard. Toute la cavalerie qui est à la gauche, moins une brigade, ira s'établir à Saint-Lyé dans la forêt d'Orléans.

» Dans le cas où l'ennemi nous obligerait à quitter
la ligne d'avant-postes fortifiée, les troupes du
15ᵉ corps se replieraient en arrière des retranchements, de manière à défendre l'espace compris entre
Boulay et Chevilly.

» Le 16ᵉ corps, après avoir reporté en arrière et
recueilli les troupes des avant-postes, aurait à défendre tout ce qui se trouve au sud de la route de
Châteaudun, appuyant sa droite aux Barres et faisant pivoter sa gauche autour de ce point, en profi-
tant de tous les bois dont le pays est couvert pour
arrêter ou tout au moins retarder la marche de l'ennemi.

» Il est essentiel que la réserve d'artillerie du
16ᵉ corps vienne s'établir du côté de Clos-Aubry ou
de la Haute-Épine, pour avoir sa ligne de retraite
assurée et pour contribuer à la défense des ouvrages.

» Quant au parc du 16ᵉ corps, on devra le faire
rétrograder, pour le placer en arrière des Ormes.

» Les mouvements indiqués ci-dessus devront s'exécuter dans la matinée de demain.

» On devra s'occuper d'urgence de retrancher et
de créneler les villages qui doivent former la ligne des
avant-postes fortifiés.

Villeneuve-d'Ingré, 16 novembre 1870.

» *Le général commandant en chef l'armée*
» *de la Loire.*

» *P. O. Le chef d'état-major général,*
» *Signé :* BOREL. »

Depuis le 12, de nombreux travaux avaient été exécutés aux abords de la forêt et devant le front des troupes qui s'appuyaient sur elle et en défendaient les débouchés importants. Le génie civil travaillait en même temps à défendre l'accès d'Orléans, en établissant sur son périmètre un certain nombre de batteries de marine et d'emplacements pour des batteries de campagne, reliés par des tranchées-abris. 150 pièces de marine de gros calibre devaient, conjointement avec l'artillerie des corps, couvrir toutes ces positions, et rétablir en notre faveur, autant que faire se pouvait, l'infériorité de portée de nos pièces.

Les trois divisions de mon corps d'armée, établies à Boulay, Gidy, Chevilly et Saint-Lyé, poussaient leurs avant-postes jusqu'à Huêtre, Sougy, Artenay, Bucy-le-Roy, la Chapelle, Villereau, Neuville, Chilleurs et Courcy. Ce dernier point était occupé par les corps francs sous les ordres de Cathelineau, éclairant ainsi la partie nord-est de la forêt, à notre extrême droite.

Toutes les routes de la forêt avaient été mises en état de défense ou coupées par des tranchées et profondément labourées. Des fossés, le long de ses lisières un peu en arrière, sous le couvert, avaient été préparés pour recevoir et abriter des troupes ; les villages et les fermes en avant et sur nos positions étaient crénelés et mis en état de défense. De nombreux épaulements destinés à abriter des batteries de

campagne s'élevaient partout sur notre front, et permettaient aux pièces de prendre toutes les positions
utiles et de croiser leurs feux dans toutes les directions.

Il est facile d'ailleurs de se rendre compte par la
lecture des dépêches suivantes des idées que le général d'Aurelle avait au sujet de l'action prochaine de
l'armée.

Général commandant en chef aux généraux des
Pallières, Chevilly, et Chanzy, Saint-Péravy.

Nº 207.   Reçue 20 novembre, 2 heures soir.

« En cas d'attaque, il est convenu que le 15ᵉ corps
aura à armer et défendre la portion de la ligne de
défense depuis la forêt jusqu'à Boulay inclusivement,
et le 16ᵉ corps, la partie comprise entre les Barres
et Ingré. Donnez l'ordre aux commandants d'artillerie de faire reconnaître et déterminer les emplacements que doivent occuper, sur cette ligne, les batteries divisionnaires et de réserve, dans la supposition
que l'armée viendrait occuper notre ligne de défense
fortifiée.

                              » D'AURELLE. »

Général commandant en chef au général des Pallières,
Chevilly, au général Chanzy, Saint-Péravy.

Nº 5200.   Reçue 20 novembre, 2 heures et demie du soir.

« Donnez l'ordre immédiatement aux généraux

commandant les divisions de reconnaître et désigner l'emplacement de combat de leurs troupes. Les travaux exécutés nous permettent d'avoir de fortes réserves. Faites-moi connaître les forces et les emplacements de ces réserves, ainsi que l'ensemble du dispositif de défense. Défense d'accorder pour demain aucune permission. Se tenir prêt à une attaque. Débarrasser les routes des convois, avoir des vivres pour trois jours, c'est-à-dire jusqu'au 23 inclus.

» D'AURELLE. »

Le 20 novembre, le même jour, j'adressai au général en chef le compte rendu des dispositions prises pour défendre l'espace compris entre Boulay et Saint-Légé.

Au général en chef.

Lettre n° 22.   20 novembre.

« Mon général,

» J'ai l'honneur de vous adresser ci-joints les renseignements demandés par votre dépêche télégraphique de ce jour, relative à l'emplacement de combat des troupes et des réserves.

» Les prescriptions diverses contenues dans votre dépêche précitée ont été recommandées aux généraux du 15e corps d'armée, pour être strictement exécutées. J'ai dû rectifier les positions de la 3e division; aussitôt que le général de cette division aura réparti ses troupes d'après mes indications, les renseignements qui le concernent seront adressés.

Iʳᵉ DIVISION D'INFANTERIE.

» *Ferme de Nogent.* 1 batterie de 8 à gauche en avant.

» 1 batterie de 4 à droite en arrière.

» Ces deux batteries seront protégées par le 3ᵉ régiment d'infanterie de marine.

» *Château de Chevilly.* 1 batterie de 8, à huit cents mètres au-dessus du château, en réserve près de la route de Chevilly, à Sougy.

» 3 bataillons du 1ᵉʳ zouaves au château.

» *Ferme d'Andeglau.* 1 batterie de 4, protégée par le 4ᵉ bataillon de marche des chasseurs à pied.

» *Entre l'Étendard et les Chapelles,* sur la route de Saint-Lyé. 3 bataillons du 12ᵉ mobiles.

» *Saint-Barthélemy.* A droite. 1 batterie de 4 et 500 hommes du 29ᵉ de marche.

» RÉSERVE. — *A droite, à hauteur de la sortie de Chevilly.* 2 bataillons du 38ᵉ de ligne.

» *En arrière.* 8 pièces, canons à balles.

» 2 bataillons d'infanterie de marine (2ᵉ et 4ᵉ régiments).

» 1 bataillon du 38ᵉ de ligne.

» *Saint-Lyé.* 1 bataillon de la garde mobile de Savoie.

» 2 bataillons 1/2 du 29ᵉ de marche.

» 1 bataillon de tirailleurs.

» 3 bataillons du 18ᵉ mobiles.

» 3 brigades de cavalerie.

» 2 batteries de 4 à cheval, de 4 pièces chacune.

» Ces troupes seront établies suivant les circonstances par le général commandant la division de cavalerie à Saint-Lyé.

2ᵉ DIVISION D'INFANTERIE.

» A 100 mètres environ en avant de Huêtre, 1 batterie de 6 pièces de 4, soutenue en arrière par 1 bataillon du régiment étranger.

» Sur la route de Huêtre à Sougy et à gauche, 2 batteries de réserve de 8, soutenues par 2 bataillons du régiment étranger.

» A droite et à gauche de la ferme de Douzy, 1 batterie de 6 pièces de 4. — Total, 12 pièces, soutenues par 2 compagnies de chasseurs à pied.

» A Huêtre, qui est retranché et crénelé, le 3ᵉ bataillon du régiment étranger.

» En avant de la Provenchère, derrière un épaulement, les 2 autres compagnies de chasseurs à pied.

» En arrière de la Provenchère, le 2ᵉ zouaves.

» En avant de Gidy, les 25ᵉ et 29ᵉ mobiles, ainsi que le 30ᵉ régiment de marche, comme réserve.

3ᵉ DIVISION D'INFANTERIE.

» 2 batteries de 4 en avant de Bricy, au point coté 133. '

» 1 batterie de 4 à Boulay, prête à se porter partout où il sera nécessaire.

» Le 27ᵉ de marche occupe fortement Bricy, mis en état de défense. Ce régiment, avec le 34ᵉ de marche, placé vers la Beaucerie, et le 69ᵉ mobiles, occupant le bois entre Bricy et Bouilly, forment la 1ʳᵉ ligne de la 3ᵉ division.

» 2ᵉ ligne. — 6ᵉ bataillon de chasseurs, à Boulay.

» 2 bataillons du 33ᵉ de marche, 2 bataillons du 32ᵉ mobiles à droite, et 2 bataillons du 16ᵉ de ligne, occupant Janvry et les bois environnants.

» 3ᵉ ligne.—Un peu en avant, à droite et à gauche de Marmagne : 1 bataillon du 33ᵉ de marche, 1 du 32ᵉ mobiles et 1 du 16ᵉ de ligne, environ 4,000 hommes.

» Épaulements pour établir 2 batteries de 8 de la réserve. »

Sentant approcher le moment de l'action, je donnai moi-même, dès le 21 novembre, les instructions suivantes aux généraux commandant les divisions du 15ᵉ corps.

ORDRE Nº 21.

« Dans la bataille, pour le moment défensive, que nous nous apprêtons à livrer, disposez ainsi vos forces quant au nombre d'hommes à mettre en 1ʳᵉ, 2ᵉ et 3ᵉ ligne.

» 1ʳᵉ ligne. Un quart environ.

» 2ᵉ ligne. La moitié.

» 3ᵉ ligne ou *réserve*. Un bon quart.

» Au fur et à mesure des besoins, vous soutiendrez la première ligne par partie du personnel de la seconde, et vous y remplacerez les corps qui ont combattu et sont fatigués par des troupes fraîches.

. » Les réserves des divisions se tiendront toujours prêtes, soit à agir isolément pour le compte de leur division, soit réunies pour celui d'une division attaquée plus vigoureusement, et dont l'ennemi menacerait d'enlever les positions.

» Toutes les fois qu'on le pourra, après l'engagement de la réserve, on devra la reconstituer en arrière, soit avec les troupes qui la composaient primitivement, soit avec d'autres qu'on retirera des lignes et qui y prendront le repos utile pour agir ensuite plus sérieusement.

» Vous remarquerez que ces trois réserves divisionnaires forment celle du corps d'armée, car j'ai été obligé de mettre 9,000 hommes à Saint-Lyé, sur ma droite, avec toute la cavalerie, soit pour surveiller la forêt et la défendre, soit pour exécuter un mouvement tournant, si nous en trouvons l'occasion.

» Recommandez aux officiers et sous-officiers de maintenir le plus grand ordre pendant le combat; chacun à son rang dans les compagnies. Je n'ai pas besoin de vous dire de placer vos troupes en arrière, dans les intervalles entre les batteries.

» Mon quartier général est à Chevilly, maison du maire. Pendant le combat, de quart d'heure en quart d'heure, faites-moi connaître par un mot ce qui se passe de votre côté.

» Évitez qu'il se forme des groupes de cavaliers autour de vous, et faites-vous suivre à distance par votre porte-fanion, de manière qu'il puisse toujours indiquer où vous êtes à toute personne qui vous cherche, sans appeler le feu de l'ennemi sur vous. Nous n'avons pas de généraux à perdre, surtout au milieu du combat.

» *Le général de division commandant le 15ᵉ corps.*

» *Signé* : DES PALLIÈRES. »

Le même jour j'adressai au général de Longuerue, en position à Saint-Lyé avec toute la cavalerie du corps d'armée, et au colonel Choppin, placé sous ses ordres avec 9,000 hommes d'infanterie, les instructions suivantes :

Instructions pour le général de Longuerue,
à Saint-Lyé.

Lettre n° 291.

« La division de cavalerie est placée à Saint-Lyé dans le but de faire un mouvement tournant sur la gauche, en débouchant par la forêt, Villereau, Trinay, en arrière d'Artenay.

» Dans ce mouvement, elle serait appuyée par la brigade Choppin, 29ᵉ de marche, tirailleurs algériens, 3 bataillons du 18ᵉ mobiles et son artillerie. Ce mouvement tournant ne sera exécuté que quand le général de Longuerue en recevra l'ordre du général commandant le 15ᵉ corps.

» Si, au contraire de ce que nous supposons, une attaque sérieuse se portait sur la forêt, par Chilleurs, la cavalerie, avec la brigade Choppin, pourrait recevoir l'ordre de faire une vigoureuse diversion sur la queue de la colonne ennemie, engagée déjà en partie dans la forêt.

» Si, enfin, Saint-Lyé était attaqué par des forces considérables, cherchant à nous tourner, l'infanterie de la brigade Choppin aurait à défendre les bois du côté de Neuville, puis la route n° 17 de Saint-Lyé à Orléans, tandis que la cavalerie, si elle ne trouve pas possibilité de prendre part à une action qui se passera presque toute dans la forêt, laissera son artillerie à la brigade Choppin, prendra la route de Saint-Lyé à Orléans, jusqu'à celle d'Ardelet, et de là celle de Cercottes, où elle se tiendra en dehors de la route de Paris, à proximité de recevoir de nouveaux ordres du général commandant.

» Dans les mouvements, la cavalerie ne devra jamais marcher sur le milieu des routes ni empêcher l'artillerie et l'infanterie de passer.

» Les débouchés des routes à droite de la forêt, donnant sur la lisière, du côté de Rébréchien, doivent être éclairés par de petits groupes de cavaliers qui devront chercher à voir l'ennemi et ne pas apporter des nouvelles fausses et les *on dit* de paysans effrayés.

» Le quartier général est à Chevilly, maison du maire.

» Dans tous les cas, il y aura près de Saint-Lyé, à Saint-Barthélemy, une batterie de six pièces prête à appuyer de ses feux tout mouvement offensif partant de Saint-Lyé.

» M. le général de Longuerue mettra à pied, pour la circonstance, le nombre de lanciers voulu pour pouvoir donner à son artillerie les chevaux qu'elle a perdus.

» On placera le convoi d'avance sur la route n° 17, prêt à être porté, dès le premier coup de feu, en arrière de la jonction de la route n° 17 à celle des Ardelets.

» Général DES PALLIÈRES. »

Instructions pour le lieutenant-colonel Choppin.

Lettre n° 292.

« La brigade Choppin, 29ᵉ de marche, tirailleurs et 18ᵉ mobiles, sera placée sous le général de Longue-rue, s'il y a lieu de faire un mouvement tournant sur Artenay pour l'infanterie, et au delà d'Artenay pour la division de cavalerie. Dans ce mouvement, l'infanterie doit protéger la cavalerie contre toute attaque d'une forte colonne d'infanterie.

» Si, au contraire, l'ennemi tentait d'entrer dans la forêt par la route de Chilleurs à Orléans, un vigoureux mouvement d'infanterie et de cavalerie pourrait se faire sur la partie qui ne serait pas encore engagée dans la forêt.

» Si, enfin, l'ennemi tentait d'entrer par la route n° 17 (route de Saint-Lyé à Orléans, par Fleury-aux-Choux) et cherchait à tourner notre position, la cavalerie rentrerait à Cercottes par la route de Saint-Lyé et d'Ardelet, et l'infanterie défendrait la route n° 17 pied à pied. Dans ce mouvement, elle conserverait avec elle l'artillerie de la cavalerie. Elle ferait en outre occuper et défendre, par de forts détachements, toutes les routes des bois qui débouchent sur la route de Paris. A la jonction de la route de Saint-Lyé il trouvera de nouveaux ordres.

» Le lieutenant-colonel Choppin aura avec lui deux pelotons de cavalerie au moyen desquels il communiquera avec le général commandant le 15° corps, dont le quartier général est à Chevilly, maison du maire.

» Général DES PALLIÈRES. »

Un ballon captif était arrivé à Cercottes pour nous permettre d'explorer au loin le terrain. J'avais fait demander vingt longues-vues marines et des timon-

7

niers pour nous renseigner sur les mouvements de l'ennemi.

Tout paraissait donc devoir se combiner pour une concentration générale autour d'Orléans, dans des positions fortifiées qui auraient fait perdre à l'ennemi beaucoup des causes de supériorité qu'il avait sur nous.

Le général en chef, qui tenait à couvrir le flanc droit de l'armée pour l'empêcher d'être tournée, m'écrivait à la date du 21 :

Général en chef à général des Pallières, Chevilly.

Dépêche n° 234.

« Je donne l'ordre au général Crouzat de partir demain de Gien avec 20,000 hommes et 4 batteries d'artillerie pour se rendre à Loury, où il arrivera après-demain soir. Jusque-là, prenez vos mesures pour garder la forêt. Je vous envoie le 39ᵉ qui était à Orléans et qui a reçu l'ordre de rejoindre demain la division.

» P. O., *le chef d'état-major,*

» BOREL. »

Enfin, en vue d'une marche en avant sur Paris, qui devait suivre l'attaque du prince Frédéric-Charles, dans le but de remédier à l'insuffisance de notre artillerie et d'appuyer nos jeunes troupes contre un

effort désespéré de l'ennemi, je m'étais entendu avec
le capitaine de vaisseau Ribourt, commandant les
batteries de marine, pour faire étudier, par les ingénieurs du chemin d'Orléans, la possibilité de placer des pièces de marine sur des trucs de chemin
de fer. Elles devaient former une puissante batterie
de 30 à 35 pièces pour protéger le front de l'armée,
suivant une demi-circonférence de 6 kilomètres environ de rayon. Le projet, reconnu praticable, eût pu
être mis à exécution en quelques jours. Je le proposai
au général en chef et au gouvernement. Je demandai
aussi, à cause de l'état des routes, qu'on munît les
divisions de 3 batteries de montagne de 4, dont on
n'avait fait aucun usage dans la guerre, et qui devaient
permettre aux colonnes opérant isolément, d'enlever
sans fortes pertes les fermes et les villages où l'ennemi se retrancherait, alors que notre artillerie de
campagne, dans bien des cas, eût été clouée sur les
routes par suite des terres détrempées par les
pluies.

Cette seconde partie de ma proposition fut seule
prise en considération et reçut un commencement
d'exécution.

Telle est la série d'événements qui se seraient
déroulés naturellement, par la force même des
choses, si M. le ministre de la guerre et son délégué
se fussent rendus aux conseils sages et prudents du
général en chef et eussent mis entièrement à sa disposition, dès ce moment, les divers corps d'armée

7.

qu'ils rassemblaient et dirigeaient sur la Loire, se réservant d'activer la livraison des objets de première nécessité, dont les troupes manquaient absolument, et ce rôle, entièrement de leur compétence, était bien autrement important pour notre succès que leur immixtion dans nos mouvements.

Pour donner une idée de notre pénurie, je ne citerai qu'un fait.

Nommé au commandement du 15ᵉ corps, le 16 novembre, je fis immédiatement, entre autres demandes pour les besoins des divisions, celle de 15,000 paires de chaussures, dont 10,000 pour la 3ᵉ division. Ainsi, dans cette division, qui d'un moment à l'autre pouvait être appelée à marcher en avant, les hommes n'avaient d'autre chaussure que celle qu'ils portaient aux pieds, et qui se trouvaient dans un état de délabrement dont on ne peut donner l'expression.

Les mobiles des 2ᵉ et 3ᵉ divisions avaient des sacs et des cartouchières de mauvaise toile, qui ne garantissaient de la pluie ni les effets ni les munitions. Quelque temps après arrivèrent 10,000 paires de souliers; mais 2 à 3,000 seulement purent être employés, les autres étaient d'une pointure trop petite, ce qui n'empêcha pas que plusieurs fois dans la suite on nous représenta ces mêmes souliers, pour satisfaire à des besoins urgents, parce qu'on n'en avait pas d'autres.

M. de Freycinet, dans son ouvrage, accuse le général en chef de n'avoir pas de plan. Les dispositions que je viens de citer ne permettent pas, je pense, d'admettre l'assertion du délégué à la guerre ; seulement, ce plan différait essentiellement du sien, qui consistait à se jeter étourdiment dans des aventures dont l'issue a été la ruine de l'armée, dès le jour où il a pu le faire prévaloir.

De son côté, l'ennemi ne restait pas inactif, comme le prouve la dépêche suivante :

Général Chanzy à général en chef, Villeneuve, et à général commandant le 15e corps, Chevilly.

« 20 novembre, 11 heures 20 matin.

» Une forte troupe ennemie se trouve depuis ce matin à Villeret, près d'Orgères. Notre reconnaissance a dû se replier. Les francs-tireurs et la cavalerie de Patay se tiennent prêts à se porter en avant, si l'ennemi s'avance par Terminiers.

» *Signé :* Général CHANZY. »

Dans son ouvrage, page 109, M. de Freycinet dit, au sujet du conseil de guerre tenu le 12 novembre :

« Nous aurions voulu que, puisqu'on renonçait à marcher en avant, le général en chef lançât au moins des colonnes expéditionnaires pour troubler la concentration qui se préparait. Il nous semblait même qu'il pouvait tailler en pièces quelqu'un de ces détachements qui apparaissaient à proximité. La question fut traitée dans l'entrevue précitée du 12 novem-

bre. Le général des Pallières adhéra à l'idée avec
beaucoup d'entrain. Il voulait, disait-il, prendre sa
revanche de l'inaction forcée où il avait été à Coulmiers, et il s'offrait à faire une pointe avec sa division, soit dans la direction de Toury, soit dans celle
de Pithiviers. Il regrettait même qu'on ne l'eût pas
laissé poursuivre l'armée bavaroise, qu'on supposait
s'être arrêtée à moins de deux journées de marche
pour y attendre des renforts, et qui, on l'a su depuis,
était dans le plus pitoyable état. . . . . . »

La mémoire de M. le délégué lui a fait complète-
ment défaut. Je m'étais arrêté le 10, à Chevilly, de
mon propre mouvement, aussitôt que j'avais reconnu
l'inanité de la poursuite. Dès ce moment, mon esprit
avait été frappé de l'avantage d'attendre l'ennemi
dans une situation fortifiée, dont Chevilly, comme
l'événement le prouva, était la clef. L'assertion de
M. de Freycinet, prétendant que j'ai adhéré à son
idée avec beaucoup d'entrain, est absolument dénuée
de fondement. En effet, l'idée de lancer des colonnes
expéditionnaires pour troubler la concentration de
l'ennemi, quand on est soi-même sur la défensive,
ne peut venir qu'à une personne tout à fait étrangère
aux opérations de la guerre. Il est étrange de supposer qu'une armée qui manque des choses les plus
essentielles, qui a besoin de s'organiser, de s'équiper, de se fortifier, de s'instruire et de se concentrer, peut avoir tous les jours des colonnes de
30,000 hommes disponibles à diriger de tous les

côtés. Une troupe qui n'est pas prête à toutes les éventualités de la lutte, qui attend son adversaire au lieu de le rechercher, se garde bien de lancer loin d'elle des masses pareilles.

Ces sortes de mouvements sont des reconnaissances offensives qui, une fois engagées, peuvent conduire à une bataille générale que vous n'êtes plus maître de refuser.

Dans le cas qui nous occupe, ces colonnes n'auraient pu en rien entraver la concentration de l'ennemi, qui se faisait sur une ligne perpendiculaire à celle que nous occupions et à deux ou trois journées de marche de nous. En admettant même qu'elles eussent repoussé ses avant-postes, elles se seraient bientôt trouvées en présence de forces bien supérieures et exposées par suite à des échecs certains. Lorsque la concentration se fait au contraire parallèlement à la ligne de bataille ou sur cette ligne même, elle peut être empêchée facilement par des forces relativement très-minimes. C'est d'ailleurs ce qui nous arriva plus tard, lorsque, placés sans deuxième ligne ni réserve, par la stratégie de M. de Freycinet, sur une étendue de 70 kilomètres, nous avons tenté devant l'ennemi et par suite de ses efforts victorieux, une concentration contraire en principe aux premiers éléments de l'art de la guerre.

En résumé, telle chose avantageuse pour une armée victorieuse en pleine offensive est complétement interdite à une armée qui est en voie non-seulement de concentration, mais même d'organisation. Cette dernière est obligée de s'en tenir à la plus stricte prudence, jusqu'à ce qu'elle ait changé les rôles.

Le propre des gens qui ignorent est de ne pas se rendre compte des difficultés pratiques, de toujours vouloir paraître plus savants que les gens du métier, et, quand ils en ont la puissance, de leur imposer leurs idées et leurs plans.

D'après M. le délégué, la cause de son agitation et des cris incessants de : « En avant! en avant! » que M. Gambetta et lui proféraient sans cesse, sans se préoccuper aucunement de savoir si on pouvait exécuter ce mouvement avec fruit, était leur conviction que Paris ne pouvait tenir au delà du 15 décembre.

Une sorte de défiance existait donc entre le gouvernement de Paris et celui de province, puisque l'un ignorait les ressources exactes de l'autre.

Ce n'est que sur la connaissance du temps certain pendant lequel Paris devait tenir en échec les armées allemandes, que l'on pouvait en province arrêter la marche des opérations militaires, de manière à n'entamer l'action décisive, d'où dépendait le salut du pays, que le plus tard possible, et par suite, dans les meilleures conditions de succès. Ce qu'il importait surtout, c'était non de précipiter l'action, mais de l'engager avec l'armée la plus fortement organisée et la plus nombreuse que l'on pût réunir : gagner quelques jours de plus était donc pour nous d'une incontestable im-

portance. En admettant même que M. Gambetta
ignorât que Paris devait tenir jusqu'au mois de janvier, au lieu de faire livrer bataille le 1er décembre en
sortant de positions si laborieusement préparées, il
pouvait attendre l'ennemi jusqu'au 20. Si le prince
Charles tardait trop à attaquer, l'armée, qui dans
ces vingt jours de repos se serait accrue encore de
60,000 hommes et de 150 à 200 canons, en même
temps que son organisation eût été sensiblement plus
complète, serait alors sortie de ses lignes dans des
conditions bien différentes.

Malheureusement, la France avait laissé, sans pro-
testation, ses destinées aux mains d'hommes dont le
patriotisme consistait dans l'agitation stérile, et l'é-
nergie dans les procédés les plus arbitraires. Le général en chef était sans force pour résister aux plans
et aux combinaisons hasardeuses qu'ils lui imposaient.
Placé dans l'alternative de leur obéir ou de se voir
relevé de ses fonctions sous des imputations calom-
nieuses d'incapacité ou de trahison, il céda à leur
pression, n'osant ni quitter son commandement, ni
assumer sur sa tête l'écrasante responsabilité des
destinées du pays dans des circonstances aussi
graves.

Ceci dit pour bien apprécier le caractère de la situation et ouvrir les yeux du lecteur sur la valeur des
récriminations des véritables auteurs de nos désastres, je continue le récit des événements, qui vont
maintenant se précipiter.

Le 22 novembre, je reçois tout à coup la dépêche suivante :

Général d'Aurelle à général des Pallières, Chevilly.

« Préparez votre 1re division pour un mouvement demain. Je vous envoie par un exprès des ordres précis.

» D'AURELLE. »

A la réception de cette dépêche, je montai immédiatement à cheval et me rendis au quartier général en chef, soupçonnant quelque nouvelle combinaison à effet.

J'avais vu à mes avant-postes des ingénieurs avec des appareils de feux électriques destinés à être placés sur une tour de bois à construire au sommet d'un clocher de Pithiviers. Ce point était, disait-on, le seul d'où l'on pût correspondre au moyen de signaux électriques avec un édifice analogue placé sur le sommet de l'Observatoire de Paris.

Il est certain que les ballons et les pigeons ne suffisaient plus pour calmer la fièvre de nouvelles qui tourmentait des gens dont le temps se passait en agitation et en fabrication de bulletins.

A Saint-Jean de la Ruelle, je trouvai le général d'Aurelle désespéré. Il venait de recevoir par l'entremise d'un M. de Serres, employé de M. de Freycinet, l'ordre d'envoyer la 1re division du 15e corps, avec le commandant de ce corps, à Loury, pour coopérer avec les 18ᵉ et 20ᵉ à un mouvement sur Pithiviers. Le général en chef conservait théoriquement la direction de la 1ʳᵉ division du 15ᵉ corps ; mais les 18ᵉ et 20ᵉ devaient se mouvoir en dehors de son action.

Ce mouvement déjouait tous les plans d'organisation, de concentration et de défense autour d'Orléans, sur lesquels le général d'Aurelle comptait pour assurer au moment donné le succès de sa marche sur Paris.

Aucune des raisons que le général en chef, ce vieux soldat blanchi dans le métier, avait cru devoir donner à ce jeune envoyé, n'avait pu triompher de la sèche et soi-disant mathématique conception du plan ministériel imposé.

Entre autres particularités, ce mouvement de troupes de la division devait s'exécuter mystérieusement à l'insu de l'ennemi. Or comme ses avant-postes touchaient les nôtres et que toutes les routes de la forêt, de l'ouest à l'est, avaient été rendues impraticables dès la première affaire d'Orléans et depuis la seconde, en vue du plan de défense exposé plus haut, la division devait nécessairement faire la première moitié de sa route de Chevilly à Saint-Lyé sous les yeux de l'ennemi, en dehors de la forêt, et la seconde moitié en suivant un chemin de traverse sablonneux, défoncé par suite du mauvais temps, où ses voitures et ses canons devaient rester embourbés vingt-quatre heures pour faire trois lieues.

Dans cette marche de flanc, l'ennemi ne pouvait

manquer de nous attaquer, pour s'éclairer sur notre situation et nos projets. J'émis l'opinion que le mouvement sur Pithiviers était imprudent, en ce qu'il allongeait indéfiniment notre ligne de défense, et l'affaiblissait outre mesure.

J'appris que je devais prendre le commandement de l'expédition aussitôt que les 18ᵉ et 20ᵉ corps m'auraient rejoint; je proposai au général en chef d'écrire au gouvernement un télégramme pour lui représenter le danger de ce mouvement et l'impossibilité pratique de l'exécuter à l'insu de l'ennemi, ce qu'il accepta.

De retour à Chevilly, je trouvai la lettre suivante, expédiée avant mon arrivée au quartier général.

« Les Fontaines près Orléans, 22 novembre 1870.

» Mon cher général,

» Je vous confirme la dépêche que je vous ai adressée ce matin, ainsi conçue : « Préparez votre 1ʳᵉ division pour un mouvement pour demain, je vous envoie par un exprès des ordres précis.

» Préparez dès aujourd'hui un mouvement sur Pithiviers. Vous recevrez mes ordres pour commencer l'exécution de ce mouvement, qui devra se faire en se portant d'abord entre Loury et Chilleurs, en restant dans la forêt, de manière que les troupes soient masquées à l'ennemi. Faites reconnaître dès aujourd'hui les chemins qui doivent vous servir pour votre marche. Vous serez appuyé sur votre droite par le général Crouzat, qui couche aujourd'hui aux Bordes.

» Vous emmènerez avec votre 1re division les 3 batteries divisionnaires, 2 batteries de montagne, 1 batterie de 8, 1 batterie de mitrailleuses et toute la cavalerie.

» D'AURELLE. »

Dans la nuit, j'écrivis au général en chef la lettre suivante :

Général des Pallières à général en chef.

« 23 novembre.

» J'ai l'honneur de vous transmettre une lettre du commandant Laurent, de l'infanterie de marine, détaché aux avant-postes à Artenay, qui m'informe qu'il est probable que nous serons attaqués avant de pouvoir faire le mouvement ordonné. »

L'ordre définitif de mouvement m'arriva sur ces entrefaites.

Général d'Aurelle à général des Pallières, Chevilly.

Dépêche n° 310, reçue
à 4 heures 30 matin.   « Saint-Jean de la Ruelle, 23 novembre.

« *D'après les ordres du ministre*, vous devez coucher à Chilleurs-aux-Bois demain soir 24 courant.

» Le général Crouzat, de son côté, va coucher aujourd'hui 23 vers Bellegarde et demain 24 entre Beaune-la-Rolande et Juranville. Il vous est expressément recommandé de vous éclairer à grande distance, à mesure que vous approcherez des limites de la forêt, l'ennemi poursuivant son défilé dans la direction de Montargis, Beaumont et Pithiviers.

» D'AURELLE. »

Ainsi, le ministre donnait cet ordre sans se préoccuper le moins du monde de l'ennemi, qui nous touchait pour ainsi dire et masquait ses mouvements, dont l'évidence ressortait du soin même qu'il mettait à les cacher par d'épais rideaux de cavaliers et de tirailleurs. Il était bien facile de reconnaître à ces indices la présence du prince Charles, excellant dans ce genre de manœuvres qui consiste à dérober les points de concentration en présence de l'ennemi, en le tenant en éveil sur toute la ligne à la fois.

Le général en chef répondit à mon renseignement :

« 23 novembre, reçue à 2 heures 50 matin.

« Vous m'informez qu'il est probable que nous serons attaqués en avant de Chevilly et de Saint-Lyé, avant de pouvoir faire le mouvement ordonné. Avez-vous des renseignements nouveaux qui puissent vous faire croire à cette attaque ? Dans ce cas, j'informerais le ministre.

» D'AURELLE. »

Général des Pallières à général en chef.

Dépêche n° 449.   « 23 novembre.

« Je n'ai pas de nouveaux renseignements depuis ce matin. D'après ceux qui me sont fournis depuis hier, j'ai lieu de penser que l'ennemi a beaucoup renforcé les détachements qu'il a en face et à proximité de toutes nos positions. Une reconnaissance partie de Sougy ce matin a été attaquée par 3 escadrons ennemis.

» Je suis prêt à faire mon mouvement : j'ai déjà envoyé 2 batteries à Saint-Lyé pour être plus libre dans ma marche demain.

» DES PALLIÈRES. »

Pour moi, je considérais comme certain, d'après les allures des avant-postes allemands, qu'aussitôt que je ferais un mouvement, ils tomberaient sur Chevilly, tout au moins pour se rendre compte de notre situation et de nos intentions.

C'est ce qui ne manqua pas d'arriver. Des reconnaissances offensives furent lancées sur le centre du 15ᵉ corps à Artenay et sur sa droite à Neuville.

Si on se reporte maintenant au livre de M. de Freycinet, pages 122 et suivantes, on y verra, dans sa correspondance avec le général en chef, la preuve qu'il dirige lui-même le mouvement qu'il va effectuer, malgré la remontrance du général d'Aurelle, et, page 126, cet aveu que les opérations commencèrent le 24 au matin, selon le plan indiqué ; « *qu'elles offrirent ce caractère particulier, qui, pendant toute la période du 10 octobre au 9 février, ne s'est retrouvé dans aucune autre entreprise, d'être conduite directement par l'administration de la guerre.* »

C'est un aveu précieux à recueillir.

On remarquera que jusqu'à ce moment il était question de se jeter vivement, en deux jours, sur Pithiviers.

Dans une attaque de ce genre, la célérité et la promptitude de l'action sont en effet la moitié du succès.

Le mouvement offensif en avant de la 1re division du 15e corps, jointe au 18e et 20e corps, couvrait alors la droite de notre ligne d'une façon très-sérieuse. Le 16e corps ayant son quartier général à Saint-Péravy, il y avait intérêt à conserver en arrière du centre de la ligne, entre les mains du général en chef, des forces qu'il eût pu diriger en cas d'attaque soit à gauche, sur Saint-Péravy, soit à droite, sur Chevilly.

C'est dans cet ordre d'idées, qu'après avoir reçu la dépêche n° 310, dès quatre heures et demie du matin, le 23, je rédigeai les ordres de mouvement qui suivent :

ORDRE N° 35.

Au commandant Laurent, à Artenay.

« Préparez-vous à être remplacé par un bataillon » du 39e. Aussitôt que ce bataillon vous aura relevé » à Artenay, vous rentrerez à Chevilly. »

ORDRE N° 519.

Au colonel du 39°.

« M. le colonel du 39° fera partir à dix heures et demie un bataillon pour occuper le poste avancé d'Artenay. Ce bataillon relèvera un bataillon du 2° régiment d'infanterie de marine, qui lui transmettra les instructions nécessaires, et quittera immédiatement le poste pour se rendre à Chevilly. »

ORDRE N° 36.

Général commandant la 2° division d'infanterie,
à Gidy.

« J'ai l'honneur de vous faire connaître que, par un ordre de M. le général commandant en chef, la 1re division du 15° corps quitte demain matin, 24 courant, ses positions de Chevilly, pour se porter à Chilleurs.

» Déjà le 39° de ligne, rentré hier d'Orléans, a été établi aux Chapelles et va envoyer aujourd'hui un fort détachement à Artenay. Demain matin, vous viendrez occuper à Chevilly, avec l'une de vos brigades et une portion du parc d'artillerie, les positions qu'abandonne à son départ la 1re division. »

ORDRE N° 37.

Général commandant la 1re division d'infanterie.

« Je vous informe que demain la 1re division d'infanterie ira s'établir à Chilleurs. Le mouvement s'effectuera de la manière suivante :

8

» La 2ᵉ brigade, actuellement à Saint-Lyé, en partira à six heures et demie du matin.

» La 1ʳᵉ brigade, établie à Chevilly, partira à sept heures du matin. J'ai donné directement des à ordres à Saint-Lyé pour l'exécution du mouvement en ce qui concerne la 2ᵉ brigade. La position d'Artenay sera occupée par un bataillon du 39ᵉ, qui a reçu l'ordre de s'y rendre dans la journée et de transmettre au commandant qui occupe cette position l'ordre de rentrer à Chevilly.

» La 2ᵉ division d'infanterie du 15ᵉ corps enverra une brigade pour vous remplacer demain matin dans vos positions de Chevilly. Vous mettrez en tête de la 1ʳᵉ brigade le bataillon de chasseurs à pied, afin qu'il puisse rejoindre, à son arrivée à Chilleurs, la brigade dont il fait partie. Quant au bataillon de Savoie, ainsi que j'en ai donné l'ordre, il comptera dans la 1ʳᵉ brigade de la 1ʳᵉ division. Les bagages de la 1ʳᵉ brigade devront être réunis en ordre à côté des bivouacs de chacun des régiments, de manière à s'engager dans la route, suivant l'ordre de marche des corps que vous aurez à indiquer. Ils ne devront se présenter au débouché de la route de Saint-Lyé, dans la route de Chevilly, que lorsque la colonne sera entièrement passée. »

Je prévins le général en chef, le même jour, de ces dispositions dans la lettre suivante nº 36 :

« J'ai l'honneur de vous informer que j'ai donné les ordres nécessaires pour l'exécution du mouvement prescrit par votre dépêche de ce jour. La 1re division d'infanterie et la cavalerie se porteront demain, 24 courant, sur Chilleurs.

» Je laisse aux Chapelles, sur la route de Saint-Lyé, 2 bataillons du 39e. Je fais relever par un bataillon de ce régiment, celui du 2e régiment d'infanterie de marine, établi à Artenay. Je donne l'ordre à M. le général commandant la 2e division d'infanterie du 15e corps, de venir demain, 24, occuper avec une brigade de sa division les positions que quitte à Chevilly la 1re division d'infanterie.

» J'ai l'honneur de vous transmettre ci-joint une lettre de M. le commandant du régiment des tirailleurs algériens, donnant des renseignements sur la position de l'ennemi. »

En même temps, j'ordonnai au 39e, qui occupait les Chapelles, d'envoyer un bataillon à Saint-Lyé pour y remplacer les troupes qui quittaient cette position, et empêcher des détachements ennemis de pénétrer en ce point et de reconnaître que nous en avions retiré nos forces.

Ces dispositions furent modifiées par le général en chef; car le 24; à deux heures dix du matin, je reçus la dépêche suivante :

8.

Général en chef à général des Pallières, Chevilly.

N° 328.

« Vous exécuterez aujourd'hui le mouvement prescrit ; mais vous vous arrêterez au-dessous de Chilleurs-aux-Bois, sans sortir de la forêt. Vous attendrez là de nouveaux ordres pour aller plus loin. Faites appuyer les 2ᵉ et 3ᵉ divisions sur les emplacements des 1ʳᵉ et 2ᵉ. Je prescris à Chanzy de faire occuper par le 16ᵉ corps l'emplacement de votre 3ᵉ division.

» D'AURELLE. »

On voit par cette dépêche qu'il n'y est pas question d'instructions à donner aux généraux commandants les 2ᵉ et 3ᵉ divisions.

Elle fut transmise sur-le-champ à tous les intéressés, avec ordre de la mettre en exécution immédiatement. Je prescrivis, en outre, au général Martineau d'envoyer à la pointe du jour un officier de son état-major pour visiter les emplacements que j'abandonnais, et recevoir toutes les indications utiles.

Quant à lier mes divisionnaires, vieux généraux, expérimentés, par un ordre de mouvement détaillé, dont les circonstances pouvaient d'un moment à l'autre changer l'opportunité, alors surtout que je partais pour une expédition qui mettait, dès le début, plus d'une journée de marche entre eux et moi, je ne pouvais le faire.

C'était à eux d'agir suivant les circonstances, et au général en chef qui les avait sous la main de leur donner des ordres suivant le but qu'il se proposait d'atteindre.

En effet, si le général veut tout prévoir et limite trop l'action de ses subordonnés, à la première circonstance imprévue, ceux-ci, n'ayant l'habitude d'aucune initiative, s'impressionnent, et, pour mettre leur responsabilité à couvert, exécutent les ordres reçus au pied de la lettre, lors même souvent que leur sens militaire leur suggère des mesures beaucoup plus favorables en égard aux circonstances.

Le général d'Aurelle dit dans son ouvrage, page 230, livre IV : « *Parti précipitamment, le général des Pallières avait négligé, quoiqu'il en eût reçu l'ordre, de donner des instructions au général Martineau.* » La mémoire du général d'Aurelle lui a fait défaut. Je n'ai reçu de lui aucun ordre de donner des instructions au général Martineau. On a vu seulement que j'avais eu la précaution de faire étudier les emplacements de la 1re division par un officier de son état-major.

Le général d'Aurelle ajoute : » *Un bataillon du 39e de ligne occupait Artenay, position très-importante sur la route d'Orléans à Paris. Il ne fut pas relevé, et son régiment ayant exécuté le mouvement prescrit sur la droite, Artenay fut abandonné, et une reconnaissance ennemie pénétra dans ce village.* »

Le général oublie que le 39e appartenait à la

2ᵉ division et non à la 1ʳᵉ, et que par conséquent il
ne suivait pas le mouvement de cette division. C'est
pourquoi j'avais fait relever le bataillon d'infanterie
de marine, placé à Artenay, par un bataillon de ce
régiment. En vue d'une attaque probable de l'ennemi, j'y avais même laissé la compagnie d'éclaireurs
de la 1ʳᵉ division, sous le commandement du capitaine Brochier, qui concourut à la résistance avec la
plus grande bravoure, et ne rejoignit la division que
le lendemain avec l'arrière-garde.

Voici d'ailleurs le rapport que je reçus à ce sujet
du général Martineau, commandant la 2ᵉ division :

« Chevilly, le 24 novembre 1870.

» Mon général,

» J'ai l'honneur de vous rendre compte de ce qui
s'est passé aujourd'hui.

» Au moment où les têtes de colonne de ma division approchaient de Chevilly, je reçus l'avis que le
bataillon du 39ᵉ, qui était à Artenay, se repliait
devant des forces composées environ de 3 bataillons,
3 escadrons et 6 canons.

» Je hâtai le mouvement de ma division et j'envoyai immédiatement 2 bataillons occuper les hauteurs de la Croix-Briquet avec 4 pièces d'artillerie.

» Ce déploiement de forces, suivi de trois coups
de canon lancés sur une colonne d'infanterie, a fait

replier la grosse reconnaissance ennemie, et ces mêmes forces se sont avancées avec prudence sur Artenay, que j'ai réoccupé.

» Mes avant-postes sont à Dambron et Assas. J'occupe Artenay avec 2 bataillons, 1 batterie et un peloton de cavaliers. La Croix-Briquet est gardé par 2 bataillons.

» Demain, le 2e zouaves partira à six heures et demie pour Saint-Lyé, où il relèvera le bataillon du 39e qui s'y trouve et qui rentrera aux Chapelles.

» Veuillez agréer, etc.

» Général MARTINEAU.

» P. S. — Le général d'Aurelle est venu à Chevilly, et je lui ai rendu compte verbalement de ce qui a eu lieu. »

Comme on le voit, le général en chef n'avait même pas à se reprocher, comme il le suppose dans son ouvrage, que pour la première fois son armée eût été surprise par l'ennemi.

J'établirai plus loin, contrairement à ce qui est dit à la même page, qu'au lieu de retenir 25,000 rations destinées au général Crouzat, que je trouvais à Loury, je les lui fis parvenir en réquisitionnant des chevaux et des voitures, et que j'y ajoutai même 90,000 rations de toute nature, prises sur mes approvisionnements.

Je continue mon récit. La route de Chevilly à

Saint-Lyé était en très-mauvais état. A peine arrivé dans cette dernière localité, j'appris que l'ennemi avait attaqué Neuville avec des forces relativement assez considérables. Il n'y avait dans ce village qu'un bataillon du 29e régiment de marche, 2 escadrons de chasseurs, et une batterie de montagne.

Aussitôt qu'il fut informé de l'attaque, le général de Longuerue, qui commandait la cavalerie du corps d'armée, placée à Saint-Lyé, envoya quelques escadrons au secours des troupes de Neuville. Ce renfort n'arriva pas à temps : la reconnaissance ennemie avait déjà été repoussée avec des pertes sensibles par les troupes de Neuville, commandées par le lieutenant-colonel Capdepont, auquel cette défense fait honneur.

Voici d'ailleurs le rapport qui me fut transmis à ce sujet par le colonel Choppin, commandant la 2e brigade d'infanterie :

« Mon général,

» J'ai l'honneur de vous adresser mon rapport sur le combat qui a eu lieu à Neuville à la date du 24 courant.

» Le 24, à six heures trois quarts du matin, le village de Neuville a été attaqué par les Prussiens, au nombre de 4,000 hommes environ. Il était défendu par le 2e bataillon du 29e de marche et 2 escadrons de cavalerie. L'attaque fut rapide et énergique. L'ennemi, lançant avant le jour ses colonnes, perça

les lignes de nos grand'gardes, arriva sans coup
férir jusqu'au village, et se heurta contre deux barricades dont il ne paraît pas avoir soupçonné l'existence. (Ces deux barricades avaient été établies en
regard d'Aschères et de Montigny.)

» En quelques instants, chacun fut à son poste de
combat. La 3ᵉ compagnie, abritée par les barricades,
reçut les assaillants par un feu nourri qui, à cent
mètres de distance, porta le ravage dans ses rangs
et rompit son élan. Malgré le feu de douze pièces qui
couvraient le village d'obus et démontèrent en
quelques instants la batterie de petits obusiers qui
leur fut opposée, nos soldats, sans perdre un seul
instant leur sang-froid, continuèrent pendant une
heure leur fusillade meurtrière. Les colonnes prussiennes, vers huit heures, avaient subi des pertes
sérieuses et commençaient à faiblir.

» A ce moment, le commandant Fariau lança en
dehors du village ses autres compagnies, qui, se dé-
ployant en tirailleurs sur une longue ligne, débor-
daient la gauche de l'ennemi. Celui-ci commença
dès lors sa retraite. Elle s'opéra sous le feu continuel
des nôtres, qui le poursuivirent jusqu'à deux kilomètres en avant du village. A neuf heures et demie,
tout était fini.

» Les pertes de l'ennemi ont été très-sérieuses,
relativement surtout au nombre d'hommes engagés
par lui. Je ne puis les évaluer à moins de 150 tués et
600 blessés. Nos pertes sont minimes : nous n'avons

eu que 8 tués et 25 blessés. La 3ᵉ compagnie est celle qui a le plus souffert : elle a été obligée, en effet, de reprendre les maisons et les fermes qui avaient été occupées par les Prussiens en avant de Neuville, au début du combat.

» Les troupes prussiennes engagées appartenaient à l'infanterie (20ᵉ et 25ᵉ régiment de Berlin), armée du prince Frédéric-Charles.

» Je suis très-satisfait de la conduite du 2ᵉ bataillon, qui allait au feu pour la première fois.

» Le lieutenant-colonel Capdepont commandait.

» Agréez, etc.

» *Le colonel commandant la 2ᵉ brigade,*

» CHOPPIN. »

Je continuai ma route de Saint-Lyé sur Rébréchien. L'artillerie de la 2ᵉ brigade et ses bagages étaient embourbés dans cette route; mon mouvement ne pouvait être terminé que le lendemain 25.

Vers onze heures, j'arrivai à Loury. Je fus prévenu qu'il s'y trouvait déposé dans une grange 25,000 rations de pain pour le 20ᵉ corps, sans moyen de transport.

Ne pouvant m'imaginer dans quel dénûment se trouvait ce corps d'armée, qui était parti de Gien sans vivres ni convoi, je supposai tout d'abord que ce pain avait été envoyé d'Orléans à Loury, pour lui permettre, à son arrivée, de ménager le biscuit, qui devait nous être indispensable dans la marche en avant.

Craignant d'un autre côté que, par suite du retard du 20ᵉ corps, ce pain ne vînt à se perdre, je donnai d'abord l'ordre de le faire consommer par mes troupes, me réservant de lui en rendre la valeur en biscuit.

Quelques instants après avoir pris cette mesure, je fis venir le comptable qui était un mobile, pour avoir des renseignements sur la position du 20ᵉ corps. Il m'apprit que l'intendance d'Orléans, en l'expédiant à Loury, lui avait dit que le général Crouzat se trouverait sans doute à Nibelle, et que, dans tous les cas, s'il n'était pas arrivé à Loury le 23, les voitures devaient être déchargées sur les lieux le 24 et renvoyées à Orléans. Il m'informait en même temps que le 20ᵉ corps n'avait pas de vivres et comptait sur ces 25,000 rations pour manger le jour même.

Or, en exécution des ordres qu'il avait reçus, cet employé avait renvoyé sur Orléans, dès sept heures du matin, toutes les voitures du convoi. Il était environ midi, et elles devaient être déjà très-près d'Orléans. Sans perdre une minute, j'expédiai un maréchal des logis et quatre des cavaliers des mieux montés de mon escorte pour leur faire rebrousser chemin.

Je ne pouvais compter sur leur arrivée avant la nuit : les chevaux du convoi après cette course auraient besoin de repos. Je dus donc prendre un autre moyen pour faire parvenir au 20ᵉ corps les vivres dont il avait un besoin si urgent. Je fis requérir par la prévôté des voitures et attelages dans les villages environnants. Le pain fut chargé immédiatement et dirigé sur Nibelle. Le soir, ayant eu avis dans la dépêche suivante du général en chef que le général Crouzat était à Bellegarde, je lui envoyai un exprès pour l'informer que j'avais dirigé ses vivres sur Nibelle.

Général en chef à général des Pallières, Chilleurs, par Chevilly. (Faire suivre par un exprès.)

Nº 352.   « Saint-Jean de la Ruelle, 24 novembre, 10 h. 8 m. soir.

» Le général Crouzat avait l'ordre de s'établir aujourd'hui entre Bellegarde et Boiscommun et d'occuper Ladon et Maizières. Il n'a pu occuper ces deux positions parce qu'il a trouvé une grande résistance de la part de l'ennemi. Le combat a duré de onze heures à quatre heures et demie. Les pertes sont peu nombreuses ; une soixantaine d'hommes tués ou blessés. Il a conservé ses positions, où il suppose qu'il peut être attaqué demain. J'ai prescrit au général Crouzat, dans le cas où sa position serait trop difficile, de se rapprocher de vous. Mettez-vous en communication avec lui.

» D'AURELLE. »

Le lendemain 25, je recevais du général en chef la dépêche suivante :

Général en chef à général des Pallières, Chilleurs.
(Envoyée de Chevilly par exprès.)

Nº 359. « Saint-Jean de la Ruelle, 3 h. 30 m. matin.

» *Vous êtes parti hier sans assurer le service.*
Faute d'ordres, le général Martineau est arrivé trop
tard à Chevilly et n'a occupé que l'emplacement
d'une de vos brigades. Je lui prescris d'aller occuper
dans la nuit la position de Saint-Lyé (celle de la
2ᵉ brigade de la 1ʳᵉ division) qui est entièrement dé-
couverte. Le général Martineau est sans instructions
que vous deviez lui donner. Enfin, vous avez pris
25,000 rations de pain destiné au général Crouzat et
retenu pour votre service les voitures qui devaient
les transporter. Le général Crouzat manque de vivres
pour aujourd'hui. Il est impossible d'assurer le ser-
vice si chacun fait à sa guise. Dirigez aujourd'hui
même sur Bellegarde les 25,000 rations que vous avez
retenues. Je reçois du ministre l'ordre de prendre les
dispositions préliminaires en vue de diriger les deux
autres divisions du 15ᵉ corps dans votre direction.
Renseignez-moi sur les routes que devraient prendre
ces divisions. Conservez votre position à Chilleurs.

» D'AURELLE. »

Je répondis de suite la lettre ci-après :

Général des Pallières à général en chef.

Nº 47. « 25 novembre.

» J'ai lieu d'être profondément étonné de la dépêche télégraphique que vous m'avez adressée. Vous

avez été probablement mal renseigné, et vous comprendrez en lisant ce qui suit, que j'ai agi de la manière la plus convenable dans l'intérêt des troupes du
15ᵉ et du 20ᵉ corps. En recevant dans la nuit du
23 courant vos ordres pour le mouvement de la
1ʳᵉ division que je devais diriger de ma personne,
j'ai prescrit au général Martineau d'envoyer le 24
au matin un officier de son état-major, pour qu'il
lui soit donné note exacte des positions occupées
par ma 1ʳᵉ division. Cet officier, arrivé à sept
heures du matin, a reçu l'indication des emplacements à occuper. Le général commandant la 3ᵉ division a reçu l'ordre à son tour d'occuper les emplacements abandonnés par la 2ᵉ.

» Saint-Lyé a été occupé hier toute la journée par
de l'infanterie, de l'artillerie et de la cavalerie appartenant à mon corps d'armée (1ʳᵉ division d'infanterie,
— brigade Boério, plus deux régiments de cuirassiers, — deux batteries d'artillerie). Une partie de
ces troupes ne quittera même Saint-Lyé qu'aujour-
d'hui, à trois heures, à la queue du convoi. Saint-
Lyé n'a donc jamais été un seul instant découvert, et
grâce aux dispositions que j'avais prescrites, il a pu
être envoyé de ce point hier des secours à Neuville.

» Je n'ai pas jugé à propos de donner au général
Martineau d'autres instructions que celles que vous
m'avez transmises dans votre lettre relative à la défense de la position d'Orléans, dont je lui ai adressé
copie. Je ne puis, étant à distance, chargé spéciale-

ment par vous de la direction de la 1ʳᵉ division et des troupes du 20ᵉ corps, être assez au courant de ce qui se passe en avant des 2ᵉ et 3ᵉ divisions, pour pouvoir prescrire avec opportunité les mouvements nécessaires.

» Quant aux rations de pain destinées au général Crouzat, j'ignore qui a pu vous faire le récit mensonger qui m'attire vos reproches. Pendant toute la nuit, j'ai fait charger et diriger sur Nibelle, où des renseignements émanant de l'intendance du quartier général m'annonçaient la présence du 20ᵉ corps, 25,000 rations de pain, riz, sel, sucre et café. Ces denrées devaient être portées au général Crouzat par les voitures qui avaient amené des vivres à Loury; mais, d'un autre côté, le comptable de Loury ayant reçu l'ordre de faire partir ces voitures le 24 pour Orléans, les avait dirigées dès sept heures du matin sur cette place. Il se trouvait donc dépourvu de tout moyen pour faire cet envoi. J'ai dû faire requérir de tous côtés des voitures à cet effet. Malheureusement, votre dépêche télégraphique ne me donnant aucune indication précise sur la position du général Crouzat, j'ai dû maintenir la direction sur Nibelle, d'après les indications que j'avais reçues.

» Les divisions qui devront me rejoindre ne pourront passer avec leurs convois dans la forêt, ainsi que j'ai eu l'honneur de vous le dire de vive voix. Elles doivent faire passer leurs convois par Neuville et Chilleurs. La division qui se trouve à Gidy n'a pas plus de chemin en passant par Orléans. Dans ce moment encore, j'ai beaucoup de voitures embourbées entre Saint-Lyé et Rébréchien. J'ai fait réquisitionner des chevaux de tous côtés pour les conduire à Loury. Les explications que je viens de vous donner vous convaincront, je pense, qu'il était impossible d'agir autrement que je ne l'ai fait. »

Peu après, je recevais la note suivante du général Crouzat, par le retour de mon courrier.

Général Crouzat à général des Pallières, Loury.

« Bellegarde, **25** novembre, 6 h. matin.

» Je compte sur votre obligeance pour m'envoyer aussitôt que possible du biscuit en remplacement du pain qui n'a pu me parvenir. Je reste à Bellegarde jusqu'à nouvel ordre, et si je faisais mouvement, je vous en préviendrais. Tenez-moi aussi au courant de ce que vous ferez.

» Crouzat. »

Je répondis immédiatement :

Général des Pallières à général Crouzat, commandant du 20ᵉ corps, à Bellegarde.

N° 531.

« Envoi de 90,000 rations de toute nature et 3,000 rations d'avoine à 5 kilog.

» Le convoi doit suivre la direction suivante :

» De Loury à Fay-aux-Loges, de Fay-aux-Loges à Vitry-aux-Loges, de Vitry-aux-Loges à Combreux.

Si la route de Combreux au pont des Beignets est praticable pour les voitures, le convoi se rendra par cette route à Bellegarde : sinon, il se dirigera sur Boiscommun en poursuivant la route de Combreux à Beaune-la-Rolande. Si M. le général Crouzat veut faire donner une autre direction à son convoi, il le fera prévenir à son passage à Combreux.

» Général DES PALLIÈRES. »

J'instruisis le général en chef de ces faits par la lettre numéro 50.

Général des Pallières à général en chef.

« 25 novembre.

» J'ai l'honneur de vous informer que je dirige ce soir, à destination du général Crouzat, un convoi de 90,000 rations de toute nature : biscuit, riz, sel, sucre et café, ainsi que 3,000 kilogrammes d'avoine.

» Ces denrées sont chargées sur les voitures que l'intendance avait rappelées à Orléans, dont elle avait ensuite, mais trop tard, contremandé le départ, et que j'ai fait revenir à Loury.

» Les chevaux de ce convoi m'ont servi à débourber les voitures de la 1re division, qui sont arrivées aujourd'hui à deux heures. J'enverrai à M. l'intendant de l'armée à Orléans les voitures qui n'auront pas été nécessaires pour ce convoi.

» Si le corps de M. le général Crouzat est destiné à opérer assez loin de moi, il est tout à fait indispen-

9

sable de lui constituer un convoi particulier pour
assurer son ravitaillement, car les communications à
travers la forêt sont longues et difficiles, sinon impossibles, à cause des longs détours.

» Par suite du départ de ce convoi, la réserve d'approvisionnement constituée à Loury se trouve complétement épuisée, et il y a lieu de la renouveler et de
l'entretenir. »

Ainsi donc, loin d'avoir eu l'intention de priver le
20e corps de ses vivres, j'étais venu largement à son
secours, et pendant tout le temps que j'ai passé à ses
côtés, je n'ai eu pour unique préoccupation que de
l'aider de tous mes moyens, comme le prouve la
lettre suivante que le général Crouzat m'adressa plus
tard :

« Nibelles, le 2 décembre 1870.

» Mon général,

» Je vous renvoie aujourd'hui à Chilleurs vos deux
bataillons de zouaves et votre batterie d'artillerie. A
mon grand regret, je ne pourrai pas de quelque
temps occuper Courcy; aussitôt que je pourrai, j'enverrai remplacer les troupes que vous y laissez.

» Les deux obusiers de montagne que M. le colonel Cathelineau a l'ordre de remettre seront ajoutés
à ma réserve, aussitôt que je les aurai reçus.

» *Je vous remercie très-cordialement de toute la
peine que vous vous donnez pour me faire envoyer
ce dont j'ai un besoin si urgent.*

» La sortie de Paris du général Ducrot nous remplit

tous de joie et hâtera probablement la délivrance de
notre patrie.

» Veuillez agréer, etc.

» *Le général commandant le 20ᵉ corps,*

» CROUZAT. »

Je regrette profondément qu'une notable partie
des papiers de l'état-major général de l'armée ait
disparu. Ils avaient été, m'a-t-on dit, placés par le
chef d'état-major, général Borel, dans une maison
de la rue de Lille, qui fut incendiée pendant la Commune. S'il en eût été autrement, le général d'Aurelle n'eût certainement pas écrit les passages de son
ouvrage que j'ai cités plus haut. Il ne m'eût pas
contraint à une rectification regrettable, mais que je
dois aussi bien aux troupes que j'ai commandées qu'à
moi-même.

Le lendemain, je fus distrait de mes préoccupations par un incident qui me causa une pénible
émotion.

J'étais occupé à dicter des ordres à un de mes
aides de camp, lorsqu'on vint me prévenir que quelqu'un me demandait un moment d'entretien particulier. La carte portait le nom du colonel Lutheroth,
ce nom m'était inconnu. Cet étranger ayant refusé
d'expliquer à mon chef d'état-major le motif de sa
visite, je descendis au bout d'un instant.

Comme je n'avais aucune pièce pour le recevoir
sans témoin, l'entretien eut lieu dans l'escalier même

9.

d'un petit rendez-vous de chasse où était établi mon quartier général. J'attendis qu'il prît la parole.

— Me reconnaissez-vous? me dit-il.

— Non, Monsieur.

— Vous ne reconnaissez pas votre ancien amiral?

Je cherchai, mais en vain, dans mes souvenirs : ma réponse fut un signe de tête négatif.

— Je suis le prince de Joinville. Rappelez vos souvenirs : c'est moi qui ai commencé votre carrière ; voulez-vous m'aider à finir la mienne?

A ces mots, un souvenir de ma jeunesse illumina mon esprit, et me reporta bien loin en arrière à une époque plus heureuse.

« Si vous saviez, continua-t-il, combien j'ai souffert dans mon exil ! Éloigné pendant trente ans de la France, de tout ce que j'aime, aujourd'hui je suis rebuté partout et traité comme étranger dans la patrie que j'espérais retrouver. J'ai été voir à Tours MM. Crémieux, Glais-Bizoin et l'amiral Fourichon, sans pouvoir même obtenir d'eux de mourir pour cette France, pour ce malheureux pays que j'aime plus que tout au monde.

» J'ai demandé, mais en vain, à servir comme simple volontaire, perdu dans la foule, ignoré, sous un nom supposé.

» Je me suis présenté chez le général d'Aurelle, il ne m'a pas reçu.

» N'aurez-vous pas pitié de l'affreuse situation qui

m'est faite? Je ne vous demande ni un grade ni une
position; rien que la permission de me perdre parmi
les volontaires qui combattent à vos avant-postes.
Vous n'entendrez jamais parler de moi. Vous-même
ne m'avez pas reconnu... Qui se rappelle aujourd'hui
le prince de Joinville? qui pourrait reconnaître celui
que trente années d'exil et de chagrin ont rendu
étranger à tous?... »

En présence de cette douleur navrante, je sentais
peu à peu l'émotion me serrer la gorge. Malgré moi,
ma pensée se reportait au 15 août 1844, au bombardement de Mogador. J'étais à bord de la frégate *le
Suffren*, commandée par ce jeune et brave amiral,
estimé et aimé de tous, alors l'orgueil de notre marine.

Ce jour-là, on devait enlever l'îlot qui défendait
l'entrée du port, et malgré mes instances, je n'avais
pu obtenir de faire partie des troupes de débarquement. C'était une occasion unique pour décider ma
carrière. Rebuté de tous mes chefs, désespéré aussi,
je m'adressai à ce même prince, aujourd'hui devant
moi, le suppliant de me laisser descendre à terre
comme volontaire. Il me l'accorda aussitôt; et c'est
ainsi que je lui dus de verser pour la première fois
mon sang pour le pays.

Cependant, quelle différence dans les mobiles qui
nous faisaient agir! Lui ne rentrait d'exil que pour
demander à mourir obscurément pour la France, à
s'ensevelir dans sa ruine, au moment où l'issue de la
lutte apparaissait désespérée.

Involontairement, je me sentais faiblir. Mais tout
à coup, je me représentai la situation de la France,
je n'avais pas le droit de lui créer de nouvelles
difficultés : la malveillance certes ne manquerait pas
d'exploiter la présence du prince, qui ne pouvait
longtemps rester ignorer, comme il le supposait.
Quelles que fussent mes sympathies et mon respect
pour une semblable infortune, je refoulai au fond de
mon cœur tous mes sentiments de reconnaissance.
Au risque de paraître à ses yeux guidé par la crainte
mesquine de me compromettre, et reprenant enfin
sur moi-même l'empire que le devoir me prescrivait :

« Monseigneur, lui répondis-je, ce que vous
me demandez est impossible. Nous jouons la dernière carte de notre malheureux pays : il nous faut
éviter tout ce qui pourrait donner prétexte à une
agitation quelconque en présence de l'ennemi. »

Je saisis dans le regard du prince un éclair de désespoir : il me prit la main qu'il serra en silence et
partit.

Je le vis s'éloigner seul d'un pas rapide, et il me
fallut quelques instants pour me remettre et ne pas
trahir la douloureuse impression qui faisait déborder
mon cœur.

CHAPITRE IV.

Le 26 novembre, le général en chef m'adressa la lettre suivante :

Nº 21.   « Saint-Jean de la Ruelle, 26 novembre 1870.

» Mon cher général,

» Je vous confirme la dépêche que je vous adresse par Chevilly.

» Conservez vos positions où vous devez vous bien retrancher, poussez des reconnaissances le plus loin possible vers Pithiviers, envoyez des francs-tireurs dans la forêt de Courcy aux Loges, mettez-vous en communication avec Crouzat, établissez des relais de correspondance avec lui.

» Crouzat a conservé ses positions sur Ladon, qui a été évacué par l'ennemi; le 18ᵉ corps remonte vers Ladon et Montargis.

» J'ai donné l'ordre à l'intendant en chef de fournir des vivres directement à Crouzat.

» Hier, Sonis a attaqué l'ennemi et l'a poursuivi jusqu'à 3 kilomètres au delà de Brou.

» Envoyez par un homme sûr ou plutôt par un officier la série des mots d'ordre à Crouzat, qui me la demande, et que je ne voudrais pas envoyer par le télégraphe.

» Adressez mes félicitations au lieutenant-colonel et aux troupes qui ont été engagées avant-hier à Neuville, pour la vigueur qu'ils ont montrée dans cette circonstance.

» Recevez,

» *Le général commandant en chef,*

» D'AURELLE.

» *P. S.* Pressez M. de Cathelineau pour les propositions qu'on lui a demandées. J'ai celles du colonel Lipowski depuis longtemps, que je ne voudrais pas envoyer avant celles de votre corps d'armée; mais je ne pourrais retarder longtemps l'envoi de ces propositions, dont l'effet est attendu avec la plus vive impatience. »

J'avais, dès le début de mon mouvement, donné l'ordre au colonel Cathelineau, commandant les

francs-tireurs vendéens, renforcé de la légion bretonne sous M. Domalain, d'un escadron de chasseurs
à cheval, d'un bataillon de tirailleurs algériens, de
la compagnie d'éclaireurs de la 1ʳᵉ division, et de
plusieurs détachements de francs-tireurs, de se porter, dès le 24, de Neuville et Chilleurs, sur l'extrémité nord-est de la forêt d'Orléans, pour en couvrir
les abords dans la direction de Chambon, reliant
ainsi le 20ᵉ corps au nôtre.

Cette petite troupe d'éclaireurs gardait notre droite
depuis notre arrivée à Orléans; elle avait pris part,
avec beaucoup d'entrain, à tous les engagements qui
avaient eu lieu de ce côté. Je lui confiai donc cette
mission, persuadé qu'elle la remplirait avec la même
vigilance et le même dévouement.

Comme on le voit par la dépêche précédente,
l'opération sur Pithiviers subissait tout d'abord un
temps d'arrêt, par le fait du cabinet de M. de Freycinet lui-même. Il n'eût pas été possible, en effet, en
présence de la concentration de troupes ennemies
qui se faisait à Pithiviers, à deux corps d'armée aussi
faiblement organisés que les 18ᵉ et 20ᵉ, de combiner
une attaque décisive sur ce point, en suivant les directions déterminées par le ministre; et cependant il
devait revenir, fatalement conduit par son amour-
propre, à ses premières idées.

Ma division, dispersée sur un espace de plus de
30 kilomètres, occupait toutes les routes de la forêt
menant à Orléans, et reliait faiblement le 20ᵉ corps

avec Chevilly; nous formions un vrai rideau de troupes sans appui en arrière, qu'on plaçait en situation de ne pouvoir soutenir un choc sérieux. C'est ainsi qu'on se servait des troupes les plus solides et les mieux organisées de l'armée de la Loire, celles qui eussent dû être concentrées au centre de la ligne de bataille, prêtes à supporter le principal effort de l'ennemi ou à agir en temps utile sous la main du général en chef.

Quitter la défense des défilés de la forêt, même pour appuyer le mouvement du général Crouzat qui se rapprochait de nous, pouvait mettre l'armée dans une situation des plus compromettantes en se prêtant à une combinaison de l'ennemi, qui aurait pu porter tout d'un coup des forces considérables sur un point, forcer un défilé et couper l'armée française en deux.

Il ne faut pas perdre de vue que cette armée occupait, sur une seule ligne, un espace de plus de 70 kilomètres, en présence d'une concentration de l'ennemi sur des points qui nous étaient difficilement connus, et qu'il restait maître de changer d'un moment à l'autre.

Le général Crouzat de son côté me mandait, le 27 :

N° 526.   « Bellegarde, 2 h. 20 m. matin.

» Mes positions sont restées les mêmes. Billot occupe Montargis avec le 18ᵉ corps. Je suis établi de

Ladon à Boiscommun. Veuillez me faire connaître votre situation et me dire si vous avez des ordres de mouvement pour aujourd'hui. »

La situation se compliqua à partir de ce moment. On en jugera par les dépêches suivantes :

Général Chanzy à général des Pallières, Chilleurs.

N° 5171.   « Saint-Péravy, 27 novembre, 7 h.
                                         25 m. soir.

« Général en chef me donne l'ordre de me mettre en communication avec vous ; faites-moi savoir où vous êtes, ce que vous avez devant vous. Aujourd'hui de fortes reconnaissances ennemies se sont présentées en avant de Patay.

                    » CHANZY. »

*Général des Pallières à général Chanzy,
                Saint-Péravy.*

N° 455.   « 27 novembre.

» Je suis à Loury, le télégraphe y aboutit ; j'occupe Chambon, Courcy, Chilleurs, Neuville, Villereau, Saint-Lyé, Artenay, Dambron, Huêtre. Je crois Sougy occupé par ma 3e division. J'ai à ma droite le 20e corps, général Crouzat, et le 18e s'étendant jusqu'à Montargis, et devant aujourd'hui se porter sur Beaune-la-Rolande.

                    » DES PALLIÈRES. »

Général des Pallières à général en chef, Saint-Jean de la Ruelle.

Nº 457.   « 27 novembre.

» J'ai des nouvelles de Crouzat par mon chef d'état-major. Il s'attendait à une attaque dans sa route sur Beaune-la-Rolande; mais je n'ai rien appris et rien entendu depuis. Nous avons entre nous relais de cavalerie et télégraphe; son attaque ne m'est pas encore annoncée. Ma 2ᵉ brigade continuera d'occuper Neuville et Chilleurs. La 1ʳᵉ sera prête à marcher dès le matin pour soutenir Crouzat.

» DES PALLIÈRES. »

Général en chef à général des Pallières, Loury.

Nº 434.   « Saint-Jean de la Ruelle, 27 novembre,
                        10 h. 5 m. soir.

« D'après renseignements du général Chanzy, il croit à la possibilité d'une attaque demain. Je donne l'ordre aux 2ᵉ et 3ᵉ divisions du 15ᵉ corps de se tenir prêtes à prendre les armes. D'un autre côté, le général Crouzat, qui a le 18ᵉ et le 20ᵉ corps réunis à Ladon, Bellegarde et Boiscommun, croit aussi à la possibilité d'une attaque contre lui. Il a du reste l'ordre[1] de se porter sur Beaune-la-Rolande, et il est probable que l'ennemi lui disputera le terrain. Donnez l'ordre aux troupes de la 1ʳᵉ division de se

---

[1] Du ministre.

tenir prêtes à prendre les armes. Observez surtout
ce qui se passe à votre droite. Je vous laisse du reste
votre liberté d'action pour vous porter au secours de
Crouzat s'il est sérieusement attaqué. Maintenez-
vous toujours en communication avec lui. Je n'ai pas
reçu de nouvelles de vous aujourd'hui ; j'ignore ce
que vous pouvez avoir devant vous.

» D'AURELLE. »

Je n'avais pas attendu cette dépêche du général
en chef pour me mettre en relations directes avec le
général Crouzat. Le 27 au matin, mon chef d'état-
major, le colonel des Plas, était envoyé auprès de
lui. Il le quitta au moment où l'action s'engageait.
Le général se considérait comme très-suffisamment
en état de vaincre les difficultés qui s'opposeraient
au mouvement prescrit.

C'est dans cette même journée du 27, à ce point
critique de notre situation, qu'apparaît la pièce suivante, par laquelle M. de Freycinet, le « Deus ex
machinâ », veut bien soulever un instant un coin du
voile qui abrite ses savantes conceptions, pour rassurer le pays et redonner de la confiance à ceux qui
doutent de leur efficacité.

CIRCULAIRE DE TOURS.

Intérieur à préfets, sous-préfets et généraux
commandant divisions.

Nº 5271.   « 27 novembre, 10 h. matin.

» L'armée de la Loire, menacée sur sa gauche,
a dû se masser de ce côté. Certaines forces un peu
avancées, et qui présentent une ligne mince, auraient
risqué d'être coupées.

» La droite tient vigoureusement et empêche les
progrès de l'ennemi.

» Un succès a été obtenu à Neuville, où les forces
ennemies, après avoir bombardé la ville, ont dû
laisser le terrain à des troupes inférieures en nombre, abandonnant un assez grand nombre de morts
et de blessés et quatre-vingts prisonniers.

» Nos pertes sont peu importantes.

» Cet ensemble d'opérations n'a qu'une gravité
relative de part et d'autre, et ne préjuge rien de la
rencontre attendue.

» Dans la Somme, combat heureux à Gentelle et
à Boves.

» Bonnes nouvelles des environs de Montbéliard.

» FREYCINET. »

En fait, il n'y eut aucune concentration de l'armée sur sa gauche, et en revanche, elle avait étendu
démesurément son front de 30 kilomètres sur sa

droite. Les 20e et 18e corps qui venaient la rejoindre, et qui eussent dû, au lieu de marcher à l'ennemi, l'éviter avec soin, pour se porter le plus rapidement possible en seconde ligne derrière chacune des deux ailes, afin de résister au choc énorme que la concentration de l'ennemi faisait pressentir d'un moment à l'autre, perdaient leur temps à manœuvrer inutilement en face de lui, recevant chaque jour du ministre l'indication d'un gîte, qu'ils trouvaient toujours disputé par nos adversaires, dont l'intérêt était surtout de retarder notre concentration.

Quant à l'affaire de Neuville, affaire très-honorable pour les troupes qui l'ont soutenue, il faut convenir qu'elle ne pouvait être présentée au pays comme une action propre à le rassurer; mais M. le délégué trouvait sans doute que tout était bon pour modifier dans l'esprit public l'effet moral de sa dangereuse manœuvre, dans laquelle tout le monde sentait instinctivement la perte de l'armée.

J'écrivis le 28 au général Crouzat, et je reçus de lui la réponse suivante :

Général des Pallières à général Crouzat.

« Loury, 28 novembre matin.

» Quel a été le résultat de votre marche en avant d'hier? Avez-vous été attaqué, pensez-vous combattre aujourd'hui?

» DES PALLIÈRES. »

Général Crouzat à général des Pallières. Loury.

« Bellegarde, 28 novembre, 7 h. 10 m. matin.

» La marche sur Beaune n'a pas eu lieu par suite du retard dans la marche du 18ᵉ corps à Ladon. J'attaque aujourd'hui Beaune, défendu par 10,000 hommes et 40 pièces de canon.

» CROUZAT. »

Je pris immédiatement les dispositions nécessaires pour être prêt à marcher au secours du général Crouzat.

Général des Pallières à général Minot commandant la 1ʳᵉ brigade.

Nᵒ 72.   « 28 novembre.

» Campez sur place ainsi que les 2 batteries de réserve. Informez le colonel Choppin, qui pourra peut-être vous procurer des fourrages. Tenez-vous prêt à faire mouvement demain matin dès six heures, s'il y a lieu. Les troupes de Chilleurs se tiendront également prêtes à être remplacées par le 38ᵉ dès six heures du matin, ainsi que celles de Courcy ; les prévenir.

Général des Pallières à général commandant 1ʳᵉ division.

Nᵒ 73.   « 28 novembre.

» Je donne l'ordre au général Minot de camper sur place dans la forêt, au lieu de retourner ce soir à Loury, afin de pouvoir parer aux éventualités de demain. Les 2 batteries de réserve y resteront également.

» Prévenir le sous-intendant pour que toutes ces troupes puissent être ravitaillées à leur campement, s'il y a nécessité, avant de se porter en avant. »

Au même.

N° 75.   « 28 novembre.

» Les 2 bataillons qui sont à Chilleurs, 1 bataillon du 18ᵉ mobiles qui est à Courcy, le bataillon de tirailleurs algériens qui est à Chilleurs, seront remplacés par 3 bataillons du 38ᵉ de ligne et iront coucher à Chambon cette nuit, avec les 2 bataillons d'infanterie de la marine qui sont sur la lisière de la forêt et 2 bataillons du 12ᵉ mobiles.

» Le 38ᵉ ira coucher ce soir à Chilleurs et Courcy et le 1ᵉʳ zouaves à Courcy, 1 bataillon du 12ᵉ mobiles à Courcy également.

» On se mettra en marche pour aller à l'ennemi à sept heures du matin, demain 29, les zouaves formant la réserve une brigade sous les ordres du général Minot, l'autre sous les ordres du colonel Choppin.

» On campera dans la forêt, de façon à ne pas être vu.

» Les feux devront être dissimulés et aussi faibles que possible, pour qu'on ne puisse les voir.

10

» Les 600 hommes d'infanterie de marine de renfort suivront les zouaves à Courcy.

» Prévenir l'intendant d'envoyer un petit convoi d'un jour de vivres, qui partira demain matin sur Chambon par Trainou. »

En même temps, j'informai le général en chef de ce qui se passait :

Général des Pallières à général en chef, Saint-Jean de la Ruelle.

« 28 novembre.

» J'ai pris dispositions pour sauvegarder toutes les positions qui défendent les routes de la forêt sur Orléans. Général Crouzat m'avise ce matin qu'il attaque Beaune, défendu par 10,000 hommes et 40 canons.

» Contrairement à ce que vous m'avez dit, cet officier général n'a reçu aucune instruction pour se placer sous mon commandement.

» Je ne dois pas vous cacher que, ne connaissant nullement le plan qui nous fait mouvoir, je crains de faire quelque mouvement qui vienne le contrecarrer, en ne se reliant pas à ceux du reste de l'armée. »

La réponse fut la suivante :

Général en chef à général des Pallières, Loury.

N° 5445.   « Saint-Jean de la Ruelle, 28 novembre, 10 h. matin.

» Le général Crouzat n'a pas été placé sous vos ordres, parce que vous étiez séparés d'une journée de marche; mais du moment où vous vous réunissez à lui, par votre ancienneté vous devez avoir le commandement des 18ᵉ et 20ᵉ corps, que je vous confirme par cette dépêche.

» Quant à des instructions, je ne puis que m'en rapporter à celles que le ministre a données à Crouzat. Votre préoccupation, après avoir défendu les routes de la forêt, doit se reporter tout entière du côté de Crouzat. »

Dès le matin, j'avais envoyé à Chilleurs en dehors de la forêt un officier de mon état-major, avec mission de recueillir là tous les renseignements sur l'action engagée par le général Crouzat, qui parviendraient dans cette localité, puis un second vers Nancray près du colonel Cathelineau, placé de manière à opérer sur le flanc de l'ennemi, se dirigeant de Pithiviers vers Beaune-la-Rolande.

Vers deux heures de l'après-midi, l'officier que j'avais envoyé en observation en avant de Chilleurs m'écrivit le billet suivant :

De Villars à général des Pallières, Loury.

« Chilleurs, 1 h. 10 m. après midi.

« La canonnade paraît s'accélérer sans se rapprocher ; elle semble se diriger du côté du nord, vers Pithiviers.

» Aucune démonstration de l'ennemi sur Chilleurs, Courcy et Neuville.

10.

» Le temps est brumeux, mais on aperçoit encore dans un rayon de 4 à 5 kilomètres et l'on ne voit aucun cavalier.

» Les troupes sont toujours en position, prêtes à parer à toute éventualité.

» Le capitaine d'état-major,

» DE VILLARS. »

Les dépêches que je vais présenter feront mieux comprendre la situation, que tout ce que je pourrais dire :

Général des Pallières à général en chef.

« 28 novembre, 2 h. 50 m. soir.

» Le mouvement des 18ᵉ et 20ᵉ corps a commencé ce matin. La canonnade paraît s'accélérer sans se rapprocher. Elle semble se diriger du côté du nord, vers Pithiviers. Aucune démonstration de l'ennemi sur Chilleurs, Courcy et Neuville ; on ne voit aucun cavalier dans les environs. Les troupes sont prêtes à parer à toute éventualité. »

Général en chef à général des Pallières, Loury.

Nᵒ 458.   « Saint-Jean de la Ruelle, 3 h. 52 m. soir.

» Puisque la canonnade s'accélère, pourquoi ne vous êtes-vous pas mis en mouvement pour soutenir Crouzat engagé depuis ce matin ?

» D'AURELLE. »

Général des Pallières à général en chef.

N° 465.

« Le général Crouzat a 60,000 hommes et 138 pièces de canon [1]. Il peut correspondre avec moi par cavaliers et télégraphe. Il m'annonçait seulement 10,000 hommes et 40 pièces de canon en face de lui.

» La canonnade paraissant remonter depuis ce matin vers le nord, annonçait qu'il gagnait du terrain. Il ne m'a pas paru qu'il y avait urgence de quitter des positions qui laisseraient libres les routes sur Orléans.

» Toutes mes dispositions sont d'ailleurs prises au premier signal qu'il me fera. »

Général des Pallières à général Crouzat.

N° 464.

« Entendu canon toute la journée de votre côté, paraissant remonter vers le nord. Où en êtes-vous de votre marche et que comptez-vous faire demain? »

Général Crouzat à général des Pallières.

N° 5176.   « Beaune, 28 novembre, 4 h. et demie.

» Je combats devant Beaune depuis ce matin. J'attends 18e corps qui opère sur notre droite, pour tenter l'attaque de vive force du village.

» Cathelineau me fait savoir qu'une très-forte colonne prussienne se porte de Pithiviers sur Beaune.

---

[1] 20e et 18e corps réunis.

Soutenez-moi *demain* si vous le pouvez. Je vous envoie aussi un courrier à Nibelle. »

Général des Pallières à général en chef.

« Loury, 28 novembre, 6 h. soir.

» Reçois à l'instant nouvelles de Crouzat. Attaque sur Beaune paraît terminée et réussie malgré vive résistance. On annonce colonne de renforts prussienne partie de Pithiviers. Crouzat me demande des renforts pour demain; je pars avec troupes et canons que j'envoie coucher à Courcy et Chambon.

» DES PALLIÈRES. »

En définitive, la journée avait été favorable jusqu'au soir à cinq heures et demie pour nos armes; mais l'attaque sur Beaune vers cette heure n'avait pas réussi, d'abord à cause de la nuit, puis du retard survenu dans la marche du 18e corps, obligé de livrer combat sur sa route et dont les renforts arrivèrent trop tard et trop peu nombreux. Le commandant du 20e corps avait par suite reporté ses positions un peu plus en arrière.

Général des Pallières à général Crouzat.

N° 466.   « 28 novembre.

» Pars ce soir avec 11,000 hommes d'infanterie, 3 régiments de cavalerie et 30 pièces de canon. Prévenez-moi à Chambon et à Loury de ce qui s'est passé dans la nuit. »

Général Crouzat à général des Pallières, Loury.

N° 519.   « Bellegarde, 28 novembre, 9 h.
                          40 m. soir.

» Je reçois la dépêche par laquelle vous m'annoncez que vous partez ce soir avec 11,000 hommes
d'infanterie, 3 régiments de cavalerie et 30 pièces de
canon, pour aller coucher à Courcy et à Chambon.
Hâtez votre mouvement ; je pense être attaqué de
bonne heure demain.

                          » CROUZAT. »

Général en chef à général des Pallières.

N° 5464.   « Saint-Jean de la Ruelle, 38 novembre,
                          9 h. 45 m. soir.

» Vous avez bien fait d'envoyer en avant une partie de votre monde et votre artillerie. Faites connaître votre départ à Crouzat et combinez votre mouvement avec lui, de manière à menacer autant que
possible la ligne de retraite de l'ennemi sur Pithiviers
en vous portant sur son flanc droit.

» Emmenez avec vous tout ce que vous pouvez
avoir de munitions d'infanterie, d'artillerie de 4 et
de canons à balles. Crouzat pourrait en avoir besoin.

» Donnez l'ordre au colonel Hugon de remplacer
ses munitions et de vous les apporter demain à
Loury.

» Prévenez Martineau de votre départ et faites-lui
connaître ce que vous laissez pour garder la forêt.

                          » D'AURELLE. »

Général des Pallières à général en chef à Saint-Jean de la Ruelle.

N° 467.   « 28 novembre.

» Je pense qu'il serait utile, pour parer un mouvement offensif de l'ennemi sortant de Pithiviers, de
mettre en route pour Chilleurs le plus tôt possible,
cette nuit, 1ᵉ le 16ᵉ de ligne qui passerait par le chemin des Cercottes et d'Ardelet ;

» 2° Les 2 batteries de 8 de la réserve qui sont à
Cercottes et qui viendraient par Orléans et Loury sur
Chilleurs.

» Je vous prie en même temps de donner l'ordre
au général Dariès, de se rendre à Chilleurs pour
prendre le commandement des troupes. Je lui laisserai les instructions pour défendre les positions.

» Je laisse à Saint-Lyé et à Villereau 3 bataillons
de zouaves et 1 bataillon d'infanterie de marine; à
Neuville, 1 bataillon du 29ᵉ de marche, 1 bataillon
du 18ᵉ mobiles et 6 pièces ; à Chilleurs, 2 bataillons
du 38ᵉ, 1 bataillon de chasseurs et 10 pièces ; à
Courcy, 1 bataillon du 38ᵉ, 1 bataillon du 18ᵉ mobiles
et les francs-tireurs; dans ces diverses localités, 2
régiments de cuirassiers, 1 de lanciers, 1 de dragons.

» Le reste de ma colonne va coucher à Courcy.
Nous partirons de là demain matin à la pointe du
jour, pour déboucher sur le champ de bataille, dans
la position la plus avantageuse pour le général Crouzat, avec 54 pièces de tout calibre.

» Je fais diriger un convoi par Vitry-aux-Loges et
Combreux, de manière à avoir un quatrième jour de
vivres.

» D'après le rapport d'un officier de mon état-
major qui a assisté au combat de Cathelineau entre
Nancray et Courcelles, l'affaire a été bonne pour
nous. »

Général des Pallières à général Crouzat, Bellegarde.

N° 468.   « 28 novembre.

» Je suis obligé de faire coucher tout mon monde
à Courcy et de déboucher par Vrigny, à cause du
mauvais état de la route directe de Courcy à Chambon, impraticable à l'artillerie. Tâchez d'attendre
mon arrivée pour engager l'action, et envoyez au-
devant de moi porter des nouvelles. »

Voici le rapport du général Crouzat au ministre, sur la journée de Beaune-la-Rolande :

Général Crouzat à guerre, Tours. Copie pour général
d'Aurelle et général des Pallières.

N° 23.   « Bellegarde, 28 novembre, 11 h. 55 m. soir.

» Conformément à vos ordres, j'ai attaqué aujour-
d'hui, de concert avec le 18ᵉ corps, les positions de
Mézières, Juranville, Nancray, Saint-Michel, Batilly
et Beaune. Toutes ces attaques ont réussi, à l'exception de celle sur Beaune. Quelques-uns de mes hom-

mes étaient entrés dans la ville, que j'avais fait vigoureusement canonner.

» L'arrivée d'une forte colonne prussienne avec
beaucoup d'artillerie, venant de Pithiviers, m'a forcé
à me retirer. Je n'ai pas été suivi, ce qui m'a permis
de me retirer avec assez d'ordre. J'ai donné l'ordre
à mes divisions de rentrer cette nuit dans leurs anciennes positions. J'ai laissé le 18e corps à Juranville
et Mézières. Je crois qu'il serait prudent de le concentrer sur Ladon. Ma position à Bellegarde n'est
pas très-sûre, l'ennemi est très-fort.

» CROUZAT. »

Général en chef à général des Pallières.

Nº 568.   « Saint-Jean de la Ruelle, 29 novembre,
                        minuit 30 m.

» Je ne puis dégarnir la position ni vous envoyer
les troupes que vous avez demandées. Restez donc
dans le programme que vous m'avez proposé dans
votre dernière dépêche et auquel j'ai donné mon
approbation. Je reçois de Crouzat une dépêche qui
a dû aussi vous parvenir et qui m'annonce qu'après
avoir enlevé les positions de Mézières, Juranville,
Nancray, Saint-Michel, Batilly et attaqué Beaune, il
a été obligé de se retirer sur ses anciennes positions,
par suite de l'arrivée d'une forte colonne ennemie
avec beaucoup d'artillerie, venant de Pithiviers. Il
n'a pas été suivi; je l'engage à conserver ses positions sans prendre l'offensive.

» D'AURELLE. »

Général des Pallières à général en chef.

« 29 novembre, 1 h. 20 m. matin.

» Votre dépêche ne dit pas si vous avez donné des ordres au 16ᵉ de ligne, au général Dariès et aux batteries de réserve suivant ma demande. Je vous prie de les donner. Veuillez prévenir Martineau que je laisse 8,000 hommes à Neuville, Chilleurs et Courcy et de m'appuyer en cas de besoin, car Crouzat dit l'ennemi très-fort.

» DES PALLIÈRES. »

Cette dépêche fut envoyée au général en chef, malgré les termes assez explicites de la précédente, pour tâcher de le faire revenir sur la décision qu'il avait prise de ne pas envoyer les renforts demandés. Ce n'est qu'avec la plus extrême répugnance que je m'éloignais des défilés de la forêt, en y laissant des troupes très-insuffisantes pour les garder. Il ne me paraissait pas que la présence du général Dariès, de 2 batteries et d'un régiment de réserve, fussent de trop pour empêcher notre armée d'être coupée en deux. En effet, de Pithiviers, l'ennemi menaçait à la fois et la position de Crouzat et la mienne; il était à peu près à égale distance de chacun de nous, et pouvait, au moyen d'une fausse attaque sur Crouzat, lancer tout d'un coup le gros de ses forces sur Chilleurs ou Neuville, s'ouvrir le passage et mettre l'armée française dans le plus grand péril, en la séparant en deux parties par une attaque audacieuse dont le succès aurait été accompagné d'une bataille générale, engagée sur toute la ligne.

C'est à ce moment que le gouvernement de Tours écrivait cette circulaire :

Intérieur à préfets, sous-préfets et géneraux commandant divisions et subdivisions.

N° 3145.   « 29 novembre.

» Des engagements assez vifs, qui ont duré de huit heures et demie du matin à sept heures du soir, ont eu lieu hier, sur le front de l'armée de la Loire, entre Pithiviers et Montargis ; sur les divers points, l'ennemi a été successivement repoussé avec pertes sensibles. De nombreux prisonniers et un canon sont restés entre nos mains.

» Les Prussiens sont entrés à Amiens. De nouveaux engagements ont eu lieu hier soir près de cette ville. Résultat inconnu. — Engagement hier à Villers-en-Vexin ; mobiles ont infligé des pertes à l'ennemi ; n'ont eu qu'un blessé.

» On dit La Fère rendue après trente heures de bombardement sans sommation. »

A une heure trente-cinq du matin, je reçus la dépêche suivante :

Guerre à Crouzat, à Bellegarde; Billot, Montargis,
faire suivre à Bellegarde; d'Aurelle, Saint-Jean
de la Ruelle; des Pallières, Loury. Faire suivre.

N° 5844. Tours, 25.   « 29 novembre, minuit.

» Il est à souhaiter que le 20ᵉ corps (Crouzat)
puisse garder la position Boiscommun, Bellegarde,
qui me semble bonne et forte. La droite, appuyée
sur le 18ᵉ corps, à Ladon, et la gauche, appuyée
sur la forêt, en relation avec des Pallières. Nous
recommandons expressément de se retrancher, en
utilisant et requérant toutes les ressources du pays;
on n'en use jamais assez.

» DE FREYCINET. »

Cette dépêche était un ordre d'abandonner tout
projet de marcher en avant sur l'ennemi; car, en
admettant que la 1ʳᵉ division du 15ᵉ corps dût abandonner les défilés de la forêt pour se porter au
secours du 20ᵉ corps, il était indispensable, comme
compensation, de pousser l'ennemi l'épée dans les
reins le plus loin possible de ces positions. Il ne pouvait, en effet, être question de les laisser sans défense pour aller secourir des corps qui, dès lors,
combattaient sans but utile et déterminé, et dont la
place était derrière nous et non en l'air sur notre
flanc droit, sans lien intime avec le reste de l'armée.

J'envoyai de suite retirer la note suivante, qui
venait de partir pour le télégraphe :

Général des Pallières à général Crouzat.

N° 471 (annulée). « 29 novembre, 3 h. 30 m. matin.

» Aussitôt que j'arriverai sur le champ de bataille,
donnez l'ordre aux 18e et 20e corps de prendre vigoureusement l'offensive. Prenez les dispositions nécessaires, en vous tenant jusque-là sur la défensive.
J'apporte des cartouches et des munitions de 4.
Mettez-vous en communication avec moi, dès mon
arrivée à Chambon. »

Je la remplaçai par la suivante :

Général des Pallières à général Crouzat.

N° 472. « 29 novembre.

» D'après les nouveaux ordres de se tenir sur la
défensive de Ladon à Bellegarde, s'appuyant sur la
forêt, je vais placer 7,000 hommes et 22 pièces de
canon sous les ordres du colonel Choppin, du 29e, à
Chambon. De là, ils se relieront avec vous au moyen
de deux régiments de cavalerie que je leur donne, et
menaceront le flanc droit de l'ennemi qui tenterait
d'opérer contre vous. Mettez-vous en communication avec lui. — Je transporte mon quartier général
à Chilleurs.

» Des Pallières. »

J'écrivis aussitôt au général en chef :

Général des Pallières à général en chef,
à Saint-Jean de la Ruelle.

N° 473.   « 29 novembre.

» D'après la dépêche du ministre, qui prescrit la
défensive stricte, j'envoie à Chambon le colonel
Choppin, avec 7,000 hommes d'infanterie, 2 régiments de cavalerie et 22 pièces, avec ordre de s'y
retrancher.

» Il occupera là une très-forte position sur le
flanc de toute attaque contre Bellegarde, avec
lequel il pourra se relier de même qu'avec nous.

» Je porte mon quartier général à Chilleurs.

» J'ai donné l'ordre au parc d'Orléans d'envoyer
des munitions à Bellegarde. »

Le général en chef, de son côté, m'envoyait la
dépêche que voici :

Général en chef à général des Pallières, Loury.

« Saint-Jean de la Ruelle, 29 novembre,
2 h. 50 m. matin.

« Je n'ai point donné d'ordre au général Dariès,
au 16ᵉ de ligne ni aux batteries de réserve de Cercottes, et je ne puis vous faire appuyer par Martineau. Ne comptez que sur vos seules ressources.
Crouzat ni vous ne pouvez songer à prendre l'offensive. C'est, d'ailleurs, conforme aux instructions que
je reçois du ministère.

» D'AURELLE. »

Général Crouzat à général des Pallières, Loury.
Faire suivre.

N° 55.   « Bellegarde, 29 novembre, 7 h. 45 m. matin.

» Ma ligne de bataille s'étend, à gauche, jusqu'à
Boiscommun, que j'occupe; mais je ne puis mettre
des forces suffisantes pour garantir la possession de
ce point si important, dans le cas d'une attaque tendant à me séparer de vous. Veuillez me dire si vous
pouvez m'y renforcer. »

Général des Pallières à général Crouzat.

N° 474.   « 29 novembre.

» J'ai fait occuper Chambon par le colonel Choppin. Il a 7,000 hommes d'infanterie, 22 pièces et
2 régiments de cavalerie. On prétend ici que les
Prussiens ont évacué Beaune. »

Général des Pallières à général en chef,
Saint-Jean de la Ruelle.

N° 475.   « 29 novembre.

» Le bruit court que l'ennemi a évacué Beaune-la-
Rolande. Il se serait retiré hier soir dans la nuit sur
Pithiviers. Ce matin, en arrivant à Chilleurs, nous
n'avons pas trouvé d'avant-postes devant nous;
mais des colonnes prussiennes, avec artillerie, suivent la route de Montigny, en avant de nos postes
avancés, se dirigeant vers Escrennes. Il est probable

qu'il se fait une concentration vers Pithiviers. Néanmoins, à sept heures du matin, le général Crouzat n'avait pas réoccupé Beaune et me demandait de renforcer sa gauche à Boiscommun, ce que j'ai fait.

» DES PALLIÈRES. »

Général commandant 20° *corps à général commandant* 15° *corps.*

N° 516.   « Loury, 2 h. 10 m. soir.

» J'ai donné l'ordre au colonel Choppin de porter 2 bataillons, avec une batterie d'artillerie, à Boiscommun. J'y fais établir des retranchements. Divers renseignements annoncent que l'ennemi aurait fait évacuer cette nuit les voitures qu'il avait à Beaune. Tout ce que je puis affirmer, c'est qu'il est encore établi autour de la ville et que ses avant-postes s'avancent jusque tout près des miens.

» CROUZAT. »

Général en chef à général des Pallières, Chilleurs.

N° 490.   « Saint-Jean de la Ruelle, 29 novembre,
                    10 h. 15 m. soir.

» Les renseignements fournis par le général Chanzy et le général de Sonis me font croire à une attaque pour demain avec des forces considérables de l'ennemi, qui arrive en force de Châteaudun. Si vous entendez le canon de notre côté, ne laissez pour garder la forêt que les forces strictement nécessaires,

11

et ralliez-nous avec le plus de monde possible. Faites manger la soupe avant le départ; laissez des cavaliers au poste de Loury pour porter les dépêches à Belle-garde et à Chambon.

» D'AURELLE. »

Général des Pallières à général en chef, Saint-Jean.

Nº 476.   « Chilleurs, 29 novembre, 11 h. 30 soir.

» En enlevant tous les secours envoyés au général Crouzat et en laissant 6,200 hommes, strictement nécessaires pour défendre les cinq positions que j'occupe entre Chambon et Villereau, il m'est impos-sible d'arriver avec 10,000 hommes à Chevilly avant la fin de la journée, en admettant encore que mon mouvement, tout extérieur à la forêt, ne soit pas inquiété par l'ennemi, auquel je ne puis le dissimuler. Si l'affaire est assez sérieuse, prévenez-moi pour que je commence mon mouvement dans votre sens. Les colonnes, sur la route de Montigny à Escrennes, indiquent des renforts envoyés à Pithiviers.

» Général DES PALLIÈRES. »

Général Crouzat à guerre, Tours; faire suivre à géné-ral d'Aurelle, Saint-Jean de la Ruelle; à général des Pallières, Chilleurs.

Nº 540.   « Bellegarde, 30 novembre, 10 h.
30 m. matin.

» Mon mouvement de concentration vers Cham-bon est commencé depuis huit heures du matin. La

1re division a l'ordre d'occuper Chambon; la 2e division, les Sommeries; la 1re brigade de la 3e division, Boiscommun; la 2e brigade, Nibelle, où je compte établir mon quartier général.

» Le 18e corps est suivi dans sa retraite de Mézières et de Juranville.

» Général CROUZAT. »

Général en chef à général des Pallières, Chilleurs; à général Chanzy, Saint-Péravy; général Martineau, Chevilly; général Peytavin, Gidy; colonel Chappe, Cercottes.

N° 5096. « 30 novembre, 1 h. 50 m. soir.

» Complétez cette après-midi vos cartouches, 90 par hommes, et prenez trois jours de vivres, c'est-à-dire jusqu'au 3 inclus. Informez-vous si vos convois sont approvisionnés pour plusieurs jours.

» P. O., *le colonel sous-chef d'état-major,*

» Général TEISSIER. »

Général Crouzat à général des Pallières.

Sans numéro. « 30 novembre, 8 h. 45 m. soir.

» Je suis arrivé très-tard à mon bivouac devant Nibelles; je n'ai pas pu voir les positions. Demain, je vous enverrai, si faire se peut, celles de vos troupes qui sont à Chambon et Boiscommun.

» CROUZAT. »

11.

Général Crouzat à guerre, Tours; faire suivre géné-
*   ral d'Aurelle, Saint-Jean de la Ruelle; général*
*   des Pallières, Loury.*

Nº 5555.   « 30 novembre, 9 h. soir.

» En exécution de vos ordres, j'occupe ce soir,
avec mon corps d'armée, les positions suivantes :

» Une division à Chemant ;

» Une division à Nibelle ;

» Une brigade à Boiscommun, avec 2 bataillons du
15ᵉ corps.

» Le colonel commandant à Boiscommun me disant
qu'il y a 40,000 hommes aux environs, je me vois
obligé de l'autoriser à se retirer sur Nesploy et
Nibelle, s'il le juge convenable.

» Général CROUZAT. »

Général des Pallières à général en chef.

Nº 480.   « 1ᵉʳ décembre, matin.

» Nul bruit inquiétant ne se fait entendre du
côté du général Crouzat. Il a toujours avec lui
7,000 hommes du 15ᵉ corps. A Chambon, nous
avons eu hier un engagement satisfaisant.

» Général DES PALLIÈRES. »

Général Crouzat à guerre, Tours; à général d'Au-
relle, Saint-Jean de la Ruelle; à général des
Pallières, à Loury.

N° 561.   « Nibelle, 1er décembre, 5 h. 5 matin.

» Je considère comme certain que j'ai devant moi
des masses ennemies énormes; peut-être au jour
serai-je attaqué. Dans ce cas, je me retirerai sur la
lisière de la forêt qui est derrière moi, et de là,
aussi lentement que possible sur Ingranne, Sèchebrières et Combreux; la brigade que j'avais laissée
à Boiscommun a dû l'évacuer et me rallier pour
ne pas être enveloppée.

» Crouzat. »

Général des Pallières à général en chef.

N° 483.   « 1er décembre, 5 h. soir.

» Je viens de rendre visite au 20e corps, il est dans
l'état le plus misérable. Il lui manque 10,000 paires
de souliers, du campement pour 10,000 hommes,
tentes, couvertures, marmites, etc., 20,000 havre-
sacs. — Deux bataillons de mobiles sont en blouses.

» Veuillez le recommander à la sollicitude immédiate de l'intendant en chef. Le moral du corps
paraît se ressentir de ces privations; je vous écrirai
à ce sujet.

» Des Pallières. »

Tandis que j'étais allé visiter le général Crouzat à Nibelles, plusieurs dépêches étaient arrivées à Chilleurs. Les voici par ordre de dates :

Guerre à général en chef du 15ᵉ corps, Loury; général en chef du 16ᵉ, Saint-Péravy; general en chef du 17ᵉ, Coulmiers, Saint-Jean de la Ruelle; général en chef du 18ᵉ corps, Bellegarde. Faire suivre.

Nᵒ 5994.   « Tours, 1ᵉʳ décembre, 3 h. 55 m. soir.

» Grande victoire à Paris avec sortie du général Ducrot qui occupe la Marne. Le général en chef d'Aurelle vous donnera des instructions en rapport avec ce grand événement.

                    » DE FREYCINET. »

CIRCULAIRE DE SAINT-JEAN DE LA RUELLE.

Général commandant en chef l'armée de la Loire aux généraux des Pallières, Loury; Chanzy, Saint-Péravy; Bourbaki, Bellegarde; Crouzat, Bellegarde pour Nibelle; Martineau, Chevilly; Peytavin, Gidy.

Nᵒ 537.   « 1ᵉʳ décembre, 5 h. 35 m. soir.

ORDRE DU JOUR.

» Officiers, sous-officiers et soldats de l'armée de la Loire,

» Paris, par un sublime effort de courage et de patriotisme, a rompu les lignes prussiennes. Le général Ducrot à la tête de son armée marche vers nous ;

marchons vers lui avec l'élan dont l'armée de Paris nous donne l'exemple.

» Je fais appel aux sentiments de tous, des généraux comme des soldats. Nous pouvons sauver la France ! Vous avez devant vous cette armée prussienne que vous venez de vaincre sous Orléans, vous la vaincrez encore.

» Marchons donc avec résolution et confiance ! En avant sans calculer le danger ! Dieu protégera la France !

» Quartier général de Saint-Jean, 1er décembre 1870.

> » *Le général commandant en chef l'armée de la Loire,*
>
> » D'AURELLE. »

Le ministre de l'intérieur aux préfets, sous-préfets et généraux.

N° 37.   « Tours, le 1er décembre 1870, 8 h. soir.

» La délégation du gouvernement a reçu aujourd'hui jeudi , 1er décembre, la nouvelle d'une victoire remportée sous les murs de Paris , pendant les journées des 28, 29 et 30 novembre. Cette nouvelle avait été apportée à Tours par le ballon le *Jules-Favre*, descendu près de Belle-Ile en Mer. A quatre heures, M. Gambetta, membre du gouvernement , s'adressant à la foule réunie dans la cour de la préfecture, a confirmé en ces termes la grande et heureuse nouvelle : « Chers concitoyens, après soixante-douze jours d'un siége sans exemple dans l'histoire, tout entiers consacrés à préparer, à organiser les forces de la délivrance, Paris vient de jeter hors de ses murs, pour rompre le cercle de fer qui l'étreint, une nombreuse et vaillante armée, préparée avec prudence par des chefs consommés que rien n'a pu ébranler ni émouvoir. Dans cette laborieuse organisation de la victoire, cette armée a su attendre l'heure propice, et l'heure est venue. Excités, encouragés par les fortifiantes nouvelles venues d'Orléans, les chefs du gouvernement avaient résolu d'agir, et, tous d'accord, nous attendions depuis quelques jours, avec une sainte anxiété, le résultat de nos efforts combinés. C'est le 29 novembre au matin que Paris s'est ébranlé. Une proclamation du général Trochu a appris à la population cette résolution suprême, et avant de marcher au combat, il a rejeté la responsabilité du sang qui allait couler, sur la tête de ce ministre et de ce roi dont la criminelle ambition foule aux pieds la justice et la civilisation moderne.

» L'armée de sortie est commandée par le général Ducrot, qui, avant de partir, a fait, à la manière antique, le serment solennel devant la ville assiégée et devant la France anxieuse, de ne rentrer que mort ou victorieux. Je vous donne dans tout leur laconisme les nouvelles apportées par le ballon le *Jules-Favre* (un nom de bon augure et cher à la France), tombé ce matin à Belle-Ile en Mer.

» Le 29 au matin, la sortie dirigée contre la ligne d'investissement a commencé sur la droite par Choisy, l'Hay et Chevilly ; dans la nuit du 29 au 30, la bataille a persisté sur ces divers points.

» Le général Ducrot, sur sa gauche, passe la Marne le 30 au matin, il occupe successivement Mély et Montmesly ; il prononce son mouvement sur sa gauche, passe la Marne, et, adossé à la Marne, se met en bataille à Champigny et Bry.

» L'armée passe alors la Marne sur huit points, elle couche sur ses positions après avoir pris à l'ennemi deux pièces de canon.

» L'affaire a été rapportée à Paris par le général Trochu.

» Ce rapport, où on fait l'éloge de tous, ne passe sous silence que la grande part du général Trochu ; ainsi faisait Turenne. Il est certain qu'il a rétabli le combat sur plusieurs points, en entraînant l'infanterie par sa présence. Durant cette bataille, le périmètre de Paris était couvert par un feu formidable, l'artillerie fouillant toutes les positions de la ligne d'investissement. L'attaque de nos troupes a été soutenue pendant toute l'action par des canonnières lancées sur la Marne et sur la Seine. Le chemin de fer circulaire de M. Dorian, dont on ne saurait trop célébrer le génie militaire, a coopéré à l'action à l'aide de wagons blindés faisant feu sur l'ennemi. Cette même journée du 30, dans l'après-midi, a

donné lieu à une pointe vigoureuse de l'amiral La
Roncière, toujours dans la direction de l'Hay et
Chevilly. Il s'est avancé sur Longjumeau et a enlevé
les positions de tranchées des Prussiens, qui nous ont
laissé de nombreux prisonniers et encore deux
canons. A l'heure où nous livrons la dépêche de
Paris, un bataille générale doit être engagée sur
toute la ligne. L'attaque du sud, du 1er décembre,
doit être engagée par le général Vinoy. D'aussi
considérables résultats n'ont pu être achetés que par
de glorieuses pertes : deux mille blessés. Le général Renault, commandant le 2e corps, et le général
Lacharrière ont été blessés. Le général Ducrot s'est
couvert de gloire et a mérité la reconnaissance de la
nation. Les pertes prussiennes sont très-considé-
rables.

» Tous ces renseignements sont officiels, car ils sont
adressés par le chef d'état-major général le général
Schmitz.

   » *Pour extrait conforme,*

     » Léon Gambetta. »

» Le génie de la France, un moment voilé, réappa-
raît, grâce aux efforts du pays tout entier. La victoire
nous revient, et, comme pour nous faire oublier la
longue série de nos infortunes, elle nous favorise sur
presque tous les points. En effet, notre armée de la
Loire a déconcerté depuis trois semaines tous les

plans des Prussiens et repoussé toutes leurs attaques.
Leur tactique a été impuissante sur la solidité de nos
troupes, à l'aile droite comme à l'aile gauche. Étré-
pagny a été enlevé aux Prussiens et Amiens évacué
à la suite de la bataille de Paris. Nos troupes d'Orléans sont vigoureusement lancées en avant. Nos
deux grandes armées marchent à la rencontre
l'une de l'autre. Dans leurs rangs, chaque officier, chaque soldat sait qu'il tient dans ses mains
le sort même de la patrie ; cela seul les rend invin-
cibles. Qui donc douterait désormais de l'issue finale
de cette lutte gigantesque ?

» Les Prussiens peuvent mesurer aujourd'hui la
différence qui existe entre un despote qui se bat
pour satisfaire ses caprices et un peuple armé
qui ne veut pas périr. Ce sera l'éternel honneur
de la République d'avoir rendu à la France le sentiment d'elle-même ; et, l'ayant trouvée abais-
sée, désarmée, trahie, occupée par l'étranger, de
lui avoir ramené l'honneur, la discipline, les armes,
la victoire. L'envahisseur est maintenant sur la
route où l'attend le feu de nos populations soulevées.

» Voilà, citoyens, ce que peut une grande nation
qui veut garder intacte la gloire de son passé ; qui
ne verse son sang et celui de l'ennemi que pour le
triomphe du droit et de la justice dans le monde. La
France et l'univers n'oublieront jamais que c'est
Paris qui, le premier, a donné cet exemple, ensei-

gné cette politique : l'héroïque esprit de la révolution. Vive Paris ! Vive la France ! Vive la République
une et indivisible !

» LÉON GAMBETTA. »

Le 30 novembre au soir, M. de Freycinet s'était
rendu au quartier général où s'étaient réunis en conseil de guerre les généraux d'Aurelle, Borel, chef
d'état-major général, et Chanzy. Invité à m'y rendre
par le général en chef, j'avais trouvé la situation trop
critique pour quitter en ce moment mes troupes. Il
avait été décidé dans ce conseil qu'on marcherait en
avant sans délai. Les généraux Borel et Chanzy
étaient d'avis de concentrer l'armée avant d'exécuter
ce mouvement ; le général Chanzy, notamment, voulut discuter le plan apporté par le délégué de la guerre,
qui s'y refusa de la manière la plus acerbe, alléguant
qu'il avait été arrêté à Tours ; qu'il était exécutoire
et non à discuter ; à quoi le général Chanzy répondit : « Alors il n'y avait pas besoin de nous réunir,
il suffisait de nous l'envoyer par la poste. »

Général en chef à général des Pallières, Chilleurs.

Nº 546.   « 1ᵉʳ décembre, 10 h. 10 soir.

» Demain matin vous occuperez Chilleurs-aux-
Bois et Neuville avec votre 1ʳᵉ division. Je donne
l'ordre à la 2ᵉ division Martineau de se porter à
Ruan et à Aschères autant que possible. Je donne
également l'ordre au général Peytavin de se porter

en avant de Santilly en passant par Artenay. Le
général Chanzy se portera avec le 16e corps à
Allaines, Janville et Toury. Donnez deux régiments
de cavalerie au général Martineau et deux autres au
général Peytavin. Le général Crouzat appuiera un
peu à gauche, pour laisser moins d'intervalle entre
vous et lui. Dites à M. de Cathelineau de gagner,
s'il peut, avec ses francs-tireurs, aussitôt que possible la forêt de Fontainebleau en passant par la forêt
de Montargis.

» Le mouvement général commencera à huit
heures. Le grand quartier général demain à Chevilly
à onze heures.

» D'AURELLE. »

Ainsi donc le sort en est jeté; le ministre de la
guerre et son délégué sont arrivés à leurs fins. Les
conceptions aventureuses qu'ils caressaient depuis
longtemps et qu'ils avaient en vain essayé de faire
prévaloir dans le conseil de guerre du 12 novembre
à Orléans, vont s'exécuter.

Le général en chef a résisté; M. de Freycinet ne
lui a épargné aucun déboire, comme on peut s'en
rendre compte dans les ouvrages publiés par l'un
et l'autre sur la campagne.

Pour empêcher d'ailleurs la concentration de
l'armée, le délégué à la guerre s'est emparé, devant
l'ennemi, de la direction de trois des cinq corps
d'armée, les 17e, 20e et 18e, et de la 1re division du

15ᵉ corps. Il a enlevé à ce dernier corps d'armée son commandant, pour l'envoyer à Loury et à Chilleurs avec sa 1ʳᵉ division, le mettant ainsi à six lieues de ses deux autres divisions, dans l'impossibilité complète de leur donner aucun ordre, de telle sorte que le général en chef, chargé de ce soin, sera à la fois, au moment du combat, .commandant en chef et commandant de corps d'armée, et personnellement engagé pour son propre compte avec une minime fraction de ses troupes, alors que son attention devrait se porter, surtout, sur l'ensemble des mouvements généraux de son armée et de l'ennemi.

Ainsi M. de Freycinet fait mouvoir lui-même et absolument à sa fantaisie une partie de l'armée de la Loire; il place les corps sur le terrain de la façon qu'il juge bonne pour l'exécution de ses combinaisons; puis, le 30 novembre, réunit les généraux en conseil de guerre, et leur montrant une dépêche du général Trochu qui annonce que le général Ducrot a passé la Marne, que l'amiral La Roncière est à Épinay, conclut qu'il n'y a pas une minute à perdre pour marcher en avant, sous peine de laisser écraser l'armée de Paris entre l'armée de M. de Moltke et celle du prince Frédéric-Charles.

Sans doute il pensait, en agissant ainsi, forcer le général en chef, compromis par l'éparpillement de ses corps d'armée, à se montrer moins rebelle à ses combinaisons de marche en avant, dans l'espoir de ressaisir ses troupes pour les replacer dans des conditions moins dangereuses. Mais, comme on le verra, l'ennemi en disposa autrement, et le général d'Aurelle, accablé par la rapidité des événements, n'eut ni le temps ni la possibilité de refaire une concentration.

« Les généraux furent très-impressionnés, dit M. de Freycinet, des nouvelles que je leur communiquai, et avec un patriotisme qui les honore, n'hésitèrent pas à se porter à la rencontre du général Ducrot. »

Le voilà donc en action ce fameux plan du ministère de la guerre, tout entier conçu, exécuté même en partie sur le terrain par lui, ce plan qui devait sauver la France, malgré l'opposition du général en chef !

Aveuglé par son désir d'imposer ses conceptions fiévreuses, il lut dans les dépêches de Paris tout ce qu'il désirait, et précipita l'armée dans un grand désastre, qui décida irrévocablement la fortune contre nous, dans notre duel avec l'Allemagne.

Il ne pouvait en être autrement. Ce gouvernement, issu d'une révolution injustifiable au milieu des immenses malheurs de la patrie, formé d'une minorité factieuse et étrangère aux affaires, sentait bien qu'il ne pouvait se faire pardonner son usurpation criminelle et s'imposer au pays que par d'immenses services; dès lors, il devait le sauver, et le sauver seul.

Il le tenta audacieusement, au risque de consom-

mer sa ruine. L'administration supérieure du ministère de la guerre, composée de gens d'une aptitude
universelle, sans doute parce qu'ils n'avaient aucune
aptitude spéciale, fut poussée dans cette voie par
un entourage d'importants et de besoigneux de toute
espèce, soucieux avant tout de trouver des fonctions
lucratives, fussent-elles en opposition complète avec
leurs moyens ou avec les études que chacun d'eux
avait pu faire.

Les généraux étaient, du reste, parfaitement préparés par la centralisation excessive qui résulte de
la loi de 1832, à obéir sans murmurer aux ordres
de l'administration centrale. Aussi les hommes de
génie improvisés qui la dirigeaient alors les consi-
déraient-ils comme des machines qu'ils devaient
briser et mettre au rebut, dès qu'ils ne traduisaient
pas en faits victorieux les élucubrations de leur ima-
gination, se réservant, en tout cas, de rejeter l'insuccès sur leur manque d'action, leur pusillanimité
ou leur insuffisance.

Le doute ne peut rester dans l'esprit de personne
après la lecture de la dépêche du 4 décembre 1870
(trois heures 30 du matin), dans laquelle le ministère commence, en présence des premiers échecs, à
reprocher au général en chef le peu de concentration
de ses troupes, dont il était seul cause, et surtout
du factum de M. Gambetta en date du 5 décembre,
qui livre les généraux à la vindicte publique, moyen
commode de sauvegarder le patriotisme et le génie
du dictateur.

Je n'ai pas assisté au conseil de guerre du 30 novembre; je n'en connais les résultats que par les ordres des généraux présents, mais je reste persuadé, pour ma part, que l'erreur commise par M. Gambetta, quand il parle de l'armée de Paris et de l'amiral La Roncière qui s'est avancé jusqu'à Épinay-sur-Orge, au lieu d'Épinay-lez-Saint-Denis, est volontaire [1]. Cette dernière position, qu'il ne lui était pas permis d'ignorer, est au nord de Paris, à trois kilomètres au plus des forts de Saint-Denis, tandis que l'autre, Épinay-sur-Orge, est une localité située au sud-est de Longjumeau, à quinze kilomètres des forts du sud de Paris, et séparée alors de la capitale par la triple ligne de l'investissement et des ouvrages prussiens.

C'est à l'aide de cette profonde étude de la carte que M. Gambetta conclut que les généraux Trochu et d'Aurelle sont à cinquante kilomètres l'un de l'autre, que les deux armées vont se donner la main, que l'heure suprême de la délivrance de la France et de la déroute des armées allemandes a sonné.

Le gouvernement de Paris, qui avait pris à cœur de relever notre honneur, entaché selon lui par nos premiers revers, avait dû pâlir sur la carte des fortifications et des environs de la capitale.

Il est difficile d'admettre que M. Gambetta, chargé d'emporter en province une partie de son

----

[1] *La Guerre en province*, page 140, et *erratum* au verso du titre de la sixième édition.

souffle puissant et de ses espérances, ait pu commettre une si grossière et si regrettable erreur géographique, sans connaissance de cause. Dans le cas contraire, que deviennent les prétentions militaires de M. Gambetta et de son délégué?

Si on veut bien admettre que ce n'est pas un crime de s'aveugler sur son insuffisance, quand on est emporté par un patriotisme trop ardent, il faut convenir qu'il n'est pas d'un grand cœur d'en faire retomber les conséquences et d'en rejeter la responsabilité sur ses subordonnés, alors qu'on a tout conçu, tout dirigé, et que malheureusement un désastre s'en est suivi.

Certes, il est dur, après avoir rêvé de devenir le sauveur d'un grand peuple, de retomber tout d'un coup sur la triste réalité du rôle d'ambitieux désappointé; cependant les cœurs honnêtes demeurent respectables jusque dans leurs fautes, s'ils ont consciencieusement rempli leur devoir envers le pays et envers eux-mêmes.

Je demande pardon aux lecteurs de cette digression; mais je désire les mettre en garde contre l'apparence modeste et sincère du livre de M. de Freycinet, et leur faire toucher du doigt la cause de la complète discordance de ce récit, appuyé sur des dépêches incontestables, avec celui de la délégation à la guerre.

C'est faire acte de bon citoyen que de présenter à la France, dans toute leur vérité, les événements dont elle a été la victime, afin qu'elle ne remette plus ses destinées aussi facilement entre les mains des agitateurs, qui ne fomentent les troubles que pour s'emparer du pouvoir et y asseoir leur fortune et celle de leurs amis, faisant passer leurs intérêts avant ceux de la chose publique, et ne craignant pas, après avoir couvert de ruines leur pays, de se présenter devant lui comme ses vrais, ses seuls défenseurs.

C'est à ce titre, et pour bien faire ressortir l'esprit dans lequel a été écrit l'ouvrage de M. de Freycinet, que je citerai les trois dépêches suivantes, bien qu'elles appartiennent à la période de la guerre qui concerne l'armée de l'Est.

Chacun se rappelle avec quelle répugnance la France vit le gouvernement appeler à son aide ces condottieri étrangers, ces entrepreneurs de révolution universelle, qui accoururent, comme une nuée de corbeaux, à la curée, sous la conduite de Garibaldi. Chacun sentait bien qu'on déshonorait la sainteté de notre lutte nationale, et que la honte en rejaillirait sur la patrie. Nos gouvernants, au contraire, n'avaient pour ces gens-là qu'éloges emphatiques, bulletins glorieux, pendant qu'ils abreuvaient nos généraux des accusations les plus injustes. Mettons donc en pleine lumière le jugement qu'ils portaient eux-mêmes, à l'époque de l'action, sur ces prétendus héros, ces comparses aux uniformes d'opéra-comique, qui devaient sauver la république et l'établir à jamais chez nous, puisque

12.

M. de Freycinet continue à les montrer au public sous le jour le plus honorable et le plus brillant.

Le 19 janvier, le général Bordone, chef d'état-major de Garibaldi, recevait du ministère de la guerre une dépêche ainsi conçue :

Guerre à général Bordone, Dijon.

• Bordeaux, 19 janvier 1871, 2 h. 50 m. soir.

» Je ne comprends pas les incessantes questions que vous me posez pour savoir qui commande, non plus que les difficultés qui surgissent toujours au moment où, dites-vous, vous allez faire quelque chose.

» La situation est bien simple : vous commandez l'ancienne armée des Vosges et les mobilisés de l'Isère; vous avez pleins pouvoirs pour défendre tout le pays, et vous jouissez naturellement des mêmes prérogatives que tous les commandants en chef.

» Vous êtes le seul qui invoquez sans cesse des difficultés et des conflits, pour justifier sans doute votre inaction.

» Je ne vous cache pas que le gouvernement est fort peu satisfait de ce qui vient de se passer. Vous n'aurez donné à l'armée de Bourbaki aucun appui, et votre présence à Dijon a été absolument sans résultat pour la marche de l'ennemi de l'Ouest à l'Est.

» En résumé, moins d'explications et plus d'actes. Voilà ce qu'on vous demande.

» DE FREYCINET. »

Cette dépêche ne me surprend pas, et je l'approuve en tous points, mais je reste confondu en présence de la suivante :

Guerre à général Bourbaki.

« Bordeaux, 24 janvier 1871, 9 h. 40 m. matin.

«   .   .   .   .

.   .   .   .

.   . Vous n'avez aujourd'hui qu'un parti à prendre, c'est de reconquérir immédiatement et sans perdre une minute les lignes de communication perdues, et de prévenir la chute de Dijon, que les tentatives renouvelées de l'ennemi pourraient amener, *malgré l'héroïsme de Garibaldi.* .   .   .   .

» DE FREYCINET. »

Il est difficile de ne pas être saisi d'une profonde indignation devant une pareille duplicité, et de ne pas déplorer les conséquences funestes qu'elle devait avoir pour l'armée de l'Est, invitée à s'appuyer résolûment sur ce triste fantoche militaire qui devait livrer sans combat les importantes positions qu'on lui confiait.

De tout cela, ainsi que je l'ai dit plus haut, le délégué à la guerre ne dit pas un mot, et cependant que de tendresse, que d'éloges pour ces généraux bruyamment républicains ! A ceux-là les épithètes de vaillants, d'habiles, d'héroïques, ne sont pas ménagées ! Et si le succès n'a pas couronné leurs efforts, c'est que les autres, les douteux, ceux qui s'occupaient de sauver la France d'abord, et qui avaient la prétention d'examiner les plans du cabinet de la guerre, étaient des gens incapables, indécis, dont la pusillanimité et l'insuffisance ont compromis les opérations. Mais quand on a tiré un particulier d'une pharmacie et de la police correctionnelle, pour le nommer général de brigade et chef d'état-major d'une armée, je conviens qu'il est dur de venir ensuite dire au pays : Je me suis absolument trompé, j'aurais pu faire un meilleur choix.

Voici deux autres dépêches, celles-là du général Cremer, autre républicain de la dernière heure, sans doute nommé général de division pour avoir décrié ses chefs et violé sa parole à l'armée de Metz. Je les livre au public militaire sans appréciation; elles lui donneront une idée du sans-façon et du sérieux apportés dans les opérations des armées par l'un des héros de M. de Freycinet, dont le quartier général était toujours au café du lieu, et qui n'a pas craint de maltraiter de véritables généraux, honnêtes et braves soldats que le délégué plaçait momentanément sous ses ordres.

C'est sur de pareils éléments que devait s'appuyer le général Bourbaki pour exécuter ce fameux plan qui l'envoyait dans l'Est.

Général Cremer à général Martineau commandant
le 15ᵉ corps, Besançon (faire suivre, Clerval).

« Besançon, 8 janvier.

» La guerre a nommé mon aide de camp Cremer
lieutenant au régiment étranger. Pouvez-vous me
l'envoyer à Gray pour le 10 ? Il me serait très-utile.

» CREMER. »

Général Cremer à général commandant le 15ᵉ corps,
Bourbaki.

« Ornans, 14 janvier.

» Ne comprends pas bien votre dépêche tronquée
par le télégraphe.

» En tout cas, faites rejoindre par Gray le régiment étranger et la 2ᵉ division du 15ᵉ corps. Retien-
drai mon frère au passage.

» CREMER. »

Ainsi, il paraissait tout simple à M. Cremer de
modifier l'ordre de route d'une division dans une armée manœuvrant devant l'ennemi, pour qu'il pût
prendre avec lui son frère, lieutenant dans un régiment de cette division.

En vérité, n'est-ce pas le grotesque mêlé au drame
le plus sinistre ?

Ces dépêches suffiront, je l'espère, au lecteur pour l'édifier sur la sincérité du livre de M. de Freycinet.

Je reprends donc mon récit où je l'ai laissé, c'est-à-dire le 1ᵉʳ décembre, au moment où l'armée de la Loire, qui occupe un front immense, se met en marche pour aller se heurter à la concentration que vient d'opérer en avant d'elle le prince Frédéric-Charles.

CHAPITRE V.

1er décembre : Préparatifs de la 1re division du 15e corps pour se
conformer au mouvement de conversion en avant de l'aile gauche, qui a lieu sur Neuville et Chilleurs comme pivot. — 2 décembre : Le délégué à la guerre remet au général en chef le
commandement direct de tous les corps d'armée. — La 1re division du 15e corps reçoit à huit heures du soir, du général en
chef, l'ordre de préparer une démonstration en avant de Montigny pour la journée du 3. — 3 décembre, à cinq heures du
matin : Contre-ordre du général en chef; la division doit aller
reprendre le plus tôt possible ses positions de Saint-Lyé et de
Chevilly, à cause de l'insuccès du général Chanzy. — L'ennemi
nous attaque au point du jour. — Combat d'artillerie pour permettre au convoi de gagner du terrain. — Combat d'infanterie
pour protéger la retraite de l'artillerie quand toutes les munitions
sont épuisées. — Le général Minot, commandant à Neuville 5 à
6,000 hommes de la 1re division, reçoit l'ordre de se retirer sur
Orléans par la route de Rébréchien : il prend la route de Loury.
Conséquences fâcheuses de cette erreur. — Les troupes de
Chilleurs sont dirigées sur Chevilly, conformément aux ordres
du général en chef reçus le matin. — Chevilly étant occupé, elles
sont dirigées sur Cercottes, puis sur Orléans. — Circulaire de
Tours, 3 décembre, onze heures du soir, en contradiction avec
les précédentes. — 4 décembre : Le général d'Aurelle, qui a
ordonné la veille la retraite de tous les corps, change ses dispositions et veut organiser la défense d'Orléans. — Difficultés insurmontables qui se présentent. — Le général des Pallières est
chargé de la direction des opérations dans Orléans. — Vers huit
heures du soir, l'ennemi demande à parlementer au faubourg
Saint-Jean. — Dépêche du général des Pallières au gouvernement. — Rectification de quelques passages du livre du général
d'Aurelle, concernant la 1re et la 3e division du 15e corps.

Il était onze heures du soir, le 1er décembre, quand
je reçus à Chilleurs la dépêche qui suit :

Général d'Aurelle à général des Pallières.

N° 546.   « Saint-Jean de la Ruelle, 10 h.
                                10 m. soir.

» Demain matin, vous occuperez Chilleurs-aux-Bois et Neuville avec votre 1re division. Je donne l'ordre à la 2e division Martineau de se porter à Ruan et à Aschères autant que possible. Je donne également l'ordre au général Peytavin de se porter en avant de Santilly, en passant par Artenay.

» Le général Chanzy se portera avec le 16e corps à Allaines, Janville et Toury.

» Donnez deux régiments de cavalerie au général Martineau et deux autres au général Peytavin.

» Le général Crouzat appuiera un peu à gauche, pour laisser moins d'intervalle entre vous et lui.

» Dites à M. Cathelineau de gagner s'il peut avec ses francs-tireurs, aussitôt que possible, la forêt de Fontainebleau en passant par la forêt de Montargis. Le mouvement général commencera à huit heures.

» Le grand quartier général à Chevilly demain à onze heures.

              » *Le général en chef,*

                  » D'AURELLE. »

Je donnai immédiatement tous les ordres nécessaires, pour exécuter le mouvement sans délai, aux troupes de la 1re division.

L'intendance fut invitée à faire diligence pour assurer le ravitaillement prompt et certain des troupes du 15ᵉ corps. La portion de la réserve d'artillerie restée à Cercottes reçut l'ordre de suivre le mouvement de la 2ᵐᵉ division.

Je priai en même temps le colonel commandant le génie du corps d'armée de faire détruire les coupures en avant de Chilleurs et de Neuville et de mettre en état les routes conduisant à Pithiviers.

Général des Pallières à général Crouzat.

Nº 575.   « 2 décembre, 1 h. matin.

» Le général en chef en me donnant avis du mouvement de conversion qui va s'opérer aujourd'hui par la gauche de l'armée, me prévient que je reste avec ma 1ʳᵉ division à Chilleurs et Neuville, et que vous devrez appuyer un peu à gauche, pour laisser moins d'intervalle entre nous. Il en résulte que je pense que vous occuperez Courcy ; les troupes que j'y laisse me rejoindront quand vous y arriverez.

» Je vous prie de me renvoyer de suite les deux bataillons de zouaves et l'artillerie de ma 1ʳᵉ division qui sont avec vous. Le colonel Cathelineau reçoit l'ordre par la lettre ci-jointe, que je vous prie de lui faire remettre le plus tôt possible, de chercher à gagner la forêt de Fontainebleau par celle de Montargis dès qu'il pourra. Je l'engage à vous laisser deux obusiers

de montagne de la légion bretonne qui le gêneraient
dans ce mouvement.

» DES PALLIÈRES. »

Dans la même journée, j'envoyai au même général une autre lettre ainsi conçue :

Général des Pallières à général Crouzat.

Nº 579.

« D'après les renseignements que je reçois du général en chef et dont je vous envoie la teneur, vous
devez appuyer un peu de mon côté dans le mouvement de rabattement qui s'effectue de la gauche à la
droite sur Pithiviers. Il est clair que plus nous serons
rapprochés l'un de l'autre, plus nos positions se for-
tifieront mutuellement. Nous ferions bien d'occuper
Courcy avec une partie de vos forces, conjointement
avec les miennes.

» Si dans leur mouvement sur la droite, mes divisions de gauche recevaient une direction à droite
plus prononcée, la portion de troupes que vous aurez
placée à Courcy irait vous rejoindre par la traverse
qui passe à Vrigny et qui suit les routes nᵒˢ 3 et 30.
D'après une longue dépêche télégraphique qui ne
vous est peut-être pas parvenue, le général Ducrot
est sorti de Paris. Le général Vinoy devait sortir
dans la journée d'hier.

» Le 30, nos forces avaient déjà dépassé Longjumeau [1]. Le mouvement qui se fait à notre gauche ne paraît pas rencontrer de résistance sérieuse.

» Dans la journée d'hier, le 16ᵉ corps avait chassé l'ennemi de toutes ses positions.

» DES PALLIÈRES. »

Le général Crouzat me répondit :

« Nibelle, 2 décembre 1870.

» Aussitôt que le 18ᵉ corps m'aura remplacé à Neploy, je me hâterai d'appuyer à gauche et d'occuper Courcy. Dans ce moment ma ligne de bataille a au moins dix kilomètres, et il m'est impossible de l'étendre davantage.

» Je pense que le 18ᵉ corps arrivera aujourd'hui de Bellegarde, et si cela est, je pourrai demain commencer mon mouvement vers la gauche.

» Général CROUZAT. »

Général des Pallières à général Crouzat.

Nᵒ 581. « 2 décembre.

» Je reçois à l'instant votre lettre de ce jour, et pour vous éviter de trop étendre votre ligne de bataille sans toutefois cesser d'être en relation avec moi, je crois qu'il n'y a pas lieu que vous fassiez occuper Courcy, où j'ai déjà cinq bataillons.

» Si vous participez au mouvement en avant qu'il

[1] Voir la proclamation de M. Gambetta, citée page 170.

est déjà permis de prévoir, il suffira que votre gauche remonte de Chambon à Ascoux, pour concourir
avec mon aile droite à l'attaque de ce dernier village
et de Bouzonville. Une fois ces deux villages empor-
tés, vous pourrez, suivant les circonstances, appuyer
à votre droite sur la route de Beaune à Pithiviers.

» Le mouvement de mon aile gauche doit s'opérer
sans entrave, car les troupes ont occupé sans coup
férir les positions en avant d'Aschères et de Ruan.

» Des Pallières. »

Sur ces entrefaites arriva de Tours, en communication, une dépêche adressée au général en chef.

*Guerre à général en chef, armée Loire, Saint-Jean
de la Ruelle ; faire suivre à commandants en chef
17ᵉ corps, Saint-Jean ; 15ᵉ corps, Loury ; 16ᵉ corps,
Patay ; 18ᵉ corps, Bellegarde ; 20ᵉ corps, Bellegarde.*

Nᵒ 5496.   « Tours, 2 décembre, 4 h. 55 m. soir.

» *Il demeure entendu qu'à partir de ce jour et par
suite des opérations en cours, vous donnerez directement vos instructions stratégiques aux 15ᵉ, 16ᵉ,
17ᵉ, 18ᵉ et 20ᵉ corps.*

» *J'avais dirigé jusqu'à hier le 17ᵉ. Je vous laisse
» ce soin désormais.*

» *D'après l'ensemble de mes renseignements, je*

ne crois pas que vous trouviez à Pithiviers ni sur les autres points une résistance prolongée.

» Selon moi, l'ennemi cherchera uniquement à masquer son mouvement vers le nord-est, à la rencontre de Ducrot. La colonne à laquelle vous avez eu affaire hier et peut-être aujourd'hui n'est sans doute qu'une fraction isolée qui cherche à vous retarder. Mais, je le répète, le gros doit filer vers Corbeil. En ce moment, Châteaudun est réoccupé par nous. »

Général commandant en chef au général des Pallières, à Chilleurs.

N° 562.   « Artenay, 2 décembre 1870, 8 h. soir.

» On s'est battu jusqu'à la nuit ; je suis encore sans nouvelles de Chanzy, mais d'après la direction du feu de l'ennemi, après s'être maintenus dans leurs positions jusqu'à la nuit, les Prussiens ont dû battre en retraite après avoir éprouvé des pertes sérieuses, au dire de quelques officiers prisonniers. Pendant quelque temps, la division Peytavin a été vivement engagée et menacée d'être débordée sur la gauche. La réserve d'artillerie a arrêté le mouvement de l'ennemi, mais j'ai cru devoir appeler la division Martineau.

» Je suis à Artenay avec 2 divisions du 15ᵉ corps et réserve d'artillerie.

» Le départ de Martineau a découvert Saint-Lyé,

qu'il faudrait faire occuper dès aujourd'hui, si c'est possible. Que s'est-il passé devant vous? Avez-vous cherché à savoir si Pithiviers était fortement occupé et si les forces que vous avez devant vous ont fait quelque mouvement? Avez-vous des nouvelles de Crouzat et du 18e corps?

» Il serait bon que vous puissiez faire une démonstration demain dans la journée. Entendez-vous à cet effet avec le général Bourbaki, qui commande les 18e et 20e corps, afin de faire cette opération en même temps que lui. ·

» D'AURELLE. »

Je répondis :

Général des Pallières à général en chef. Artenay.

Nº 487.   « 2 décembre, 9 h. soir.

» Je n'ai pas de renseignements sur l'occupation de Pithiviers. Ce soir, de cinq heures un quart à sept heures un quart, un grand mouvement d'artillerie a paru se faire à l'ouest du village des Brosses dans la direction de Montigny, où semblent se concentrer de nombreuses troupes, surtout de la cavalerie. Pas de nouvelles du général Crouzat, ni du 18e corps. Je fais fortement occuper Villereau, afin de couvrir Saint-Lyé.

» DES PALLIÈRES. »

Ainsi, c'est à partir du 2 décembre, à quatre heures cinquante-cinq minutes du soir, que M. de Freycinet remet au général en' chef, dont l'aile gauche combat depuis la veille au matin, la libre disposition des 18ᵉ, 20ᵉ et 17ᵉ corps, qu'il a jusqu'alors dirigés lui-même et établis dans les positions qu'ils occupent à cette heure.

Par suite, il demeure bien avéré, que le général en chef n'avait pas encore été le maître d'opérer sa concentration ; si à partir de ce moment il eût voulu remédier à cette fâcheuse situation de l'armée, il n'eût pu le faire que par un mouvement de la droite à la gauche, sous les yeux de l'armée prussienne tout entière et en avant de la forêt d'Orléans, puisque toutes les routes intérieures de l'ouest à l'est étaient défoncées, coupées ou labourées.

Dans cette hypothèse, une attaque de flanc de l'ennemi n'était-elle pas certaine ? et n'eussions-nous pas été, dans la confusion de cette concentration, certainement rejetés dans les bois sans pouvoir nous remettre en bataille d'une façon avantageuse ? Le matériel fût tombé alors sans aucun doute aux mains de l'ennemi, au milieu de la déroute générale.

Néanmoins, comme on le voit par la dépêche n° 562 du général en chef, la situation était tout d'un coup devenue très-périlleuse par suite de la résistance trouvée par la 3ᵉ division en avant d'Artenay; il avait dû appeler à son secours la division Martineau poussée jusqu'à Aschères et Ruan dans la journée du 2, et le départ de cette division mettait un espace de 12 kilomètres entre la gauche de la 1ʳᵉ division, occupant elle-même un front de vingt-quatre kilomètres, et ce point. En outre, la 2ᵉ division, en venant au secours de la 3ᵉ, faisait une route de nuit qui devait épuiser ses hommes ayant déjà marché toute la journée du 2.

Le seul parti à prendre pour le général en chef était donc de combattre dans les positions actuelles, quelque mauvaises et dangereuses qu'elles fussent.

Malheureusement les dernières illusions que cherchait à nous donner M. de Freycinet devaient promptement s'évanouir, pour nous laisser désarmés, éparpillés, en présence de la plus funeste réalité.

Au milieu du désastre qui se prépare et que tous nous sentons prêt à fondre sur nous, M. le délégué à la guerre, inconscient de la gravité des événements, écrit avec une sérénité parfaite du fond de son cabinet à la France anxieuse, le bulletin suivant, destiné sans doute à lui redonner la plus entière confiance dans les mains qui conduisent ses destinées.

CIRCULAIRE DE TOURS.

Intérieur à préfets et sous-préfets et à tous les
généraux.

N° 5335.   « 2 décembre 1870, 12 h. 30 soir.

» Le nouveau mouvement en avant de l'armée de la Loire a débuté par un succès.

» Le 16ᵉ corps a trouvé l'ennemi fortement établi de Guillonville à Terminiers. Malgré la résistance énergique de l'ennemi, qui comptait au moins 20,000 hommes et de 40 à 50 canons, on a enlevé successivement, outre les premières positions de l'ennemi, celles de Nonneville, Villepion et Faverolles. Nos troupes ont vigoureusement enlevé les villages à la baïonnette.

» L'artillerie a été remarquable, nos pertes sont peu graves, celles de l'ennemi considérables.

» Nous avons de nombreux prisonniers. Les honneurs de la journée sont à l'amiral Jauréguiberry. »

J'avais écrit au général Bourbaki la dépêche suivante :

Général des Pallières à général Bourbaki, commandant 18ᵉ et 20ᵉ corps.

Nᵒ 487.   « 2 décembre, 10 h. soir.

» Que s'est-il passé de votre côté? Obligé de renforcer ma gauche, je suis forcé d'évacuer Courcy. Je vous prie de faire occuper ce point par 3 bataillons et de l'artillerie demain avant midi, heure à laquelle je compte faire une démonstration en avant de Montigny.

» Vous pourriez en faire une au même moment en avant de vous, si vous êtes en mesure. Renseignez-moi, afin que je donne avis au général en chef qui me prescrit cette démonstration.

» DES PALLIÈRES. »
13.

Nous étions dans l'attente la plus anxieuse des nouvelles du quartier général; tout était prêt pour la démonstration du lendemain, quand le matin, à cinq heures vingt minutes, quel ne fut pas mon étonnement en recevant la dépêche qui suit du général en chef !

Général en chef à général des Pallières, Chilleurs.

N° 571.   « Artenay, 3 décembre, 4 h. 50 matin.

» Revenez dès aujourd'hui et le plus tôt possible reprendre vos positions anciennes de Saint-Lyé et de Chevilly avec toutes les forces possibles et ne laissant que ce qui est nécessaire pour garder la forêt. Le mouvement en avant fait par le général Chanzy, soutenu par vos 2e et 3e divisions, n'a pas réussi. Ordre est donné d'occuper les anciennes positions devant Orléans.

                                    » D'AURELLE. »

Or voici quelle était ma situation à ce moment. Tous les ordres étaient donnés et les troupes en position pour marcher en avant sur Montigny dans la matinée. Pendant la nuit, un grand mouvement d'artillerie s'était opéré en avant de nous; j'en avais été prévenu par un rapport du commandant des avant-postes de Santeau :

RAPPORT.

                « Santeau, 2 décembre, dans la nuit.

» Un lieutenant de franc-tireurs, M. Roger, vient

me rendre compte qu'un grand mouvement d'artillerie qui a commencé à cinq heures un quart (c'est-à-
dire à la nuit) et ne s'est terminé qu'à sept heures un
quart, a eu lieu à l'ouest du village des Brosses.

» La marche était dans la direction de Montigny
(Pithiviers à Montigny) directement opposée à toutes
celles suivies dans la journée.

» Vers Montigny, semblent se concentrer, d'après le
dire du même officier, de nombreuses troupes, surtout de la cavalerie. Ce qui le confirme dans sa supposition, c'est l'audace avec laquelle on l'a attaqué
sur la fin de la journée.

   » *Le commmandant du 4ᵉ bataillon de chasseurs,*

                            » F. SICCO.

   » *P. S.* Mes divers postes me confirment le dire du
lieutenant de francs-tireurs. »

   J'écrivis donc de suite au général Crouzat et au
général Bourbaki pour les informer du changement
apporté dans mon mouvement.

Général des Pallières à général Crouzat, Bellegarde,
                  20ᵉ corps.

Nº 488.   « 3 décembre, 5 h. 30 m. matin.

   » Le général en chef me fait connaître que le mouvement de notre aile gauche n'a pas réussi. Il me

donne l'ordre de reprendre nos anciennes positions
de Saint-Lyé et de Chevilly.

» Je fais évacuer Courcy, en ne laissant sur la
route en arrière de la forêt que deux bataillons pour
la défendre.

» Faites-moi connaître les instructions que vous
recevez du général en chef, afin que je puisse coordonner mes mouvements avec les vôtres.

» Des Pallières. »

*Général des Pallières à général Bourbaki, commandant
le 18ᵉ corps, Bellegarde.*

Nº 489.   « 3 décembre, 5 h. 30 m. matin.

» Faites de suite prévenir le colonel Cathelineau
de venir reprendre la défense de la forêt. Je dirige
sur Ingrannes un bataillon de tirailleurs à ses ordres.

» Des Pallières. »

Pour moi, l'attaque possible de l'ennemi au point
du jour ne faisait plus un doute. Il fallait d'abord
prendre les dispositions nécessaires pour exécuter
l'ordre du général en chef, de me porter à son
secours à Chevilly avec toutes les forces disponibles;
il fallait aussi laisser assez de troupes pour garder les
défilés de la forêt.

J'avais donc une marche de flanc à faire en présence de l'ennemi, comme celle que la 2ᵉ division

du 15ᵉ corps avait eu la veille à exécuter pour
se porter au secours de la 3ᵉ. La certitude de l'attaque de la part de l'ennemi me faisait considérer
d'avance comme insuffisantes les troupes que je
laisserais pour sauvegarder le défilé de Chilleurs.
D'un autre côté, comme le général en chef ne me
parlait pas dans sa dépêche du 18ᵉ ni du 20ᵉ corps
placés sous le commandement supérieur du général
Bourbaki, je ne doutai pas un instant que ces corps
n'eussent reçu des ordres pour se porter en arrière
de mes emplacements, dans la trouée de la forêt,
vers Marigny ou Vennecy, afin d'y arrêter un mouvement tournant sur nos derrières ; leur marche
directement sur Chilleurs et Neuville était déjà impraticable.

C'est dans cet ordre d'idées que je me plaçai, pour
exécuter le mouvement que la détresse du général en
chef me commandait.

Ainsi que je l'ai expliqué, il m'était impossible de
prendre la route extérieure de la forêt conduisant de
Chilleurs à Saint-Lyé et Chevilly par Neuville. Je
donnai immédiatement l'ordre à mon convoi, qui s'é-
tait rapproché de Chilleurs en vue du mouvement
offensif préparé sur Montigny, d'envoyer à Neuville
et à Villereau les moyens de compléter quatre jours
de vivres en prévision de toute éventualité, puis de
retourner en diligence sur Orléans avec les réserves
de munitions, pour revenir par Cercottes nous rejoindre à Chevilly.

En même temps que j'écrivais aux généraux Bourbaki et Crouzat, je rendis compte au général en chef
de mes préparatifs pour me rendre à ses ordres.

Général des Pallières à général en chef, Artenay.

N° 490.   « 3 décembre, 6 h. matin.

» Toutes dispositions pour aller occuper anciennes
positions sont prises. Je fais prévenir le colonel
Cathelineau de reprendre la défense de la forêt; je
lui laisserai un bataillon de tirailleurs. Je fais occuper Saint-Lyé et Villereau. Ne pourrai partir que ce
soir avec troupes; ne peux laisser Chilleurs occupé.

» DES PALLIÈRES. »

Le commandant des troupes à Courcy reçut l'ordre
suivant :

N° 97.

» Monsieur le commandant des troupes à Courcy
est prévenu, que le mouvement de l'aile gauche
de l'armée n'ayant pas réussi, des ordres sont
donnés pour que la 1re division reprenne à Chevilly et à Saint-Lyé les positions qu'elle occupait
avant le mouvement en avant. En conséquence,
il fera immédiatement filer en arrière de lui son convoi par la forêt; les voitures suivront la grande route
jusqu'à Orléans pour remonter jusqu'à Chevilly. Les
voitures régimentaires, si elles ne peuvent passer
par l'allée de Nibelle, rejoindront Loury, en passant

par Sully-la-Chapelle, Trainou. Dès à présent, prenez position à l'entrée de la forêt avec deux bataillons et votre artillerie, et renvoyez le reste de vos troupes à Saint-Lyé en passant par l'allée de Nibelle. La voiture de la batterie d'artillerie de montagne sera obligée de descendre jusqu'à Orléans, pour rentrer à Chevilly, où cette batterie sera envoyée ultérieurement.

» Faites prévenir les cavaliers de relais sur la route de rentrer à Chilleurs.

» Le bataillon des tirailleurs qui est à Courcy devra rejoindre M. de Cathelineau; faites-le partir de suite. »

Ces dispositions prises, lorsque le jour se fit, je fus prévenu que l'ennemi se concentrait en face de nous pour nous attaquer. Monté dans le clocher de Chilleurs, il me fut facile de juger distinctement de ses mouvements.

A droite du village des Brosses, sa nombreuse artillerie vint s'établir en bataille au nombre de douze batteries; l'infanterie s'avançait en masse par la route de Pithiviers vers Santeau et prenait position, la première partie sur cette route, et la deuxième, appuyant à droite, fut bientôt masquée par les bois, paraissant se diriger soit sur Courcy, soit sur la forêt entre Chilleurs et Courcy, dans l'intention de nous couper notre ligne de retraite. Nous

avions affaire à tout un corps d'armée, le 3ᵉ corps
prussien.

J'ordonnai de suite à un régiment de dragons de la
division de cavalerie, de se porter sur la route en
arrière du vieux Santeau vers la droite, afin de surveiller le mouvement de cette colonne d'infanterie
ennemie.

Le reste de la division de cavalerie avait reçu
l'ordre de se rendre à Saint-Lyé.

Chilleurs-aux-Bois est un village situé dans un
fond, à deux kilomètres environ en avant de la forêt d'Orléans ; c'est une tête de défilé, mais la
défense de la position se trouve naturellement établie à deux kilomètres en avant du village de Santeau. Il se compose d'un petit groupe de maisons
d'assez pauvre apparence, au sommet d'un pli de
terrain, à cheval sur la grande route de Pithiviers
à Orléans par Montigny et Chilleurs.

L'aspect du lieu représente assez bien un redan
naturel dont le sommet serait à Santeau et dont les
côtés iraient se perdre dans la direction de Neuville
et de Courcy ; malheureusement les bois qui sont sur
la droite favorisent un mouvement tournant qu'il est
difficile de prévenir avec peu de troupes et qui rend
la position dangereuse. Dans les journées précédentes, nous avions fait quelques talus pour abriter nos
pièces de campagne et des tranchées-abris pour l'infanterie ; deux bataillons, le 4ᵉ bataillon de chasseurs
à pied et un bataillon d'infanterie de marine, y étaient

établis avec une batterie de pièces de 8 et une de 4.

Cette situation ne ressemble en rien à ces formidables retranchements défendus par cinquante pièces de position, dont parle un rapport de l'ennemi, cité dans l'ouvrage de M. de Freycinet.

En présence des dispositions des Allemands, il ne pouvait être question d'exécuter l'ordre du général en chef de se rendre à Chevilly sans combattre, car le convoi et la réserve d'artillerie n'ayant pu gagner une avance suffisante, fussent infailliblement tombés aux mains des cavaliers d'avant-garde de l'ennemi. Il était donc indispensable de gagner du temps; je pris mes dispositions en conséquence et résistai à toutes les instances qui me venaient de mon artillerie impatiente de commencer le feu.

Je n'avais à ma disposition que six batteries (trois de 8, deux de 4, une de canons à balles) et onze bataillons d'infanterie à opposer aux douze batteries et aux masses d'infanterie de l'ennemi.

Vers dix heures et demie, après avoir méthodiquement préparé leur attaque, les Prussiens engagèrent l'action par une canonnade furieuse; les nôtres ripostèrent de leur mieux, mais plusieurs caissons sautèrent malheureusement dès les premiers coups, causant de graves dommages. Malgré son immense infériorité, l'artillerie tira sur place avec la plus remarquable énergie, jusqu'à ce qu'elle eût presque vidé ses caissons et usé tous ses affûts et pièces de rechange.

Je m'étais rendu à Santeau, où je pus juger de la précision de l'ouragan de fer que dirigeait sur nous l'ennemi ; nos batteries étaient presque complétement démontées, nous perdions un grand nombre de nos chevaux, qui, blancs pour la plupart, étaient autant de cibles servant à diriger sur nous le pointage de nos adversaires. Les avant-postes d'infanterie, que j'avais fait renforcer, tenaient vaillamment en respect les masses prussiennes par un feu bien nourri de leurs tirailleurs, soutenus par huit mitrailleuses établies à Santeau, dont on distinguait le grincement lugubre au milieu de la canonnade et des feux de mousqueterie.

Vers midi, le colonel Massenet, commandant l'artillerie de la division, vint me prévenir qu'il était obligé de laisser une pièce sur le terrain, qu'il n'avait plus une roue de rechange, que ses attelages étaient décimés et ses munitions à peu près épuisées[1].

Je lui donnai l'ordre de partir vivement par la route d'Orléans et de venir nous rejoindre à Chevilly le plus tôt possible ; puis je pris mes dispositions pour battre en retraite avec l'infanterie, aussitôt après le passage de l'artillerie.

De Chilleurs à Loury, la route parfaitement droite va en montant dans la forêt jusqu'à l'allée de Nibelle, pendant un espace de plusieurs kilomètres.

[1] Voir ses rapports en note, page 232, et à l'Appendice.

La batterie de 8, dont la mission était de protéger la retraite, dut s'échelonner en s'étageant par sections sur la route, afin de contenir l'ennemi et de couvrir la marche de l'infanterie. Les chefs de corps reçurent l'ordre de se retirer en exécutant un passage de ligne bataillons déployés, puis, arrivés à la forêt, de jeter leurs troupes dans le bois à droite et à gauche de la route, pour la laisser libre à l'artillerie et éviter le danger de voir l'ennemi enfiler la colonne en retraite par le feu de quelques pièces de canon.

Ces prescriptions s'exécutèrent dans un ordre parfait qui fit le plus grand honneur aux troupes. Après avoir défendu pied à pied les abords de la forêt, derrière les haies et les fossés, notre infanterie, suivie par l'infanterie ennemie, qui n'osa s'engager à fond, se jeta résolûment dans les bois des deux côtés de la route, et après une marche des plus pénibles, à cause des flaques d'eau glacée qui par cette température rigoureuse obstruaient sa route, elle parvint à gagner l'allée de Nibelle sans pertes sérieuses.

La batterie de 8 prit alors au grand trot la route d'Orléans, tandis que nous nous engagions à droite dans la direction de Saint-Lyé et Chevilly.

Je ne crois pas qu'il soit besoin de faire un autre éloge des troupes de la 1re division, qui ont combattu dans la journée du 3 décembre.

Pendant l'affaire de Chilleurs, et avant que j'eusse donné l'ordre au télégraphe de se replier, je reçus une dépêche du général en chef ainsi conçue :

« J'entends le canon vers la droite, pourquoi ne faites-vous pas une démonstration en avant de vous ? »

Le général en chef, qui avait été engagé personnellement, dans la bataille du 2 décembre, avec deux des divisions de mon corps d'armée, avait sans doute oublié qu'au moment d'être repoussé d'Artenay sur Chevilly, alors que les 16° et 17° corps étaient obligés de se replier, il m'avait, dès le matin, donné l'ordre de le rallier à Chevilly avec le plus de troupes possible, par sa dépêche numéro 571, qu'il ne mentionne pas dans son ouvrage. Il paraissait ne se rappeler que l'ordre donné la veille de faire une démonstration en avant, pour alléger sa situation. Je lui répondis :

« Le canon que vous entendez est le mien ; je suis aux prises avec l'ennemi, qui m'a attaqué en avant de Chilleurs. »

Il n'avait pu être question le matin, en présence des événements qui se préparaient, de dégarnir Neuville, qui se trouvait sur notre route de Chilleurs à Chevilly. J'avais donc envoyé au général Minot, qui y commandait 7 ou 8 bataillons et 2 batteries, l'ordre de s'y maintenir quand même, puis de regagner Saint-Lyé vers la fin du jour. L'ennemi, dans la journée du 3 décembre, se borna à l'occuper par des démonstrations qui, toutes, furent repoussées avec fermeté.

En passant vers quatre heures à la hauteur de Neuville, c'est-à-dire en coupant la route de Loury et Rébréchien à Neuville, je rencontrai un paysan de ce village, qui se chargea de porter mes instructions au général Minot. Sachant combien était mauvais le chemin de Neuville à Saint-Lyé, et craignant, du reste, qu'il ne fût attaqué pendant ce trajet, je lui donnais l'ordre de se retirer par la route de Rébréchien, qui débouche sur la route d'Orléans à deux kilomètres et demi au-dessous de Loury, dans l'espoir que l'ennemi, qui avait combattu une partie de la journée, ne dépasserait pas ce point ce soir-là.

Malheureusement la nuit était noire, le sol couvert de neige, la forêt peu connue, de sorte que la colonne du général Minot se trompa de route et prit l'embranchement qui conduit directement sur Loury, où elle tomba sur le bivouac du 3e corps prussien qui nous avait attaqués le matin à Chilleurs.

Reçu à coups de fusil, le général Minot se rejeta dans la forêt, chercha à nous rallier par des routes transversales rendues, comme je l'ai dit, impraticables par des labours ou des coupures, et y laissa une bonne partie de son artillerie embourbée.

Cette colonne nous rejoignit le lendemain matin d'assez bonne heure dans les tranchées d'Orléans.

La partie de la 1re division que j'avais avec moi à Chilleurs arriva à Saint-Lyé vers six heures du soir; elle put faire la soupe dont elle avait grand besoin.

Je profitai de ce moment de repos pour savoir ce qui s'était passé à Chevilly; aucun habitant ne pouvait me donner de renseignements sérieux, et nul ne se souciait, même à prix d'or, d'aller par des chemins détournés porter une dépêche au général en chef. Je chargeai trois cavaliers bien montés de cette mission pour Chevilly, annonçant mon arrivée le soir même et celle de mon artillerie par Cercottes le lendemain matin.

Les cavaliers arrivèrent à la gare, et, sans doute trahis dans l'obscurité par leur manteau blanc, furent reçus par le cri de « Qui vive! » en français. Ils s'approchèrent sans défiance; la sentinelle fit feu, et aussitôt une décharge d'un poste prussien étendit par terre deux des cavaliers. Le troisième tourna bride et revint au galop m'avertir que Chevilly était entre les mains de l'ennemi.

Nous avions trouvé à Saint-Lyé la cavalerie, une partie des troupes de Courcy ; nous y fûmes rejoints par celles de Villereau ; à onze heures, nous nous mîmes en route pour Cercottes. Je pris les devants avec mon état-major et l'escorte, pour m'assurer que nous étions encore en possession de ce point. Cercottes était en effet occupé par les troupes de la 2ᵉ division du 15ᵉ corps.

Il était trois heures du matin; nos chevaux tombaient de fatigue. Je me rendis aussitôt au télégraphe, où je trouvai la dépêche suivante, datée du 3 décembre, à onze heures du soir, qui m'avait été adressée à Chilleurs :

Général en chef à général des Pallières, Loury, de
Cercottes.

« Mettez-vous en marche demain matin de bonne

heure pour vous rendre à Orléans, où la 1re division du 15e corps sera placée pour la défense de l'enceinte. Ne laissez derrière vous qu'une forte arrière-garde pour maintenir l'ennemi, dans le cas où il serait sur vos traces. Cette arrière-garde devra venir vous rejoindre dans la soirée.

» D'AURELLE. »

En même temps, je pris connaissance et copie d'une dépêche que le général en chef adressait au gouvernement de Tours, pour l'informer qu'il ne croyait pas possible de défendre Orléans, qu'en conséquence il ordonnait aux commandants des divers corps de se mettre en retraite, les 16e et 17e sur Beaugency et Blois, les 18e et 20e sur Gien et Argent, tandis que le 15e, se repliant directement sur Orléans, permettrait l'évacuation de l'immense matériel réuni dans cette ville, et effectuerait ensuite sa retraite vers Salbris.

J'allai ensuite chez le général Martineau, qui commandait la 2e division à Cercottes, après avoir prié mon chef d'état-major d'informer le quartier général de mon arrivée dans cette localité. Le général Martineau me mit au courant de la situation; je lui prescrivis alors de faire compléter de suite les vivres à trois jours pour ses troupes, et de faire filer aussitôt que possible sur Orléans son convoi et celui de la 3e division, leur ordonnant de passer de l'autre côté de la Loire, pour éviter l'encombrement.

De retour au télégraphe, j'y trouvai la dépêche suivante du général en chef :

14

« Je reçois avis que vous êtes à Cercottes et que la route de Chilleurs est entièrement ouverte à l'ennemi. Prenez vos dispositions pour défendre cette route et vous établir, votre gauche appuyée à la 2e division, votre droite s'étendant vers les Aubrais.

» D'AURELLE. »

On me remit aussi cette circulaire, bien faite pour étonner et indigner tous ceux qui connaissaient l'état de l'armée et les ordres du gouvernement qui l'avaient fait mouvoir jusqu'alors :

CIRCULAIRE DE TOURS.

Guerre à général en chef, armée Loire, Chevilly; général Chanzy, Saint-Péravy; général des Pallières, Loury; général Bourbaki, Bellegarde. Faire suivre.

N° 559.   « 3 décembre, 10 h. 50 soir.

» Il me semble que dans les divers combats que vous avez soutenus, vos divers corps ont agi plutôt successivement que simultanément. D'où il suit que chacun d'eux a presque partout trouvé l'ennemi en forces supérieures.

» Pour y remédier dorénavant, je suis d'avis que vos corps soient le plus concentrés possible. A cet égard, il me semble que le 16e corps et le 17e sont un peu trop développés sur la gauche. Quant aux 18e et 20e, je les engage, dès ce matin, à moins d'ordre contraire de vous, à appuyer sur la gauche et à se rapprocher de des Pallières, marquant un mouvement de concentration vers Orléans. Mais j'ai lieu de penser, d'après une dépêche reçue vers six heures, que mes indications ne lui sont pas parvenues à temps. Bref, en prenant la situation au point où elle est maintenant, je crois devoir appeler votre attention sur l'opportunité d'un mouvement concentrique général à effectuer demain dimanche, d'aussi bonne heure que possible, la nuit devant être occupée à se débarrasser des impedimenta qui seraient mis en arrière, la partie non indispensable pouvant même être envoyée sur la rive gauche.

» Un tel mouvement de concentration opéré, vous permettrait d'utiliser vos belles batteries de marine et d'opposer la simultanéité de vos forces aux attaques de l'ennemi, dont le nombre n'est peut-être pas aussi grand qu'on pourrait le conclure d'après les faits de ces deux jours. J'insiste sur cette concentration, parce que le mouvement en avant de l'armée ne me paraissant pas pouvoir être repris tout de suite, il n'y a plus le même intérêt à conserver les 18e et 20e corps et partie du 15e en avant, sur votre droite dans la route à suivre, ainsi que cela convenait au début de l'opération. J'envoie copie de la présente à vos généraux commandant en chef, qui, à moins d'instructions différentes de votre part, auraient à se conformer aux dispositions susindiquées.

» *Pour le ministre de la guerre,*

» DE FREYCINET. »

Il est bon de faire remarquer ici qu'au conseil de

14.

guerre du 30 novembre, les généraux Chanzy et Borel avaient proposé de ne commencer l'attaque qu'après la concentration de l'armée, et que M. de Freycinet, à bout de raisons, avait imposé l'attaque immédiate, objectant qu'il y allait du salut de l'armée de Paris, et que, du reste, c'était le plan irrévocablement arrêté par le gouvernement.

M. le délégué ne se plaignait pas que les corps d'armée ne fussent pas assez concentrés dans sa circulaire de Tours du 2 novembre au matin, quand le ministre annonçait à la France que l'exécution de son plan avait débuté par un succès.

Mais dans la journée du 2, les affaires ont changé de face.

L'ennemi, fortement concentré en deux masses distinctes, n'ayant devant lui qu'une ligne mince et étendue, n'a pas eu de peine à arrêter notre gauche qu'il se prépare à écraser, tandis qu'il va essayer de nous couper en deux vers la droite.

Alors M. le délégué à la guerre voit, comme tout le monde, la faute capitale qu'il a commise; mais il lui coûte d'en convenir, et il préfère rédiger la dépêche qu'on vient de lire, inexplicable, si on se rappelle qu'il s'est passé seize heures de combat depuis le moment où le gouvernement remettait le commandement de tous les corps au général en chef, par sa dépêche du 2 décembre, n° 5496, quatre heures cinquante-cinq du soir, et que le mouvement général de l'armée, dans la bataille imposée sans délai, avait lieu suivant une conversion à droite dont les 18ᵉ et 20ᵉ corps étaient le pivot.

On ne doit pas s'étonner de ne pas trouver dans l'ouvrage de M. de Freycinet cette dépêche, aussi doctorale que contradictoire, d'où ressortent clairement les trois inconséquences suivantes :

1° Au moment de l'action, les différents corps de l'armée de la Loire occupaient sur le champ de bataille une ligne tellement étendue, que l'ennemi, concentré au contraire, restait maître de l'écraser sur les points qu'il voudrait choisir; et les illusions de M. le délégué, qui croit ce qu'il désire, c'est-à-dire que la grande armée allemande est en route pour aller attaquer le général Ducrot, ne lui permettent pas de s'apercevoir du danger de notre situation.

2° Lorsque l'affaire commence à tourner mal, le général en chef est invité à faire au plus tôt un mouvement concentrique sur Orléans, à rentrer dans ces positions fortifiées qu'on lui a fait quitter deux jours auparavant, à l'abri des batteries de position de la marine, où il aurait voulu attendre le premier choc de l'ennemi, contrairement à l'opinion de M. de Freycinet.

3° La dépêche établit « qu'il n'y avait plus en ce moment le même intérêt à conserver le 18ᵉ et le 20ᵉ corps et une partie du 15ᵉ en avant sur la droite, *ainsi que cela convenait au début de l'opération.* »

En résumé, le cabinet de la guerre essaye de prendre ses sûretés contre les généraux en chef, qu'il compte accuser de s'être fait battre pour avoir négligé de concentrer leurs troupes, tout en étant forcé par la vérité des faits d'avouer que c'est lui-même qui s'est opposé jusqu'alors à cette concentration.

Je continue mon récit.

Après avoir pris connaissance des dépêches du général en chef et du gouvernement, et m'être entendu avec le général Martineau, commandant ma 2e division à Cercottes, je détachai un officier de mon état-major dans la forêt, à l'embranchement de la route n° 17 de Saint-Lyé à Orléans et du chemin de Cercottes, pour diriger sur Orléans la tête de colonne de la 1re division.

Je me rendis moi-même directement à la place, où se trouvait le capitaine de vaisseau Ribourt, commandant supérieur de la ville. J'y arrivai vers cinq heures du matin.

J'appris qu'une grande quantité de matériel, de vivres et de munitions remplissait la gare des Aubrais; j'envoyai à la pointe du jour prévenir le général Bertrand, commandant intérimaire de la 1re division du 15e corps, de faire, à son arrivée, passer ses troupes par cette gare pour compléter les vivres et les cartouches, puis de les diriger dans les tranchées s'étendant de la gare des Aubrais à la Loire, en laissant 6 bataillons en réserve sur le Mail, prêts à toute éventualité.

Ces ordres furent exécutés ponctuellement. Vers huit ou neuf heures, arrivèrent les troupes de Neuville, qui s'approvisionnèrent également à la gare et de là se rendirent dans les tranchées au faubourg Bourgogne.

Le général en chef ayant quitté Saran, vint à Orléans et se rendit aux bureaux de la place à dix heures et demie. Je lui rendis un compte exact des mesures que j'avais prises. Il me donna sur-le-champ l'ordre d'aller prendre le commandement de mes 2e et 3e divisions, qui ne devaient pas rentrer avant trois heures de l'après-midi.

Déjà, depuis la veille, une quantité de fuyards, appartenant aux 16e et 17e corps et aux divisions du 15e, qui avaient si brillamment soutenu la lutte dans les jours précédents, encombraient les cabarets et les rues de la ville.

Sur ces entrefaites, le général de Colomb, nommé précédemment au commandement de la 1re division du 15e corps, se présenta à moi; il arrivait d'Afrique. Je l'envoyai immédiatement prendre la direction de sa division avec les instructions nécessaires.

Au moment de partir, je revins auprès du général en chef pour prendre ses dernières instructions; il se promenait avec agitation dans la chambre, tenant un papier à la main. Tout à coup, s'adressant au chef d'état-major général, le général Borel, il lui dit :

« Écrivez au gouvernement la dépêche télégraphique suivante (que je retrouve dans le livre de M. de Freycinet) :

« Je change mes dispositions, dirige sur Orléans

16ᵉ et 17ᵉ corps, appelle 18ᵉ et 20ᵉ, organise résistance; suis à Orléans à la place. »

Pour moi, il demeura acquis, en ce moment, que le général en chef, qui venait un instant auparavant de me donner des instructions détaillées pour l'exécution du mouvement complétement opposé, n'était revenu de cette décision que sous la pression énergique du gouvernement, qui le chargeait sans doute d'une responsabilité dont il redoutait l'injustice et les conséquences.

Je ne lui avais en effet rien laissé ignorer de ce qui nous était arrivé; la plupart de mes troupes marchaient et combattaient depuis trente heures, et c'étaient encore les moins fatiguées du corps d'armée. Quant aux ordres à donner aux 16ᵉ, 17ᵉ, 18ᵉ et 20ᵉ corps, qui avaient commencé leur mouvement de retraite dans la nuit, il était complétement chimérique d'espérer que les officiers d'état-major pourraient parvenir jusqu'à eux et les faire revenir en temps utile.

En admettant que la dépêche que je vais citer, et dont je n'ai eu connaissance que plus tard à Bourges, se soit croisée avec celle que le général en chef venait d'écrire au gouvernement, il est impossible de ne pas être frappé de leur concordance, ou tout au moins de ne pas remarquer combien le général d'Aurelle, qui savait à quelle sorte de gens il avait affaire, était préoccupé de la responsabilité qu'il pressentait devoir être rejetée sur lui *dans tous les cas.*

Guerre à général en chef d'Aurelle, à Saran.

« Tours, 4 décembre, 11 h. 5 m. matin.

» Le gouvernement de la défense nationale me charge de vous transmettre la dépêche suivante :

» L'opinion du gouvernement consulté était de vous voir tenir ferme à Orléans, vous servir des travaux de défense et ne pas vous éloigner de Paris. Mais, puisque vous affirmez que la retraite est nécessaire, que vous êtes mieux à même sur les lieux de juger la situation, que vos troupes ne tiendraient pas, le gouvernement vous laisse le soin d'exécuter les mouvements de retraite sur la nécessité desquels vous insistez, et que vous présentez comme de nature à éviter à la défense nationale un plus grand désastre que celui-là même de l'évacuation d'Orléans.

» En conséquence, je retire mes ordres de concentration active et forcée à Orléans et dans le périmètre de nos feux de défense. Donnez des ordres à tous vos généraux placés sous votre commandement en chef.

» *Signé* : LÉON GAMBETTA, CRÉMIEUX, GLAIS-BIZOIN ET FOURICHON. »

Devant cette détermination, que le désespoir seul pouvait inspirer au général en chef, je compris d'un coup d'œil les conséquences fatales qu'elle allait avoir en changeant notre retraite, honorable en

somme, en une débâcle irrémédiable, et je partis
confondu, navré, n'ayant rien à objecter, parce que
je sentais bien que le commandant en chef, qui finis-
sait toujours par exécuter les ordres du gouvernement, n'écouterait pas de conseils en un pareil
moment.

A peine sorti avec la mission d'aller arrêter la retraite, je fus obligé d'envoyer un de mes officiers au
général d'Aurelle, pour le prier de donner immédiatement l'ordre au maire de faire fermer tous les établissements publics d'Orléans, encombrés de soldats de toutes armes.

Des fractions entières appartenant aux 16ᵉ et 17ᵉ
corps et aux divisions engagées vers Cercottes, mais
surtout des isolés, entraient alors en ville, se dirigeant vers les ponts de la Loire, sans qu'il nous fût
possible de les faire rétrograder; les officiers inter-
pellés répondaient tous qu'ils n'avaient pas d'ordres,
et quand je leur en donnais, tous invinciblement
semblaient entraînés, malgré mes injonctions, dans
le mouvement général de retraite de leurs hommes.

C'est qu'ils sentaient bien que nous avions sur les
bras toute l'armée allemande, et aucun ne croyait à
la possibilité de la résistance, avec trois divisions de
troupes harassées, découragées, alors qu'on n'avait
pu le faire avec cinq corps d'armée. Les officiers, que
j'interpellais de la façon la plus énergique, me répondaient : « Les hommes n'en peuvent et n'en veulent
plus. »

Je me décidai à remonter vers les tranchées, à l'entrée du faubourg Bannier, pour y arrêter la marche de ceux qui n'étaient pas encore entrés en ville, et là, pendant plusieurs heures, aidé de mon état-major et de l'escadron d'escorte, nous fîmes des efforts surhumains pour établir dans les tranchées-abris les hommes de tous les régiments, à mesure qu'ils se présentaient. Mais c'était peine inutile ; à peine avions-nous placé un groupe pour aller à un autre, que le premier nous glissait entre les mains, et rentrait en ville.

Je revis à ce moment Mgr le prince de Joinville, qui considérait tristement mes efforts pour arrêter les troupes et essayer d'organiser la résistance, et nous échangeâmes dans un coup d'œil l'expression du désespoir impuissant que nous inspirait cette navrante situation.

Vers quatre heures, les généraux Martineau, Dariès et Rebillard de la 2ᵉ division arrivaient au faubourg Bannier, entourés d'un bon nombre de braves gens qui défendaient depuis Cercottes, pied à pied, le terrain avec le plus grand acharnement.

Derrière eux fut fermée la grille de l'octroi, et je retins la dernière batterie de mitrailleuses qui passa pour appuyer la barricade que je fis aussitôt établir en cet endroit.

La nuit venue, je descendis vers le Mail à la rencontre du général de Colomb.

Il me rapporta que la résistance était des plus

énergiques sur la droite, du côté des Aubrais et
du faubourg Bourgogne; que les troupes de la
1re division, placées depuis le matin dans les tranchées, tenaient avec fermeté leur position, n'étant
pas sous la pression morale qui déprimait l'énergie
des deux autres divisions, par suite des trois jours de
combat qu'elles avaient supportés. Je lui demandai
où était sa réserve; il me présenta les 6,000 hommes
qui attendaient sur le Mail, en bon ordre derrière
leurs faisceaux, le moment où nous aurions besoin
de leurs efforts.

Je fis appeler de suite le colonel Choppin du 29e de
marche, officier vigoureux, et lui donnai l'ordre de
prendre le commandement de cette réserve dont son
régiment faisait partie, et de se tenir prêt, dès le lendemain avant le jour, à rétablir le combat sur la
gauche, qu'on venait de me dire être presque abandonnée du côté des faubourgs Saint-Jean et Madeleine.

Je me rendis ensuite à l'hôtel du Loiret pour rendre compte au général en chef, près duquel j'avais
envoyé dans la journée successivement mon chef
d'état-major et plusieurs officiers, du peu de succès
que j'avais obtenu dans le ralliement des troupes
qui battaient en retraite. J'étais allé moi-même une
fois dans la journée le trouver, sans pouvoir obtenir
qu'il changeât sa détermination; à ce moment il
m'avait appris qu'il attendait M. Gambetta vers
quatre heures. Je ne trouvai personne à l'hôtel du

Loiret ; le général Martineau arriva sur ces entrefaites, et m'informa que le quartier général avait
quitté la ville et passé la Loire pour se transporter
de l'autre côté, au faubourg d'Olivet. Un officier
d'état-major me cherchait pour me remettre une
lettre du général en chef, qui m'investissait de la
direction des opérations dans Orléans ; cet officier
ne me rencontra qu'une heure après, et me remit
deux dépêches, une pour moi et une pour le commandant Ribourt.

A ce moment, j'avais réuni les généraux de Colomb
et Martineau, de mon corps d'armée, pour conférer
avec eux sur l'organisation de la résistance.

La lettre que le général en chef m'écrivait avait
trait à divers ordres concernant la défense de l'enceinte, entre autres celui de nommer des généraux
de tranchées. Le capitaine de vaisseau Ribourt,
commandant supérieur, recevait l'ordre, dans la
sienne, de faire évacuer aussitôt, à la suite du matériel, tous les isolés qui se trouvaient dans Orléans [1].

La canonnade et la fusillade continuaient sans interruption au milieu de la nuit, principalement du
côté des faubourgs Bourgogne et Bannier. Je sentais
que notre situation devenait des plus graves, et qu'il
nous serait difficile d'en sortir, l'ennemi pouvant au
jour, avec son artillerie, nous interdire le passage
des ponts, tandis que pendant la nuit il devait prendre avec son infanterie, au milieu des maisons des

[1] Voir à l'Appendice le rapport du commandant Ribourt.

faubourgs, des positions qui eussent rendu les batteries intenables à nos marins.

Vers huit heures du soir, un jeune zouave se présenta à moi et m'avertit qu'un officier prussien demandait à parlementer au faubourg Saint-Jean. Ce
soldat, placé en sentinelle avancée, avait été saisi
au milieu de l'obscurité, désarmé en un instant, ainsi
que le petit poste avancé auquel il appartenait, et
venait porter au maire ou au commandant de la ville
l'annonce d'une sommation catégorique, sous la
menace d'un bombardement, si Orléans n'était évacué pour onze heures et demie du soir.

Il me prévint en même temps que l'ennemi était
en possession du faubourg, qu'il n'avait devant lui
que quelques hommes de la 3e division, mais qu'il
paraissait ignorer complétement la fâcheuse situation
dans laquelle nous nous trouvions, puisqu'il avait
toute facilité de lancer ses têtes de colonnes, de ce
côté, sur le Mail, sans éprouver la moindre résistance.

Aussitôt le capitaine Pendezec, de mon état-major,
reçut mission de passer les avant-postes et d'aller
voir ce que le général prussien demandait; en même
temps je chargeai un bataillon de la réserve de la
1re division, bivouaquée sur le Mail, de se porter
immédiatement sur la place du Martroy, afin d'être
en position de repousser une attaque possible venant
du faubourg Saint-Jean.

Je laisse ici la parole à cet officier d'état-major,
dont voici le rapport :

« Arrivé sur le Mail, à hauteur de l'entrée du faubourg Saint-Jean, je trouvai le passage obstrué par une barricade formée de voitures renversées, de tables, d'armoires, etc.

» Derrière cette barricade se trouvaient une quarantaine de chasseurs tout au plus du 5ᵉ et du 4ᵉ bataillon surtout, commandés par M. Sicco, chef de bataillon du 4ᵉ. A quelques mètres de là, sur le Mail, était l'escadron de chasseurs à cheval attaché à l'état-major général du 15ᵉ corps (général des Pallières).

» C'est tout ce qu'il y avait de troupes de ce côté.

» A 300 mètres à peu près au delà de la barricade, je rencontrai l'officier d'état-major prussien, qui me conduisit au général qui se trouvait dans le faubourg.

» Sur mon passage, je pus remarquer que toutes les maisons étaient occupées par un grand nombre de soldats, dont je distinguai les casques aux croisées et aux portes ; sur les trottoirs je vis des faisceaux formés, et derrière eux beaucoup de soldats. J'évalue ainsi à 4 ou 5 bataillons les troupes que je traversai avant d'arriver près du général.

» Je le trouvai dans la rue, entouré d'un état-major très-nombreux. L'officier prussien qui m'accompagnait me dit en français : Voici S. E. le général Treskow, aide de camp du roi, commandant la 1ʳᵉ division (17ᵉ prussienne) du 13ᵉ corps d'armée commandé par le grand-duc de Mecklembourg-Schwerin. Après que j'eus dit qui j'étais et qui m'en-

voyait, le général me tint ces paroles : « Vous voyez
» que la 3ᵉ armée occupe déjà ce faubourg, vous de-
» vez savoir que la route de Paris (faubourg Bannier)
» est déjà occupée jusqu'à hauteur de la grille du
» chemin de fer. Si vous en doutez, je puis vous faire
» accompagner jusque-là par un officier. D'un autre
» côté, je sais que l'armée de la Loire passe le fleuve
» depuis ce matin ; j'ai l'ordre du prince Frédéric-
» Charles d'entrer dans Orléans cette nuit. Je désire-
» rais savoir, si cela est possible, si l'armée française
» doit continuer son mouvement de retraite cette
» nuit. S'il doit y avoir combat dans les rues, j'ai
» l'ordre de bombarder les faubourgs et la ville : mes
» batteries sont déjà en position, et si vous le voulez,
» je puis vous le faire constater ; elles n'attendent que
» le signal pour commencer le feu. Si le côté que j'oc-
» cupe jusqu'à la route de Paris doit être évacué de
» bonne heure, j'attendrai ; mais il faudrait que je
» fusse maître de ce côté vers onze heures et demie. »

» Avant de quitter le général Treskow pour aller
rendre compte de ma mission au général des Pallières, je pris l'heure de sa montre ; elle retardait de
dix minutes sur la mienne.

» Je trouvai le général des Pallières sur la place
du Martroy, et lui racontai la demande des Prussiens ; après quelques instants de réflexion, il me
dit : « Retournez vers le général, et dites-lui qu'il
» pourra occuper cette partie de la ville à l'heure
» demandée. »

» En même temps, le général des Pallières dépê-
chait de tous les côtés, surtout vers la gare, vers le
faubourg Saint-Marc et le faubourg Bourgogne,
les officiers qui l'accompagnaient; en effet, la 1re division du 15e corps occupait encore toutes les tranchées situées au nord et à l'est de la ville, entre le
chemin de fer et la route de Gien, et les batteries de
marine, placées de ce côté, continuaient encore leur
feu malgré l'obscurité.

» Ordre était donné à ces troupes de quitter leurs
positions sans bruit et de passer la Loire.

» Pendant ce temps, je repassais les avant-postes
pour porter au général Treskow la réponse du général des Pallières.

» Le général prussien, qui était dans une maison,
tira une carte, et me montrant la partie ouest du
faubourg d'Olivet comprise entre la Loire et la grande
route de Vierzon, me dit :

« Ainsi, à onze heures et demie, c'est-à-dire dans
» deux heures, je serai maître de la moitié ouest de
» la ville, y compris ceci, bien entendu. »

» Je fis observer aussitôt, que rien n'avait été conclu pour tout ce qui était sur la rive gauche du
fleuve; que la partie indiquée ne s'appelait plus Orléans, mais Olivet et faubourg d'Olivet, et qu'il était
inadmissible de prétendre occuper sans coup férir
un point quelconque de la rive gauche, mise en état
de défense pour protéger notre retraite.

» Devant ces observations, le général retira ses

prétentions, et me dit que dans deux heures il se mettrait en marche pour occuper la partie de la ville qu'on lui abandonnait sur la rive droite.

» Je m'aperçus que le général avait avancé sa montre, ce que je lui fis remarquer. Après avoir d'abord nié, il avoua qu'il avait pris en effet l'heure de l'armée prussienne, mais que pour éviter toute méprise, il attendrait jusqu'à minuit.

» Je pus remarquer un certain contentement parmi l'entourage, lorsque cet arrangement fut conclu. Je crois, en effet, que les Prussiens, qui paraissaient redouter beaucoup un combat de rues, ne se doutaient pas qu'ils n'avaient devant eux qu'une quarantaine d'hommes, sans soutien aucun. Ils semblaient ignorer que notre gauche était complétement découverte, qu'ils n'avaient qu'à s'avancer par les faubourgs Saint-Jean, de la Madeleine et les bords de la Loire, pour nous barrer la retraite et arriver sans coup férir au milieu de la ville. » . . . . .

. . . .

Aussitôt que le capitaine Pendezec fut envoyé en parlementaire, je donnai l'ordre à un autre officier de mon état-major, le capitaine de Villars, d'aller rendre compte au général en chef de la situation et des propositions que me faisait le général allemand, de l'informer qu'il ne me paraissait pas possible de faire une défense efficace dans Orléans, et de l'engager à accepter l'offre inespérée de l'ennemi. Cet officier dut mettre beaucoup de temps pour se ren-

dre auprès du général d'Aurelle, à cause de l'encombrement des ponts. Le capitaine Pendezec revint
pendant ce temps avec l'ultimatum du général Treskow; l'heure s'avançait, nous n'allions plus bientôt
avoir le temps d'effectuer notre évacuation; un rapport d'espion pouvait tout compromettre en préve-
nant l'ennemi de notre détresse, irrémédiable en ce
moment. En effet, si j'avais envoyé ma réserve garnir les positions de la gauche, au lieu de la tenir
réunie dans la main de ses chefs, il est probable que je
l'eusse perdue presque tout entière pendant la nuit.
Dans ces conditions, je pris sur moi de renvoyer le
capitaine Pendezec, dire que j'acceptais, au nom du
général en chef, l'offre d'évacuer la ville à onze
heures et demie. Après son départ arriva le capitaine
de Villars, m'apportant l'ordre suivant :

ORDRE.

« Le général des Pallières est autorisé à traiter de
la reddition d'Orléans, en demandant que l'ennemi
n'entre qu'à dix heures du matin.

 » *Le général commandant en chef,*

 » D'AURELLE. »

D'après les termes de la convention que je venais
de passer heureusement avec le général Treskow et
les exigences auxquelles j'avais dû me soumettre,
j'étais parfaitement convaincu que je n'obtiendrais
aucun sursis pour l'évacuation. J'envoyai néanmoins
le général Dariès à l'état-major allemand, pour con-

firmer la mission du capitaine Pendezec et essayer
d'obtenir un plus long délai.

Le général Peytavin, commandant la 3ᵉ division,
était venu sur ces entrefaites me trouver, et m'informa que, vers quatre heures et demie de l'après-
midi, après avoir placé ses troupes dans les tranchées, il s'était rendu à l'hôtel du Loiret, pour
prendre les instructions du général en chef; qu'ordre
lui avait été donné par le général d'Aurelle lui-même
de résister dans les tranchées le plus longtemps possible, en y laissant seulement le nombre d'hommes
nécessaire pour les défendre, et de diriger le reste
de la 3ᵉ division vers les ponts. C'est en vertu de cet
ordre qu'il avait laissé dans les faubourgs de la
Madeleine et Saint-Jean 1,500 hommes environ;
mais peu à peu ces dernières troupes avaient abandonné leurs positions, malgré tous ses efforts, et
il n'avait plus à ce moment autour de lui, que quelques centaines d'hommes de sa division.

Ce général arrivait un moment avant que le capitaine Pendezec revînt m'apporter l'ultimatum du général Treskow, et reçût de moi l'ordre d'aller porter
mon acceptation au général prussien. Je lui prescrivis, ainsi qu'aux autres généraux présents, de faire
évacuer immédiatement les tranchées sans bruit, et
de prendre les directions ordonnées par le général
en chef pour la retraite.

J'espérais, ainsi que l'événement le démontra, que
l'ennemi perdrait du temps pour faire prévenir sa

gauche, que celle-ci n'entrerait par conséquent pas dans Orléans avant une heure du matin, laissant ainsi à ma 1re division, forte de 25,000 hommes, la liberté de s'écouler par le pont du chemin de fer, et au commandant Ribourt le temps de faire enclouer ses canons et noyer ses poudres.

Un peu plus tard, M. Pierre, capitaine de frégate, son chef d'état-major, me fit parvenir le mot suivant :

« Le général Dariès est venu rendre compte au général des Pallières de sa mission.

» Il estime que la menace de bombardement faite par le parlementaire est sérieuse.

» Ne trouvant pas le général des Pallières, M. Dariès s'est rendu auprès du général en chef.

» PIERRE. »

A minuit, avant de quitter la ville, au moment où l'ennemi entrait par le faubourg Saint-Jean, j'envoyai au gouvernement de Tours la dépêche ci-après :

Général des Pallières à guerre, Tours.

« Ennemi a proposé notre évacuation d'Orléans à onze heures et demie, sous peine de bombardement de la ville. Comme nous devions la quitter cette nuit, j'ai accepté au nom du général en chef.

» Les batteries de la marine ont été enclouées ; poudre et matériel détruits.

» DES PALLIÈRES. »

Les troupes de la 1re division traversèrent la Loire par le pont du chemin de fer ; le général de Colomb, après avoir visité les tranchées pour n'oublier personne, se retira le dernier, vers une heure et demie du matin, dans la direction de La Ferté-Saint-Aubin, par le côté de Saint-Cyr en Val.

La partie de la 2e division qui avait combattu au centre, au faubourg Bannier, prit le pont de pierre et s'engagea sur la route d'Olivet à La Ferté-Saint-Aubin, à la suite des convois et de l'artillerie ; la plus grande partie de la 3e division avait suivi cette direction, vers cinq heures, d'après les ordres du général en chef, comme on l'a vu plus haut ; l'autre, composée d'un millier d'hommes environ restés dans les tranchées, avec le commandant de la division, général Peytavin, se dirigea vers Blois, probablement par suite d'une erreur dans une transmission d'ordre.

Quant aux hommes qui sont demeurés dans Orléans, le commandant de place ayant fait diriger sur La Ferté tous les isolés et les blessés pendant la nuit, sur l'ordre du général en chef, ils appartenaient presque tous à cette catégorie d'individus qui avaient quitté leurs postes pour aller coucher chez l'habitant. Tous ceux qui voulurent, d'ailleurs, purent s'échapper le lendemain très-facilement. Je ne crois pas que l'évacuation ait laissé 3,000 traînards aux mains de l'ennemi.

Tel est le récit, dans toute sa sincérité, des événements qui ont amené l'évacuation d'Orléans dans la nuit du 4 décembre 1870. Il justifie pleinement, je l'espère, la conduite de la 1re divison du 15e corps dans les journées des 3 et 4 décembre, à Chilleurs comme à Orléans.

Attaqués à Chilleurs par des forces considérables, nous avions été obligés, malgré l'immense infériorité de notre artillerie, de tenir le temps nécessaire aux convois pour gagner une avance suffisante vers Orléans, et ne pas tomber aux mains de l'avant-garde ennemie. J'occupais avec ma division une étendue de 18 kilomètres, de Courcy à Villereau par Chilleurs-aux-Bois et Neuville ; il ne pouvait être question d'arrêter bien longtemps tout un corps d'armée, le 3e prussien, qui nous attaquait sur un seul point de cette ligne et menaçait les trois défilés de la forêt que nous défendions, lesquels étaient distants de 6 kilomètres les uns des autres. La retraite ne fut ordonnée que lorsque notre artillerie, ayant épuisé ses munitions et ses pièces de rechange, se trouva compromise par la réduction de ses attelages démontés et obligée d'abandonner une pièce sur le terrain, comme il ressort des rapports placés ci-dessous en note, extraits du livre du général de Blois sur la campagne du 15e corps [1]. Cette retraite s'effectua en très-

---

[1] Pour ce qui est du lieutenant-colonel Massenet, commandant de l'artillerie de la division, je n'ai besoin de lui rendre ici d'autre justice que de placer sous les yeux du lecteur l'appréciation du général de Blois, commandant d'artillerie du corps d'armée, une des notoriétés de cette arme, au sujet du combat de Chilleurs, auquel il assistait ; il relève également dans son ouvrage les rapports des

bon ordre, si bien que l'ennemi n'osa l'inquiéter et
que nous pûmes nous rendre à Saint-Lyé à l'appel
que le général en chef m'avait fait le matin. Si le général Minot perdit quelques canons embourbés dans

deux colonels, commandant l'un l'artillerie de la division, l'autre les
deux batteries de la réserve qui lui étaient adjointes pour le moment. (*Artillerie du 15ᵉ corps pendant la campagne de 1870-*
1871, par le général de Blois, page 117.)

Événements survenus à la 1ʳᵉ division.

« Le général des Pallières, commandant cette division, fut très-
vivement attaqué le 3 décembre, à dix heures du matin, en avant
du village de Chilleurs-aux-Bois, par les troupes du prince Frédéric-Charles, pourvues d'un nombre *de canons triple de ceux que*
possédait la division française; aussi fut-elle contrainte de se
replier sur la forêt. »

Rapport du lieutenant-colonel Massenet, commandant l'artil-
lerie de la 1ʳᵉ division du 15ᵉ corps, au combat de
Chilleurs.

« Le 3 décembre, la 1ʳᵉ division, occupant Neuville, Chilleurs-
aux-Bois et Courcy, devait, par suite d'ordres reçus dans la nuit,
se reporter le plus promptement possible sur Chevilly. Les batteries étaient ainsi réparties ; 1° à Chilleurs, la 18ᵉ batterie du 2ᵉ
(capitaine Zickel), la 18ᵉ du 13ᵉ (capitaine de Marmiès), la 30ᵉ de
marine (capitaine Choffel), la 9ᵉ du 12ᵉ, batterie de canons à balles
(capitaine André), et la 1ʳᵉ de montagne du 9ᵉ (lieutenant Dehné);
2° à Neuville, la 29ᵉ batterie de marine (capitaine Bourdiaux), sous
les ordres du commandant Chaillon de l'artillerie de marine, la
18ᵉ du 6ᵉ (capitaine Pluque); 3° à Courcy, la 1ʳᵉ batterie de montagne du 12ᵉ (lieutenant Morel).

» La 30ᵉ de marine et la batterie de Marmiès se trouvaient, vers
neuf heures du matin, en position au village de Santeau, à deux
kilomètres en avant de Chilleurs. A ce moment, la présence de
l'ennemi était signalée, et, vers dix heures, le feu était engagé. La
batterie Zickel et les batteries de réserve du commandant Tessier
vinrent prendre position à gauche de Santeau; la batterie André
était en réserve en arrière de ce village.

» En moins d'une demi-heure, le feu de l'artillerie prussienne

la forêt, c'est qu'il se trompa de chemin, ce qui n'a
rien d'étonnant au milieu d'une froide et sombre nuit
d'hiver dans des routes défoncées, soit par le mauvais temps, soit par nos soins mêmes. Quant au co-

avait écrasé les batteries Choffel et Marmiès, qui furent obligées
de se retirer, n'ayant que juste assez de chevaux pour sauver le
matériel; la batterie Choffel n'a pu tirer que 30 coups; elle comptait en moins deux caissons dont l'arrière-train avait sauté, et perdit 2 hommes tués, 1 sous-officier et 4 hommes blessés, 6 hommes
disparus et 16 chevaux tués.

» La batterie Marmiès avait trois pièces démontées; l'une fut
placée sur l'affût de rechange, les deux roues de la seconde furent
changées sous le feu de l'ennemi, et ces deux pièces purent être
emmenées; mais il fut impossible de sauver la troisième dont l'affût
était brisé.

» La batterie Zickel ne put tenir qu'une heure au feu; ses pertes
ont été assez fortes, néanmoins elle a pu sauver tout son matériel.

» Accourue au secours de la batterie Choffel, la batterie André
a tiré 342 boîtes à mitraille et a fait subir de grandes pertes à l'ennemi; elle a sauvé son matériel, à l'exception de la forge, dont on
a dû prendre les attelages pour retirer les pièces.

» Le tir du canon de 8 a eu lieu à environ 3,000 mètres et a été
assez juste; cependant beaucoup de fusées fusantes ont éclaté en
l'air; il en a été de même des obus de 4, dont le tir avait lieu à
2,500 mètres environ.

» La batterie Marmiès a tiré 184 obus à fusées percutantes qui
ont donné de bons résultats; elle a eu 3 hommes tués, 2 blessés
et 6 hommes disparus pendant le combat, 7 chevaux de trait et
5 de selle tués, dont 1 d'officier.

» La compagnie de soutien des tirailleurs algériens a, par la
précision de ses feux, repoussé des escadrons qui avaient essayé
de tourner les batteries. Cette compagnie a perdu 7 hommes; elle
soutenait les batteries André et Marmiès, et ses officiers ont montré
la plus grande bravoure.

» La batterie Marmiès a changé deux fois de position, ainsi que la
batterie Zickel.

» Dans cette journée, la 18e du 6e a été engagée à Neuville, où
elle a fait usage des boîtes à balles, l'ennemi s'étant approché à
moins de 4,000 mètres des pièces. Le capitaine Pluque, comman-

lonel Courtot du 38ᵉ, qui commandait à Courcy, il
avait reçu un ordre (nᵒ 97) que j'ai cité, par lequel,
après avoir dirigé ses voitures sur Orléans et renvoyé vers Saint-Lyé par l'allée de Nibelles une partie de son infanterie, il devait prendre position à l'entrée de la forêt avec 2 bataillons et de l'artillerie,
pour garder le passage. Lui seul pouvait être juge
de se retirer quand son poste ne serait plus tenable,
soit sur Orléans où l'avait précédé son convoi, soit
sur le 20ᵉ corps. Je lui avais dit dans cet ordre que

dant cette batterie, a, par son énergie, pendant la retraite sur
Orléans, sauvé les quatre pièces qui formaient la tête de colonne ;
la 3ᵉ section, arrêtée par des obstacles insurmontables, n'a pu être
ramenée.

» On doit des éloges au calme parfait et à la grande énergie des
officiers : le capitaine Marmiès a sauvé deux pièces. M. Schwartz,
lieutenant de la 18ᵉ du 2ᵉ, ayant réuni quelques hommes, a changé
sur place trois roues d'affûts brisées par les projectiles ennemis. »

Rapport du lieutenant-colonel Tessier, commandant deux
batteries de la réserve.

« La 19ᵉ batterie du 2ᵉ régiment (capitaine Wartelle) et la
12ᵉ batterie du 6ᵉ (capitaine des Essarts) ont pris part au combat
de Chilleurs-aux-Bois. Après avoir inutilement essayé de se maintenir en avant de ce village, ces deux batteries ont occupé successivement plusieurs positions sur la gauche, afin de s'opposer au
mouvement tournant de l'ennemi ; et enfin, l'une d'elles, la 19ᵉ du
2ᵉ, a eu pour mission de retarder ses progrès autant que possible,
en faisant feu par section le long de la ligne de retraite.

» Ces divers mouvements ont été exécutés avec beaucoup de
précision et de fermeté, malgré la grande supériorité de l'artillerie
opposée, beaucoup plus nombreuse que la nôtre ; et les deux batteries n'ont pas fait d'autres pertes que celles qui ont été occasion-
nées par le feu de l'ennemi.

» Elles ont perdu trois caissons mis hors de service, 41 hommes
tués, blessés ou disparus, 64 chevaux tués ou blessés. »

je devais me porter à Saint-Lyé et à Chevilly au secours du général en chef; pouvais-je lui donner une
ligne de conduite précise qu'il se fût peut-être attaché à suivre à la lettre et qui l'eût compromis? De
fait, après avoir rempli sa mission, le colonel
Courtot a pu rejoindre Orléans en passant au travers de l'ennemi, ce qui fait honneur à son sang-froid
et à sa sagacité, et prouve une fois de plus qu'il
n'y a aucun intérêt à la guerre à tenir en lisière les
commandants de postes; qu'au contraire on se trouve
toujours bien, après leur avoir donné des indications
générales sur ce qu'on attend d'eux, de les laisser
libres des détails de l'exécution sous leur responsabilité. C'est ainsi que se développent leur initiative
et leur valeur militaire et qu'ils peuvent devenir plus
tard des officiers entreprenants et à la hauteur des
circonstances difficiles et toujours imprévues dans
lesquelles ils sont placés, et non des commandants
qui ne savent jamais prendre un parti. Au lieu de se
porter à Sully-la-Chapelle par Courcy, la 2e division
du 3e corps prussien, après avoir opéré pendant l'action contre notre flanc droit, poursuivit la route de
Mareau-aux-Bois qui passe au-dessous de Courcy à
3 kilomètres. C'est à cette direction que le colonel
Courtot dut de ne pas être inquiété dans la journée
du 3 décembre.

Je dois encore, avant de terminer ce chapitre,
rectifier quelques assertions contenues dans l'ouvrage de M. le général d'Aurelle, concernant les
troupes de la 1re division. Il dit, en effet, page 327,

que, le 3 au soir (à l'heure où la 1re division n'était pas encore arrivée à Saint-Lyé), de nombreux soldats des 16e et 17e corps et des divisions du 15e qui combattaient en avant, encombraient les routes et fuyaient vers Orléans, qu'arrivé à Cercottes, il avait été impuissant à les ramener au sentiment du devoir. Or ces hommes étaient bien ceux qui se trouvaient dans la ville le 4 décembre, et qui encombraient les cabarets. Le général en chef eût pu se convaincre facilement, en visitant les tranchées de l'est, que les soldats de la 1re division étaient à leur poste.

Lors de la bataille de Coulmiers, en arrivant à Fleury le 9 au soir, je m'étais bien gardé de faire descendre mes troupes dans Orléans, redoutant pour leur sobriété et pour la discipline la générosité des habitants, qui, dans ces occasions, croient fêter dignement leurs libérateurs en leur prodiguant le vin et l'eau-de-vie, sans songer qu'ils n'ont souvent pas mangé depuis un jour, et que l'intempérance est malheureusement alors en proportion des privations supportées. Je n'y avais envoyé que 2 compagnies d'infanterie et quelques cavaliers.

J'agis cette fois avec la même prudence, et le matin du 4 décembre, à mesure que les troupes se présentèrent à l'entrée de la ville, le général commandant la 1re division, d'après mes ordres, les dirigea immédiatement sur la gare des Aubrais, pour compléter les vivres et les munitions, et de là directement dans les tranchées, qu'elles ne quittèrent pas, je dois le dire à leur honneur. C'est pour cette raison et aussi parce qu'elles avaient moins souffert dans les journées précédentes, qu'elles purent échapper à la désorganisation générale et conserver un moral intact malgré ces terribles épreuves.

La 1re division tint en réserve 6 bataillons sur le Mail pendant toute la journée du 4, et ces 6,000 hommes devaient, comme je l'ai fait ressortir, essayer de rétablir le combat sur la gauche le lendemain matin sous le commandement du colonel Choppin, si la ville n'avait pas été évacuée dans la nuit; il n'eût pu en être ainsi, si un commencement de démoralisation les eût atteints.

Au reste, c'est dans le sein de cette division que le général Bourbaki choisit plus tard les régiments qui ont formé la réserve générale de l'armée de l'Est; je veux parler du 38e de ligne, du 29e de marche et du régiment de marche d'infanterie de marine, en tout 10,000 hommes, qui furent à cette époque placés sous le commandement du général Pallu de la Barrière.

D'autre part, le général d'Aurelle dit, page 347 : « La division Peytavin avait quitté trop tôt ses positions de Gidy et sans défendre pied à pied le terrain, comme elle en avait reçu l'ordre, découvrant la ligne d'Orléans par Châteaudun; par suite de cette faute, les communications avec les 16e et 17e corps furent interrompues vers midi. Le général Chanzy ne put marcher vers Orléans, comme l'ordre lui en était porté par le capitaine de Langalerie et comme le lui prescrivit une dépêche télégraphique, qui ne lui parvint que longtemps après. »

En qualité de commandant du 15ᵉ corps, je ne puis laisser passer sans réfutation cette assertion. On se rappelle qu'à Cercottes, vers trois heures du matin, le 4 décembre, je trouvai au télégraphe une lettre du général en chef au gouvernement, dans laquelle il lui annonçait qu'il avait donné l'ordre aux 16ᵉ et 17ᵉ corps de se mettre en retraite sur Beaugency et Blois, aux 18ᵉ et 20ᵉ d'en faire autant dans la direction de Gien, au 15ᵉ de se retirer sur Orléans.

Le général Chanzy, comme on peut s'en convaincre en lisant son ouvrage, avait estimé dès le 3 au soir que c'était le seul parti à prendre, de sorte que, dès la réception de la dépêche du général en chef, il avait mis ses convois en marche pendant la nuit dans la direction prescrite. Il chercha alors à se maintenir le plus longtemps possible dans ses positions de Patay pour leur assurer de l'avance, tandis que la division Barry, du 17ᵉ corps, défendait également Huêtre et Bricy pied à pied. Mais alors l'ennemi qui avait couché à Chevilly et attaquait en même temps Cercottes et Gidy, avait déjà lancé les coureurs de sa nombreuse cavalerie pour intercepter la route de Châteaudun. Le général Chanzy dit en effet que la cavalerie ennemie pénétrait même jusque sur la route de Châteaudun et que nos éclaireurs algériens chargés de couvrir la retraite de son con-

voi, durent à plusieurs reprises repousser des régiments de uhlans et de hussards de la mort qui
avaient pénétré jusqu'à hauteur du clos Aubry.

Or, dans ces conditions, le capitaine de Langalerie, expédié vers midi par le général en chef pour
changer les dispositions de retraite ordonnées dès le
matin, ne pouvait arriver jusqu'au général Chanzy.

Si on remarque en outre que la division Barry du
17e corps, dont l'effectif était très-faible, était à
Bricy, à quatre kilomètres au moins de Gidy où se
trouvait la 3e division du 15e corps qui avait pour
instructions de se relier, non avec le 17e corps, mais
bien d'appuyer la 2e division du 15e, établie à
Cercottes, un peu sur sa droite et en arrière de Gidy,
on comprendra facilement que tout mouvement en
arrière de la 2e division devait forcément entraîner
celui de la 3e, et que cette division, en se rapprochant
de la 2e, devait laisser à l'ennemi un espace suffisant
pour pénétrer jusque sur la route de Châteaudun
avec sa cavalerie.

L'effort principal de l'armée allemande se faisait
sur Cercottes, pour arriver également à ce résultat.

La batterie de marine en avant de Gidy avait,
autant que je puis me le rappeler, huit pièces placées à embrasure et par suite n'ayant qu'un champ
de tir si limité, qu'une seule pièce put tirer en
direction et qu'on dut mettre les autres hors de
batterie, en travers des plates-formes, pour s'en servir ; l'ennemi occupait du reste des positions qui la

dominaient[1]. Menacé d'être tourné sur sa gauche par la cavalerie ennemie, sollicité d'ailleurs par la situation du général Martineau qui soutenait, mais en vain, les efforts de l'armée allemande sur Cercottes, le commandant de la 3e division dut faire enclouer ses canons de marine et se mettre en retraite, pour se maintenir en communication avec la 2e division, sous peine de se voir coupé de la route d'Orléans.

Il faut bien qu'il ait disputé, tout comme la 2e division, le terrain pied à pied à l'ennemi, contrairement à l'assertion du général en chef, puisque sa division n'entra dans les tranchées d'Orléans qu'à quatre heures et demie. Il avait donc mis, en combattant, neuf heures pour faire deux lieues et demie; de plus, vers dix heures et demie du matin, un officier d'état-major du général en chef était venu lui donner l'ordre de se porter en arrière jusqu'aux Ormes.

Il n'est donc pas juste de dire que c'est par la faute du commandant de la 3e division que les communications des 16e et 17e corps ne purent être maintenues. Cet officier général avait, en réalité, rempli son devoir avec la plus grande conscience.

En résumé, la retraite précipitée d'Orléans a été la conséquence d'une faute commise sous la pression incessante des directions imposées par des hommes absolument étrangers à toutes les règles du métier. Nos troupes étaient jeunes et inexpéri-

[1] Voir à l'Appendice le rapport du commandant de batterie.

mentées, elles effectuaient leur retraite de Cercottes, avec toute la fermeté qu'on pouvait attendre d'elles après d'aussi rudes journées ; il est donc regrettable qu'on ait contremandé, à midi, cette retraite ordonnée si sagement dès le matin à tous les corps d'armée, alors que les divisions engagées se repliaient en ordre satisfaisant pour passer la Loire, suivant la prudente détermination que le général en chef avait prise à Saran dans la nuit.

Les hommes comme les officiers, harassés, découragés, ne se battaient plus que pour s'assurer une retraite honorable et permettre l'écoulement du matériel par les ponts et le chemin de fer. Tous les corps d'armée se retirant depuis sept heures du matin dans des directions complétement divergentes, à la connaissance des troupes qui rentraient en ville, on ne pouvait espérer relever leur moral en leur faisant croire que ces corps seraient prévenus, en temps utile, du revirement apporté dans la marche des opérations pour venir à leur aide.

Le 15e corps, dans l'état actuel, allait donc avoir seul à supporter les efforts combinés de toute l'armée allemande. C'est un miracle qu'il ait pu sortir en entier de l'impasse dans laquelle il était acculé, et nous avons mille grâces à rendre à la Providence, et à l'ignorance dans laquelle sont restés les Prussiens de notre situation critique.

Si la retraite n'avait pas été interrompue dans la journée, qu'arrivait-il ? — Le soir, les troupes biva-

16

quaient régulièrement à La Ferté, et deux jours après
à Salbris, sans désorganisation sensible. Rejointes
bientôt par les 18e et 20e corps venus par Gien, elles
pouvaient reprendre l'offensive et se porter au secours de Chanzy, contre lequel se retournait le prince
Frédéric-Charles avec presque toute son armée.

Cependant, dans ces circonstances, quelque pénibles qu'elles soient, on doit tenir compte au commandant en chef du sentiment qui l'a porté à vouloir ressaisir la fortune. Il est toujours respectable
et digne d'un caractère bien trempé de se montrer
supérieur à l'adversité, même au prix d'une erreur,
alors qu'on partage soi-même le danger de ceux que
l'on expose.

CHAPITRE VI.

Dès mon arrivée à Orléans, le 4 au matin, je n'a-
vais pas négligé de m'enquérir de la situation de nos
poudres, auprès du commandant supérieur d'Orléans,
capitaine de vaisseau Ribourt, afin de savoir s'il y
avait dans la ville les quantités indispensables pour
faire sauter les ponts, dans le cas où le général en
chef eût reconnu la nécessité de cette mesure.

En principe, je suis hostile à ces destructions,
surtout dans des circonstances où l'on n'est que
trop enclin à commettre des dégâts matériels, dont
l'influence utile sur la marche des événements est
souvent nulle, et qui peuvent même plus tard se
tourner contre vous. Si vous n'êtes pas assez fort

16.

pour défendre un défilé, il est bien rare que les dégâts que vous commettez pour le rendre impraticable nécessitent plus de quelques heures de travail
à l'ennemi qui s'en est rendu maître, pour rétablir les
communications. Pour les ponts surtout, cette vérité
est indiscutable. Vous faites souvent cent mille francs
de dommages, et en trois heures la brèche est couverte de madriers qui donnent passage aux troupes
et à l'artillerie.

Bourges, interrogé par le télégraphe, me répondit
qu'il n'avait pas de poudre à me donner. Je m'a-
dressai de suite au gouvernement, qui annonça en
envoyer de Tours, et j'en rendis compte au général
en chef, à son arrivée à Orléans ; mais elle n'arriva
à la Ferté-Saint-Aubin qu'après l'évacuation.

Voici ce qui se passa pour le pont de pierre de
la route. Lors de la première expédition d'Orléans,
des fourneaux avaient été préparés dans les piles,
auxquels on arrivait, par une échelle placée contre
le mur de face, en traversant ensuite une sorte de
défilé entre ce mur et les tuyaux de la conduite d'eau
de la ville. En l'absence de moyens d'y parvenir,
on avait percé les contre-voûtes, recouvrant un espace vide haut sur ce point de deux à trois mètres.
Dans ces conditions, la communication du feu était
impraticable et dangereuse, à défaut de cordons
porte-feu et de saucissons.

Or, par suite d'ordres verbaux mal compris, la
compagnie du génie qui travaillait au pont du chemin de fer était partie dans la soirée, ainsi que le

parc du génie, emportant les engins indispensables pour mener cet ouvrage à bonne fin. Le colonel de Marcilly, quand il alla vers onze heures faire charger les mines de ce pont, ne put découvrir, au milieu du passage incessant de l'artillerie, les tranchées exécutées pour communiquer avec les anciens fourneaux. Il dut abandonner l'idée de le faire sauter, et refusa la poudre que lui offrait l'artillerie du corps d'armée. Ces travaux avaient été exécutés au milieu de l'encombrement des ponts, sur lesquels on ne pouvait arrêter le passage du matériel. Il était difficile dans ces conditions de faire une besogne sûre, et le colonel de Marcilly aima mieux jeter les poudres de la marine à l'eau, que de commettre encore sur le pont de pierre des dégâts insuffisants.

Quant à moi, mon opinion est que si nous avions fait sauter les ponts, il n'eût pas fallu douze heures de travail, au maximum, à l'ennemi, pour les réparer et les mettre en état de supporter son matériel avec les ressources qu'il eût trouvées dans la ville. Ce sacrifice était donc, à vrai dire, à peu près inutile, car l'ennemi n'inquiéta notre retraite que le 7, et les forces dont il nous fit suivre, sans hâte, comme on le voit, étaient plutôt destinées à inquiéter notre réorganisation par leur présence, qu'à nous combattre.

On ne saurait trop faire l'éloge de l'activité et de l'énergie déployées par l'administration du chemin de fer d'Orléans, dans cette journée du 4, pour écouler tout le matériel accumulé dans la place. Les

employés ne se laissèrent arrêter par aucune difficulté : le dernier train ne partit d'Orléans qu'à
5 heures 20 minutes du soir, et il eut à subir comme
les trois précédents le feu de l'ennemi. Les chefs de
train n'en continuèrent pas moins leur route avec
une intrépidité digne d'être signalée au pays.

Les troupes arrivèrent à la Ferté-Saint-Aubin
dans la matinée du 5 décembre dans un grand désordre, que venait encore augmenter la multitude
des isolés de tous les corps, qui s'étaient engagés
avec nous sur la route d'Orléans à la Motte-Beuvron,
après avoir franchi le pont de pierre de la Loire.
Mon premier soin fut d'organiser une sérieuse
arrière-garde avec la brigade de cavalerie Dastugues,
et des troupes d'infanterie de la 2ᵉ division, que
j'avais immédiatement sous la main. J'en confiai le
commandement au général Rebillard, qui dut protéger notre retraite contre les attaques de l'ennemi, au
cas où il tenterait de nous poursuivre. Il n'en fut
rien ce jour-là ; les troupes continuèrent leur marche vers la Motte-Beuvron, où elles couchèrent
dans la nuit du 5 au 6. Je pris moi-même les
devants pour me rendre chez le général en chef,
qui s'était transporté depuis la veille dans cette localité ; il m'apprit que nous allions continuer notre
mouvement de retraite sur Salbris, dans l'intention de
nous reconstituer derrière la Sauldre, à l'abri, dans
des positions depuis longtemps étudiées avec soin.
C'était certes le plus sage parti.

Les hommes souffrirent beaucoup dans ces marches,

non-seulement de la fatigue, mais aussi du manque
de nourriture. Un convoi de biscuit marchait bien
avec nous ; l'intendance ne nous laissait pas manquer
de vivres ; mais on ne pouvait songer à s'arrêter
pour faire des distributions que la confusion des
corps n'eût point permis. Le convoi donnait des
biscuits à qui en avait besoin et en demandait. Je
ne puis m'empêcher de faire remarquer, en me rappelant ces événements, combien notre système d'alimentation des troupes en campagne est défectueux.

Parmi les régiments placés sous mes ordres, un
grand nombre n'avaient pas eu le loisir, du 1er décembre au 7, de faire cuire deux fois leurs vivres.
Cependant, ils avaient le plus grand besoin d'une
nourriture substantielle pour les soutenir dans nos
marches forcées de nuit et de jour, sans abri contre
la pluie, la neige et un froid de plusieurs degrés
au-dessous de zéro.

Aussi, qu'arrivait-il ? Les hommes jetaient la
viande qu'ils ne pouvaient faire cuire et qui les sur-
chargeait inutilement. Ils ne mangeaient plus que des
biscuits, et la ration de plusieurs jours était con-
sommée en un seul. Aussi tombaient-ils dans un affaiblissement physique et moral d'autant plus pernicieux, que la situation de l'armée, de jour en jour plus
mauvaise, ne pouvait que l'accroître.

Comprend-on que depuis nos guerres d'Afrique,
l'alimentation du soldat en campagne repose sur le
pot-au-feu fait par escouade deux fois par jour ;

c'est-à-dire sur un mode de nourriture qui demande,
pour être mangeable, cinq à six heures de cuisson le
matin et autant le soir? Mettons même, aux dépens de
la qualité, quatre heures seulement de cuisson par re-
pas : c'est huit heures par jour, pendant lesquelles toute
opération militaire doit être suspendue. Et nous
avons la prétention d'avoir une armée mobile ! Oui,
mais à condition que l'on ne tienne plus compte du
bien-être du soldat, qui ne se nourrira plus que de
pain sec, de biscuit et ne boira que de l'eau, régime
peu fait pour lui conserver ses forces, alors qu'il
porte continuellement sur ses épaules un poids de
soixante livres.

Il est donc indispensable de se munir en campagne, concurremment avec la viande sur pied, de
préparations cuites peu encombrantes, pouvant se
réchauffer à l'occasion, et ne vaudrait-il pas mieux
supprimer tout cet attirail de grandes marmites, de
grandes gamelles, dont l'absence du porteur prive
son escouade de dîner, en donnant à chaque homme
une petite gamelle, dans laquelle il pourra porter des
vivres, qu'il peut manger dans cet état, et les re-
chauffer quand il en aura le loisir?

L'usage de la tente-abri ne me paraît plus également pouvoir supporter un examen sérieux. Sans
doute, elle est bonne sous le climat d'Afrique, mais à
quoi nous a-t-elle servi pendant toute cette campagne, dans la neige et la boue? Pendant toute la
retraite, les hommes ne pouvaient dresser la tente sur

la terre durcie par le verglas : ils grelottaient autour d'un maigre feu, le plus souvent de bois vert, avec des effets mouillés, qui ne séchaient plus, alors qu'à très-peu de frais des préparations hydrofuges très-connues, dont l'ennemi s'est servi, eussent rendu leurs vêtements imperméables à l'eau, sans nuire à l'évaporation de la transpiration du corps. Pendant ce temps nos ennemis cantonnaient avec ordre dans les villages et étaient toujours dispos et bien reposés.

On nous dira : Pourquoi n'avez-vous pas fait comme eux? pourquoi n'avez-vous pas cantonné les troupes dans les villages où vous faisiez séjour? Hélas ! c'est que rien ne s'improvise à la guerre. Les faits en apparence les plus simples ont besoin d'être étudiés long-temps à l'avance, et l'on ne peut pas cantonner des troupes avec avantage, si elles ne sont pas rompues à la discipline la plus rigoureuse, habituées à se placer avec ordre chez l'habitant, à y tenir le moins de place possible, et, au premier signal, à se réunir dans le plus grand ordre.

Il faut que l'habitant chez lequel on loge ne voie pas gaspiller le peu qu'il possède par ses hôtes, qu'il ne soit pas en butte, lui et sa famille, à des sé-vices dont les auteurs se dissimulent facilement, et que du reste on n'a jamais le temps de réprimer en marche. Pour cela, il importe que les troupes aient été préparées en temps de paix à ces sortes d'opéra-tions. Il est de toute nécessité que la terrible leçon qui nous a été infligée nous ouvre les yeux et nous fasse abandonner les funestes errements du passé.

Pendant la nuit du 5 au 6, à Lamotte-Beuvron, il se produisit une panique parmi un certain nombre d'hommes de quelques régiments de la 2ᵉ division. Des paysans dont les fermes étaient envahies par des traînards et des débandés, qui mettaient tout au pillage, ne trouvèrent pas de meilleur expédient, pour se débarrasser de ces hôtes incommodes, que de leur annoncer l'approche de l'ennemi. Immédiatement, tous se précipitèrent vers le village et le camp, en criant que l'ennemi est sur leurs pas. Le mouvement de l'artillerie du corps d'armée, qui avait ordre de quitter Lamotte-Beuvron dès trois heures du matin, afin de ne pas encombrer la route, semble confirmer la cause de cette panique, qui en un instant acquiert une certaine importance. Cependant, grâce à la fermeté et à l'activité des officiers, les régiments réveillés restent calmes, attendent de pied ferme, et ne tardent pas à se convaincre que l'ennemi ne les menace nullement.

Le lendemain matin, l'armée partit pour Salbris. Je ne quittai Lamotte-Beuvron qu'après avoir organisé une forte arrière-garde de cavalerie, soutenue par de l'infanterie et du canon. Cette arrière-garde, composée de trois régiments de cavalerie, un d'infanterie et une batterie à cheval, que je renforçai ensuite de deux sections d'une batterie de 4 montée, devait s'établir à Nouan-le-Fuselier, à moitié chemin de Salbris et couvrir cette position. Lorsque ces ordres furent exécutés, je pris le train pour Salbris. Tous les wagons étaient envahis par plus de

400 hommes de toutes les armes, de tous les corps, qui avaient, pour ainsi dire, enlevé le convoi d'assaut.

Je voulus me rendre compte alors de l'état sanitaire réel de l'armée, en visitant ces hommes un à un. Pour en venir à bout et faire descendre tout ce monde des wagons, je dus faire venir une compagnie de mobiles, placée de garde au chemin de fer.

J'avoue que je n'en trouvai pas une centaine capables de faire la route à pied. Il y avait une vingtaine de varioleux, d'autres avec les fièvres, des facies d'épuisés, et plus de deux cents écloppés, tous ayant aux pieds des écorchures graves et au talon des morceaux de peau enlevés, de la largeur d'une pièce de cinq francs. Ces blessures provenaient de nos chaussures, dont la forme défectueuse, compliquée de guêtres, est très-mauvaise. L'homme ne peut les retirer la nuit, sous peine d'être dans l'impossibilité de les remettre dans l'obscurité s'il y a prise d'armes, et elles sont toujours ou mouillées ou remplies de sable ou de petits cailloux, suivant la saison et les terrains rencontrés dans la marche.

Dans ce train, je fis route avec M. de la Taille, l'inspecteur de la compagnie d'Orléans, qui avait dirigé l'évacuation de notre matériel avec une intelligence si remarquable. Comme nous avions appris, dans la journée du 4, qu'on attendait M. Gambetta à Orléans, M. de la Taille s'étonnait, comme moi, que son train n'eût pas passé la Chapelle à quatre heures, alors que ceux de l'évacuation de la ville sur Blois avaient fonctionné régulièrement jusqu'à cinq heures vingt minutes, heure de départ de notre dernier train.

A Salbris, l'état-major général du 15ᵉ corps et les états-majors des divisions passèrent une journée entière à faire le triage des hommes, qui arrivaient pêle-mêle, après avoir perdu leurs régiments depuis plusieurs jours. Des emplacements leur avaient été assignés d'avance derrière la Sauldre; le 15ᵉ corps campa du côté de la route d'Aubigny; les hommes des 16ᵉ et 17ᵉ, du côté de la route de Salbris à Romorantin; ils furent organisés en détachements pour être dirigés vers Blois.

Le général d'Aurelle se préoccupa de mettre de l'ordre dans les corps d'armée. Il m'enjoignit de nommer de suite un commandant de place à Vierzon, pour arrêter les débandés et les diriger sur les divers corps, enfin, de mettre à la disposition de ce commandant un bataillon pour lui prêter main-forte.

« Salbris, 6 décembre 1870

» Mon cher général,

» Envoyez le capitaine Chevalier à Vierzon, avec le titre et les pouvoirs de commandant supérieur; c'est-à-dire pouvant requérir du chef de bataillon que vous enverrez là tous les moyens pour faire arrêter et faire diriger sur Salbris tous les hommes débandés.

» Donnez-lui l'ordre de faire arrêter tous les officiers qui se trouveraient à Vierzon sans autorisation. Prévenez les corps sous vos ordres des instructions que vous donnez au commandant supérieur de Vierzon. Faites-vous donner par tous les corps les noms de tous les officiers absents, et prenez vis-à-vis d'eux, lorsqu'ils rentreront, telles mesures que comportent les circonstances.

» Prescrivez d'une manière absolue aux officiers de rester avec leurs corps et de bivouaquer avec eux. Si les officiers eussent été cette nuit avec leurs troupes, la panique eût pu être évitée ou du moins arrêtée.

» Il m'a été rendu compte que le 27ᵉ tout entier, avec les officiers supérieurs qui le commandaient, est parti pendant la panique. Informez-vous, faites une enquête, et n'hésitez pas à me proposer les moyens de répression que vous jugerez nécessaires, quel que soit le grade de ceux qui ont donné le mauvais exemple.

» Recevez, etc.

» *Le général commandant en chef,*

» D'AURELLE. »

Peu après, nous recevions de Tours une dépêche adressée au général en chef et communiquée aux commandants des divers corps d'armée. L'armée de la Loire était partagée en deux : les 16ᵉ et 17ᵉ corps sous les ordres du général Chanzy ; les 15ᵉ, 18ᵉ et 20ᵉ sous les ordres du général Bourbaki. Le général en chef était révoqué, et on lui destinait le commandement des lignes de Carentan, en avant de Cherbourg, poste qu'on m'avait donné au début, alors que j'étais général de brigade. Telle était la récompense de ses services !

Guerre à général d'Aurelle ; des Pallières, la Motte-
Beuvron ; Crouzat, 20ᵉ corps à Argent ; Bourbaki,
18ᵉ corps à Gien ; Chanzy, à Josnes. Faire suivre.

Dépêche nᵘ 537.   « Tours, 10 décembre 1870,
                                    2 h. 10 soir.

» L'évacuation d'Orléans et la division de l'armée
qui en est résultée conduit à adopter dans l'organisation du commandement les modifications suivantes :

» Le commandement en chef de l'armée de la
Loire est supprimé.

» Le général d'Aurelle est appelé à commander le
camp stratégique de Cherbourg. Le général Bourbaki
est nommé général en chef des 15ᵉ et 18ᵉ corps avec
le général Borel pour chef d'état-major. L'état-major
général de l'armée de la Loire suivra le général Borel,
sous réserve de réductions ultérieures.

» Le général des Pallières garde le commandement du 15ᵉ corps, sous l'autorité supérieure du
général Bourbaki. Le général Billot est nommé commandant en chef du 18ᵉ corps, sous l'autorité supérieure du général Bourbaki, et il est promu au grade
de général de division, à commission provisoire.

» Le général Crouzat garde le commandement du
20ᵉ corps, et relèvera directement du ministre de la
guerre.

» Les 15ᵉ et 18ᵉ corps se concentreront immédiatement à Gien, sur la rive droite de la Loire, et occu-
peront solidement l'angle formé par les deux routes
de Nogent-sur-Vernisson, à Gien et à Briare. .

» Le général Bourbaki recevra immédiatement de nouveaux ordres, tendant à une vigoureuse offensive.

» Le 20e corps se rendra immédiatement à Salbris, et occupera solidement les positions qu'occupait autrefois le 15e corps, avec une brigade détachée à Argent. Il recevra des renforts et se tiendra prêt à concourir à une marche en avant.

» DE FREYCINET. »

D'après cette dépêche, contrairement à ce qu'affirme M. de Freycinet dans *la Guerre en province*, page 126, la direction des opérations du 20e corps repassait directement aux mains de M. le délégué. Le général Bourbaki était mis en demeure de reprendre à Gien une vigoureuse et prochaine offensive avec les 15e et 18e corps : le 15e, alors à Salbris, devait se rendre immédiatement à Gien, tandis que le 20e, qui se trouvait à Argent, devait prendre les positions du 15e, à Salbris.

C'était la plus grande faute que l'on pût commettre de représenter à l'ennemi, divisée en deux, une armée qui n'avait pu arrêter sa marche alors qu'elle était entière. En effet, il était fort à craindre que l'ennemi, se dérobant à un moment opportun à l'une des deux fractions, en continuant à l'occuper par des fausses attaques, ne vînt se jeter tout entier sur l'autre pour l'anéantir.

D'ailleurs, le 15e corps était hors d'état de se reconstituer au milieu de ces mouvements incessants.

La marche de flanc sur Gien, outre l'inconvénient
de faire croiser sur la même route deux corps d'armée, mouvement au moins inutile, devait faire perdre
au 15ᵉ tous ses débandés qui se trouvaient en grand
nombre à Vierzon et au delà. Il était bien plus logique,
si l'on tenait à ce partage de l'armée, de joindre
le 20ᵉ corps au 18ᵉ qui était près de lui, et de laisser
le 15ᵉ, qui avait le plus souffert, se réorganiser dans
ses positions, d'où il couvrait Vierzon, nœud de nos
chemins de fer de Bourges, du midi et de Tours.

Je signalai de suite au gouvernement les dangers
de ce mouvement, qui neutralisait tous les efforts de
réorganisation.

Général des Pallières à guerre, Tours.

« Salbris, 6 décembre.

» Après trois jours de combat et trois marches de
nuit consécutives, les troupes, privées de distributions de vivres, sont arrivées dans le plus grand désordre à Salbris. Une grande quantité de traînards
et presque tout le convoi ont gagné par panique
Vierzon. Le convoi entier de la 2ᵉ division est à Blois.
Les hommes sont exténués de fatigue et de froid. Il
y a impossibilité matérielle à faire aucun mouvement
en ce moment. Je conserverai ma position de Salbris
pour tout réorganiser, si l'ennemi m'en laisse le
temps. J'ai à Nouan une forte arrière-garde. On
annonce à La Ferté la présence des Prussiens.

» J'enverrai au 16ᵉ corps les hommes qui lui ap-

partiennent et qui se trouvent mêlés à mes troupes.
En présence des nouvelles de l'ennemi, il serait, du
reste, imprudent, dans l'état actuel des troupes, de
faire une marche de flanc pour aller à Gien. »

A cette dépêche, M. de Freycinet répondit qu'il
n'avait pas entendu entraver les opérations en cours
par suite des nécessités militaires, et que sa dépêche
précédente, n° 537, ne devait recevoir son exécution
que lorsque les circonstances le permettraient.

Guerre à général d'Aurelle, général des Pallières,
Salbris ou autre station, faire suivre; général
Crouzat, Argent; général Bourbaki, Gien; faire
suivre.

« Tours, 6 décembre, 2 h. 55 soir.

» Il est bien entendu que ma dernière dépêche,
relative aux changements à apporter dans le commandement des troupes et dans la position des corps,
ne doit pas entraver les opérations qui pourraient
être actuellement en cours par suite des nécessités
militaires; ladite dépêche doit recevoir son exécution
dès que les circonstances le permettront sans danger
pour les troupes. Je désire être fixé ce soir sur la
position de tous les corps, et j'invite les divers commandants en chef à me la faire connaître.

» DE FREYCINET. »

A sept heures du soir, je recevais une dépêche du

17

général Bourbaki, me mandant que d'après les ordres
du ministre je devais me rendre à Gien.

Général Bourbaki à général des Pallières, Salbris.

Dépêche n° 5788.   « Gien, 7 h. 30 m. soir.

« D'après les ordres du ministre, vous devez vous
diriger avec votre corps d'armée sur Gien, et y attendre ses instructions.

» Faites-moi connaître vos besoins en munitions,
afin que je les satisfasse dans la mesure du possible.
Accusez-moi réception et prévenez-moi de l'époque
à laquelle vous arriverez à Gien.

» BOURBAKI. »

J'instruisis le général Bourbaki de ma situation,
et j'écrivis de nouveau à M. le délégué.

Il me répondit :

Guerre à général des Pallières, Salbris, à commu-
niquer à général Bourbaki, Gien.

« Tours, 6 décembre, 11 h. 55 m. soir.

» J'ai reçu votre dépêche de huit heures trente du
soir. J'ai déjà dit et je répète que l'exécution de
l'ordre relatif à la concentration du 15e corps à Gien
est nécessairement subordonnée aux circonstances
militaires dans lesquelles vous pouvez être engagé.
Avant tout, il faut ne pas compromettre les troupes.
Vous êtes donc juge de l'opportunité du moment de
la marche sur Gien, en vous rappelant seulement que

l'ordre susdit devra être exécuté aussitôt que ce sera possible. En tous cas, maintenez-vous en relations avec Bourbaki.

» DE FREYCINET. »

Pendant ce temps, le général d'Aurelle me remettait le commandement et m'envoyait copie d'une dépêche que lui adressait le délégué de la guerre, relativement à l'arrivée prochaine du général Bourbaki venant prendre la direction du 15e corps.

« Salbris, 6 décembre 1870.

« Mon cher général,

» Je reçois à l'instant du ministre de la guerre une dépêche qui m'annonce que l'armée de la Loire est dissoute, que les corps qui la composent vont recevoir une nouvelle organisation, et que je suis appelé à un autre commandement.

» Comme je n'ai dans ce moment à Salbris que le 15e corps, sous vos ordres, je vous informe qu'à partir de ce moment je cesse d'exercer le commandement dont j'étais investi sur lui. D'après les instructions du ministre, vous êtes placé sous les ordres du général Bourbaki, qui réunit le commandement des 15e et 18e corps. Je vous invite à vous adresser à lui pour lui demander des instructions et lui rendre compte de la remise de commandement que je viens de vous signifier.

» Recevez, etc.

» *Le général en chef,*

» D'AURELLE. »

17.

« Salbris, 7 décembre.

» Mon cher général,

» Je reçois du ministre de la guerre la dépêche
télégraphique suivante :

« J'engage le général Bourbaki à se transporter,
» s'il le peut, à Salbris, pour prendre possession
» du 15ᵉ corps et recevoir de vous toutes les indica-
» tions qui lui seraient utiles pour la direction à
» donner à ce corps. »

» Je m'empresse de vous communiquer cet avis.

> » *Le général de division*,

> » D'AURELLE. »

L'ordre de mouvement sur Gien acheva de me
désespérer. Sans laisser respirer ces corps d'armée
qui venaient d'être si cruellement éprouvés, M. le
délégué ne se préoccupait que d'une chose, c'était
de les remettre en marche dans toutes les directions.
Il semblait considérer les hommes comme les wagons
d'un convoi, qui n'éprouvent jamais de fatigue sensible, quel que soit le nombre des voyages qu'on leur
fait faire.

Il ne s'était même pas informé auprès des généraux
de l'état dans lequel se trouvaient leurs troupes, qui,
depuis plusieurs jours, marchaient et combattaient
sans pouvoir prendre une nourriture suffisante, les
pieds dans la neige, écrasés, dispersés, désorganisés
par l'impéritie de ses combinaisons stratégiques, ayant

évité à grand'peine des désastres plus cruels encore.

Pour lui, de son cabinet, à l'abri des intempéries, il jetait à la fortune un nouveau défi en décrétant : « Le général Bourbaki recevra immédiatement de nouveaux ordres tendant à une vigoureuse offensive. »

Et comme l'armée n'était sans doute pas assez désorganisée, il prescrivait au 15e corps, qui avait une masse de débandés, et recevait chaque jour des évadés d'Orléans et des traînards des dernières marches, mais qui pouvait très-bien se reconstituer en restant quelques jours à Salbris ou à Vierzon, de se rendre à Gien et de faire avec le 20e, dans une situation identique, à travers une contrée épuisée de ressources, un chassez-croisez inutile et dangereux, dont l'effet inévitable devait être d'achever les hommes et de ruiner complétement les attelages, déjà affaiblis par les marches forcées et les combats des derniers jours.

Je compris que notre halte à Salbris ne pouvait avoir qu'une durée insignifiante, et que le mouvement à outrance dans lequel M. le délégué à la guerre prétendait engager l'armée, ne nous laisserait aucun répit pour nous refaire : les dépêches de M. de Freycinet ne permettaient aucun doute à cet égard.

Je me demandai dès lors si je ne faisais pas acte de faiblesse coupable envers le pays, en participant comme chef à l'exécution de plans dont je mesurais tous les dangers pour l'armée.

De semblables dispositions ne pouvaient, en effet,

nous conduire qu'à une nouvelle et prochaine catastrophe.

J'entrevoyais ce résultat fatal sans pouvoir m'y
opposer, et cependant ma conscience se révoltait à
l'idée d'en partager la responsabilité. J'écrivis donc
immédiatement à M. le vice-amiral Fourichon,
ministre de la marine, la lettre suivante, espérant
qu'elle passerait sous les yeux du gouvernement et
du ministre de la guerre, et leur ferait entrevoir
sur quelle pente fatale ils s'engageaient.

« Salbris, 6 décembre 1870.

» Monsieur le ministre,

» Depuis que j'ai l'honneur d'appartenir à l'armée
de la Loire, toutes les opérations stratégiques ont
été dirigées par les bureaux de la guerre à Tours. Les
ordres envoyés par la délégation du ministre ont
mis en marche les divers corps d'armée, suivant
des plans qui lui étaient complétement propres et en
dehors de la conception desquels était placé le commandement en chef.

» Ayant pour principal devoir militaire l'obéis-
sance, j'ai exécuté scrupuleusement jusqu'au dernier moment, après avoir adressé respectueusement
au général en chef les observations que je devais lui
faire, tous les ordres de mouvements qui m'étaient
donnés, quels qu'ils fussent.

» Or, ces ordres ont émané jusqu'à ce jour de
personnes qui sont certainement animées des senti-

ments les plus patriotiques, mais qui ne se rendent pas compte exactement que, dans la guerre, la plus grande difficulté est d'amener sur le champ de bataille, à un moment donné, au point où doit se concentrer l'action, des troupes reposées, bien équipées, amplement pourvues de vivres et de matériel, et en nombre supérieur à l'ennemi. Ce sont les seules conditions qui peuvent contre-balancer leur jeunesse et leur faiblesse d'organisation : il ne suffit pas d'avoir du cœur et de l'enthousiasme pour les remplacer.

» Il n'y a donc que le commandant en chef qui puisse diriger et coordonner les mouvements des troupes placées sous ses ordres, suivant les circonstances, suivant la situation de chaque corps et la position dans laquelle il se trouve comme valeur, équipement, organisation; comme approvisionnements, distances, état des communications, etc.

» Je considère qu'il est impossible de juger ces questions de loin et du fond d'un cabinet, sans parler des positions et des mouvements imprévus de l'ennemi, que pressent bien mieux celui qui l'a sur les épaules, que celui qui agit d'après les rapports politiques de personnes le plus souvent étrangères au métier.

» D'un autre côté, amiral, étant persuadé que M. le ministre de la guerre et son délégué ont la conviction de faire pour le mieux dans l'intérêt du pays ; en présence des conséquences des opérations

qui se déroulent sous mes yeux, et pour ne me
trouver plus longtemps mêlé à des désastres tels que
ceux de ces jours derniers, je vous prie de vous
rappeler que j'appartiens à la marine, que je n'ai été
que prêté à la guerre, et que, d'ailleurs, il est de
mon devoir de laisser au choix de ceux qui dirigent
les mouvements une situation dans laquelle il importe que celui qui l'occupe ait en eux autant de
confiance qu'ils en ont en lui.

» Vous comprendrez assez, amiral, que dans ma
loyauté je veux me retirer d'une grande situation
qui m'a été faite par M le ministre de la guerre
sans que je l'aie sollicitée, après y avoir rendu la
somme de services que j'ai pu, avant le moment,
que je prévois peu éloigné, où, malgré toute mon
énergie et ma bonne volonté, je deviendrai forcément insuffisant.

» Veuillez, etc.

» Général DES PALLIÈRES. »

A cette lettre était jointe une demande au ministre de la guerre de me relever de mon commandement pour cause de santé. J'envoyai un de mes aides
de camp, M. le lieutenant de vaisseau de Chabanne,
les porter au ministre de la marine, afin qu'il pût
lui donner toutes les explications utiles sur la situation.

J'étais, en effet, de plus en plus préoccupé : la
confiance ne renaissait pas dans nos troupes, qui per-

daient chaque jour un grand nombre d'hommes par
suite de désertion. Je recevais du commandant Laurent, envoyé à Vierzon avec son bataillon pour arrêter les fuyards et les renvoyer à Salbris, la dépêche suivante :

Commandant militaire à général en chef, Salbris.

« Vierzon, 7 décembre, 9 h. 30 matin.

» Traînards en masse ici, plusieurs milliers.
200 officiers au moins. Impossible d'évacuer tout
par chemin de fer à neuf heures. Le train demandé
par le général n'est pas prêt. Vais prendre mesures
exceptionnelles.

» LAURENT. »

On ne raisonne pas avec la panique et ses exagérations. Il devenait indispensable de placer les troupes
dans des conditions telles qu'une tranquillité de plusieurs jours leur permît de reprendre leur assiette :
c'était le seul moyen d'arrêter cette désorganisation,
qui n'avait plus de motif réel du côté de l'ennemi. Je
résolus donc de conduire le 15ᵉ corps d'armée à
Vierzon, où il aurait retrouvé la plus grande partie
de ses débandés. Cette localité était trop éloignée
pour qu'on eût à y redouter la présence des coureurs
venant d'Orléans : ils eussent pu d'ailleurs être con-
tenus au passage de la Sauldre. Cette mesure sauve-
gardait notre objectif, qui était la conservation du

nœud important des chemins de fer de Bourges, du
Midi et de **Tours**. Là, nous eussions pu recevoir de
toutes directions les secours dont nous avions besoin.
Ces raisons me déterminèrent à m'y rendre, et
comme le temps pressait, je pris immédiatement les
dispositions nécessaires pour m'y porter, dans le cas
où le général Bourbaki, que j'informais, ne contre-
manderait pas avant la nuit ce mouvement.

Il ne me paraît pas inutile de citer ici le rapport du commandant Laurent sur la triste mission
qui lui fut confiée. Il y a là un enseignement sur la
rapide décadence morale des troupes, dont il faut
que nous tirions profit sous peine de voir s'en renouveler les effets, si nous ne recherchons soigneusement
les causes pour y porter remède.

Rapport de M. le commandant Laurent, envoyé à
Vierzon.

« Mon général,

» Conformément à vos ordres, le 6 au soir, je
prenais la voie ferrée à Salbris avec 4 compagnies
du 5ᵉ bataillon de marche d'infanterie de marine :
pour ne pas retarder le départ du train, nous lais-
sions nos vivres à Salbris.

» La route fut longue, on ne pouvait marcher à
toute vapeur à cause des groupes de fuyards qui
suivaient la voie, et ce n'est qu'à onze heures du
soir que nous arrivions à Vierzon.

» A première vue, la ville était inoccupée; aussi mon étonnement fut grand d'apprendre du chef de gare qu'il y avait plusieurs milliers d'hommes de l'armée de la Loire en ville.

» Je plaçai immédiatement trois postes très-forts, l'un vers la grande route de Salbris, l'autre en avant sur la ligne, le troisième sur la ligne de Tours, côté de Romorantin.

» Le reste du bataillon fut placé sous un hangar à wagons. Je défendis à tous les hommes de s'éloigner : les officiers couchèrent dans la salle du buffet.

» J'allai à la mairie, qui est assez éloignée. Je trouvai le conseil municipal assemblé et donnant des ordres au chef de bataillon de la garde nationale de Vierzon pour aller en reconnaissance dans la forêt.

» Le maire, à qui j'exposai ma mission d'arrêter les fuyards et de procéder à des exécutions, me dit que la première partie du programme serait inexécutable, les fuyards tournant la forêt par Saint-Laurent sur Barangeon et Neuvy; que pour la seconde elle était tout aussi inexécutable, les fuyards étant au nombre de plusieurs milliers, les officiers très-nombreux, de tous grades.

» Je ne voulais pas le croire. Je dis : Des francs-tireurs et de la mobile probablement. — Non, commandant, de la ligne et des chasseurs à pied; de tous les corps enfin.

» Croyant à des exagérations, je fis partir des

patrouilles avec des consignes sévères pour fouiller
les hôtels; ordre formel de mettre dehors les officiers
et de fusiller ceux qui refuscraient de se lever.

» Le premier hôtel ainsi fouillé, contenait 34 officiers, dont un capitaine de chasseurs à pied, commandant, disait-il, les débris d'un bataillon. Ce
capitaine vint me trouver et voulut un sursis pour
rassembler ses hommes : je le fis accompagner par
l'adjudant-major; à la porte, il avoua qu'il ne savait
pas où étaient ses hommes, et le lendemain il partait
seul par un train.

» Le jour vint, la gare fut encombrée de gardes
mobiles, de francs-tireurs voulant monter en chemin
de fer pour aller soit à Tours, soit à Bourges, peu
leur importait.

» Les fuyards appartenait en grande majorité au
16e corps. Il y avait là dès détachements entiers de
250, 300 hommes de régiments de mobiles. Je pus
me convaincre de la vérité des assertions du maire :
il y avait au moins 6,000 fuyards.

» Le 7, tout ce monde s'entassait dans les wagons
sans ordre. Je fis descendre à coups de crosse indis-
tinctement tous ces débandés, et déclarai que l'on ne
réembarquerait que par détachements organisés. Des
francs-tireurs à revers rouges, commandés par un
Espagnol portant les insignes de chef de bataillon,
me cernèrent, les uns se moquant de moi, les autres
me menaçant; mes hommes durent exécuter une

véritable charge à la baïonnette pour me dégager et débarrasser le quai de la gare.

» Quelques officiers de la mobile, plus raisonnables, entre autres un capitaine du 67e mobile, dès qu'ils comprirent mon intention, se mirent à rassembler leurs hommes.

» Quelques minutes après, je commençais l'embarquement pour le 16e corps. Cet embarquement se faisait bien lorsqu'il arriva un contre-ordre.

» La cour de la gare et le boulevard en face étaient de plus en plus remplis : mes hommes étaient débordés, il me fallut faire acte de vigueur, et, saisissant un fusil, j'abattis d'un coup de crosse un homme qui refusait d'obéir aux injonctions des factionnaires. Il y eut alors un commencement d'émeute, mais la compagnie de garde dans la salle d'attente se porta sur le perron et apprêta ses armes. La cour fut vidée en un clin d'œil, non sans vociférations contre mes hommes et moi : un officier fit même mine de me menacer de son revolver.

» Quelques minutes après, un train partait pour Tours, et j'appris en même temps que Vierzon avait un commandant militaire du grade de lieutenant-colonel. J'allai me mettre à sa disposition, et il me remit une dépêche de l'état-major du 15e corps me prescrivant de ne plus embarquer personne et d'attendre [1].

» Nous n'avions pu trouver de cantonnements ;

___
[1] Le 15e corps devant se rendre à Vierzon.

tout était plein. Le bataillon dut donc rester à la gare. Les tentatives que nous avions faites le matin pour mettre de l'ordre dans la cohue nous avaient fait prendre en horreur par tous ces malheureux; un officier dut se servir de son sabre pour se défendre en pleine rue, un sous-officier reçut une pierre sur la tête.

» Avec la nuit, commencèrent à arriver des voitures de convoi. Il y en avait déjà bon nombre dans la ville depuis le matin, et les intendants ou officiers d'administration affluaient, plus nombre d'ambulanciers.

» Vers le milieu de la nuit, les postes me firent prévenir que des colonnes profondes de fuyards entraient dans Vierzon par tous les sentiers; la voie et la grande route en étaient encombrées; tous étaient de la 3e division du 15e corps[1].

» Les hommes répandaient les bruits les plus insensés; suivant eux les Prussiens les talonnaient. Un lieutenant-colonel que je vis m'affirma que les Prussiens marchaient de Romorantin sur Vierzon. Je savais qu'ils étaient partis d'Orléans vers cette ville; mais je ne croyais pas qu'ils fussent encore aussi près de Vierzon.

» La gare fut vidée instantanément, le personnel, le matériel, tout fut enlevé et battit en retraite surtout vers la route de Bourges et le chemin du centre.

[1] C'était la 3e division du 15e corps qui escortait le convoi dirigé sur Vierzon, le 7, dès quatre heures du soir.

» La garde nationale battit le rappel, je fis former mes soldats dans la gare derrière les faisceaux, et nous attendîmes.

» Le 8 au matin, quand le jour vint, il n'y avait plus rien à évacuer. Vierzon n'est pas défendable sur la rive droite du Cher, je passai donc avec mon bataillon derrière le pont, dans le faubourg de la rive gauche.

» Un sous-lieutenant restait à la gare avec quelques éclaireurs. Vers neuf heures cet officier me rejoignit avec ses hommes et me dit qu'il n'y avait plus personne en ville, sauf quelques voitures de sucre et de café que les voituriers et quelques maraudeurs pillaient, vendant les produits aux habitants.

» Je me mis en route alors par le canal du Berry. à une heure, nous étions à Mehung-sur-Yèvre, où nous fîmes une halte fort longue. J'essayai de rallier quelques mobiles, mais quand je les eus groupés, formés et harangués pour leur donner quelques idées sur ce qu'ils avaient à faire, ils m'abandonnèrent.

» Il n'y avait pas d'officiers parmi eux ; un groupe composé d'un adjudant médaillé et de quatre soldats dont un tambour, anciens soldats à médailles commémoratives, m'accompagna cependant. Ce groupe portait un drapeau : si ma mémoire ne me trompe pas, c'était du 67ᵉ mobile.

» J'avais envie de rester à Mehung, mais je n'avais pas de vivres ; de plus, un officier me dit que le 15ᵉ corps était en retraite sur Aubigny et le 16ᵉ sur Blois, pas en entier toujours, car les fuyards de ce corps et les débris de bataillons et régiments étaient remontés de Vierzon sur Issoudun : or j'estime ces débris qui encombraient la veille Vierzon à 5,000 hommes au moins.

» Je continuai ma marche sur Bourges. A Marmagne, nous fîmes halte une seconde fois pour permettre à un train de partir avec le matériel qu'il entraînait.

» Depuis Beauvoir, mon arrière-garde était assaillie par des coups de feu que tiraient des groupes isolés au delà du chemin de fer : la route de Bourges sur la rive droite était complétement libre. Je dus faire chasser ces groupes affolés, qui sans doute ne pouvaient pas s'imaginer qu'une troupe en ordre circulant à côté d'eux fût française.

» Enfin, la nuit était faite depuis longtemps lorsque nous entrâmes à Bourges, par le côté de l'abattoir.

» Après avoir placé mon bataillon près de l'arsenal, j'allai me mettre à la disposition du général Mazure et lui demander des nouvelles du corps auquel j'appartenais : je n'obtins que des renseignements peu précis.

» Le lendemain, j'étais rejoint par des hommes de la 5e compagnie qui avaient battu en retraite de Souesmes sur la Chapelle d'Angillon[1].

---

[1] Cette compagnie, qui couvrait le corps d'armée sur son flanc pendant la marche sur Aubigny, s'était égarée dans les bois.

» Les éclaireurs d'avant-garde prussiens étaient à Theillay-le-Pouilleux vers huit heures du matin : c'est à 8 ou 9 kilomètres de Vierzon, en tournant la forêt par l'ouest.

» Pendant que je déjeunais au buffet de la gare, un lieutenant-colonel de la ligne pérorait au milieu d'un groupe d'officiers de toutes armes et injuriait M. le général d'Aurelle et les autres généraux.... Furieux de ces attaques de cabaret en retraite, je l'interpellai vivement et lui dis : Mon colonel, où sont vos soldats, où sont vos officiers, où êtes-vous vous-même ?.....

» Ce colonel m'imposa silence et m'infligea quinze jours d'arrêts, que je n'ai jamais faits, bien entendu.

» Il faut en grande partie attribuer ces débandades à la facilité énorme avec laquelle les habitants du pays, complétement dénués d'idées militaires, recueillent les traînards et les débandés. Sous ce rapport, celui qui nous dotera d'une loi punissant d'une amende en temps de paix, et rendant passible des cours militaires en temps de guerre, les habitants et cabaretiers qui attirent ou recueillent, sans un certificat, les soldats appartenant à une troupe en marche ou campée, nous rendra un grand service : car il semble vraiment que, quand il s'agit de discipline militaire, toute la population conspire contre le salut de l'armée.

» Je suis, etc.,

» LAURENT. »

18

C'est sous la pression de la situation dont ce rapport rend si bien compte, que je me déterminai à marcher dans la soirée sur Vierzon. Vers midi, je reçus communication d'une dépêche du gouvernement au général Bourbaki, par laquelle le 20ᵉ corps était replacé sous les ordres de ce général. Le mouvement de ce corps sur Salbris et la marche du 15ᵉ sur Gien n'en devaient pas moins avoir lieu. Cette dépêche renfermait aussi des renseignements très-précieux sur la situation du général Crouzat.

Guerre à général Bourbaki, Gien; général Crouzat, Argent; général Borel, chef d'état-major, Salbris.

Dépêche nᵒ 5438.   « 7 décembre.

» Jusqu'à ce que les 15ᵉ et 20ᵉ corps puissent prendre leurs situations définitives, telles qu'elles leur ont été assignées par ma dépêche d'hier réorganisant le commandement, il convient de laisser sous votre direction le 20ᵉ corps, qui est actuellement à Argent, et qui opère dès lors entre vos deux corps, 15ᵉ et 18ᵉ. En conséquence, je vous invite, à moins de raisons militaires qui s'y opposent, à vous transporter immédiatement à Argent et à Salbris, et à donner des instructions aux généraux Crouzat et des Pallières pour sauvegarder le mieux possible la situation militaire.

» Dans cet ordre d'idées, je vous communique, à titre de renseignement, la dépêche ci-après du général Crouzat : « Je vous prie de remarquer que si l'en-
» nemi veut marcher sur Bourges en laissant Salbris à

» sa droite, il le peut très-facilement en passant par
» Clémont et Aubigny ; je serais alors séparé du 15ᵉ
» corps, sans autre point de ravitaillement que Gien, et
» le verglas couvre les routes, la neige tombe ; ma
» seule ligne de retraite possible serait alors Sancerre,
» mais encore faudrait-il ne pas perdre de temps. »

» Veuillez m'accuser réception de la présente, vous
mettre immédiatement en communication télégraphique avec Crouzat et des Pallières et me faire connaître les dispositions qui ont été prises.

» DE FREYCINET. »

Vers le soir, ne recevant pas de nouvelles du général Bourbaki au sujet de mon mouvement sur Vierzon, je donnai l'ordre au convoi de prendre cette
direction sous l'escorte de la 3ᵉ division du corps d'armée : il était environ quatre heures. Vers cinq heures, le général d'Aurelle se présenta à mon quartier
général : il venait d'apprendre mon mouvement et
le blâma complétement. Selon lui, je ne devais m'é-
carter sous aucun prétexte des instructions du gouvernement. J'avais appris dans la journée, par le
colonel Tissier, de l'état-major général, que le général d'Aurelle avait été invité par le gouvernement à
prendre la direction du 15ᵉ corps jusqu'à l'arrivée du
général Bourbaki. A mes observations sur la nécessité d'éloigner mon corps d'armée d'une localité où
sa réorganisation semblait se compromettre davantage, par suite d'une impressionnabilité causée par les

18.

récents malheurs et augmentée encore par la proximité de l'ennemi, il me répondit qu'à ses yeux, ne
pas se rendre à Gien suivant les ordres du gouvernement, c'était attirer de nouveau sur nous un grand
désastre. Il ajoutait que ce n'était pas un ordre, mais
un avis qu'il me donnait.

J'avais dès la veille donné ma démission, sur laquelle j'étais fermement décidé à ne pas revenir. Je
savais que le général en chef était chargé de la direction de mon corps d'armée par le gouvernement, bien
qu'il eût refusé cette délégation : je crus dans ces
conditions que je n'étais pas maître de ne pas suivre
les avis du général, sous la tutelle duquel le gouvernement m'avait placé, et, bien que peu pénétré du
mérite de la manœuvre qu'il me recommandait, je
changeai la direction de mon mouvement et je pris
la route de Gien par Aubigny, envoyant sur-le-champ
un officier de mon état-major faire tourner à gauche
la tête de mon convoi à Theillay et le diriger par cette
voie sur Aubigny. J'écrivis ensuite au gouvernement
la dépêche suivante :

Général des Pallières à guerre, Tours.

« Après trois jours de combats et de marches non
interrompus, nos troupes sont arrivées à Salbris ex-
ténuées. Plusieurs régiments sont débandés et un
grand nombre d'hommes en proie à une panique
inexprimable ont été jusqu'à Vierzon, entraînant le
grand convoi. Mon intention était de me diriger sur

la position importante de Vierzon, que je voulais couvrir, lorsque M. le général d'Aurelle m'a déclaré que, dans son opinion, une marche sur Vierzon serait un désastre. Sachant que vous l'avez invité à conserver la direction du 15ᵉ corps jusqu'à l'arrivée du général Bourbaki, je considère cet avis comme un ordre, et je me dirige sur Gien en passant par Aubigny.

» DES PALLIÈRES. »

Pour donner ici une idée du spectacle lamentable de marasme et de découragement dans lesquels les fausses manœuvres de gens ignorant les principes qui régissent la marche des armées peuvent plonger des troupes même bien organisées, il est utile de mentionner le combat qui eut lieu dans la soirée, entre notre arrière-garde et une division de cavalerie ennemie sans artillerie et sans infanterie de soutien.

Les éclaireurs de l'avant-garde ennemie se jetèrent étourdiment dans nos avant-postes et furent refoulés, non sans laisser quelques-uns des leurs entre nos mains.

Notre arrière-garde, au lieu d'en prendre courage, battit en retraite sans coup férir, et ne s'arrêta qu'au pont de Salbris, à la nuit, où le régiment de zouaves brûla inutilement presque toutes ses cartouches. Dans d'autres conditions, cette cavalerie, qui avait fait les meilleures preuves pendant la campagne, qui était bien commandée, appuyée par de

l'infanterie et 8 pièces de canon, eût reconduit l'ennemi jusqu'à Orléans.

La marche sur Aubigny fut très-dure. Les chemins étaient couverts de verglas, nos chevaux
n'avaient pu être ferrés à glace, vu le manque de
clous, que l'on n'avait pas eu le temps de confectionner en assez grande quantité. Les hommes
durent bivouaquer dans la neige, autour de maigres
feux, qui ne parvenaient pas à réchauffer leurs membres endoloris par les plaies aux pieds, la fatigue et
le froid, qui descendit jusqu'à 15° au-dessous de
zéro.

En arrivant à Aubigny, je me rendis au télégraphe, où je trouvai diverses dépêches parvenues à
Salbris après mon départ.

Le général Bourbaki, dans une de ces dépêches,
m'ordonnait de me rendre à Bourges pour le 9, m'informant que le 20ᵉ corps y serait le même jour, et le
18ᵉ corps le 10.

Général Bourbaki à général des Pallières, Salbris.

Dépêche n° 5550.   « Transmis par Bourges, 8 h. 10 m. soir.
                      De Gien, 7 h. soir.

» Il est nécessaire que nous nous concentrions à
Bourges, où vous arriverez le 9 ; le 20ᵉ corps y sera
le même jour, et le 18ᵉ le 10.

                              » BOURBAKI. »

Une dépêche du gouvernement au général Bourbaki l'autorisait à repasser sur la rive gauche de la
Loire, pour couvrir Nevers et Bourges, tout en laissant pressentir sous peu une action décisive.

Guerre à général Bourbaki, Gien; à communiquer
au général Crouzat; Argent, Salbris.

N° 5625.   « Tours, 7 décembre, 6 h. 15 m. soir.
                       Transmis par Bourges, 9 h. 55 m. soir.

» Mon intention et mon espoir étaient de vous voir
prendre une vigoureuse offensive avec les 15ᵉ et
18ᵉ corps réunis, mais ce que vous dites des conditions d'une lutte demain ou après-demain, et l'éloi-
gnement actuel du 15ᵉ corps autorisent un replie-
ment pour couvrir Nevers et Bourges. La position
des 15ᵉ et 20ᵉ corps nécessitera probablement que
vous passiez sur la rive gauche au moment et au
point qui vous paraîtront le plus favorables. Il est
bien entendu que le 20ᵉ corps, comme le 15ᵉ et le
18ᵉ, resteront sous votre direction absolue. Une fois
que vous aurez ainsi tout réuni sous votre main, je
compte que vous serez réellement prêt pour une
action décisive.

                              » GAMBETTA. »

Une dépêche du ministre de la guerre m'informait
que le général Bourbaki devant se replier dans la
direction de Bourges, je devais rester à Salbris pour
couvrir l'importante position de Vierzon.

Intérieur à général des Pallières, Aubigny.

N°.5637.   « Tours, 7 décembre, 7 h. 15 m. soir.

» Une dernière dépêche du général Bourbaki et ce qu'il me mande des conditions de ses troupes l'obligeront vraisemblablement à se replier dans la direction de Bourges, pour couvrir Bourges et Nevers. Dès lors, veuillez conserver, quant à présent, la position de Salbris, qui couvre l'importante direction de Vierzon, et prenez immédiatement les ordres du général Bourbaki.

» GAMBETTA. »

Enfin une seconde, dans le même sens.

Guerre à général des Pallières, Aubigny.

N° 5614.   « 7 décembre.

» Le général Bourbaki recevant l'ordre, en conséquence de sa dernière dépêche, de se replier pour couvrir Bourges et Nevers, veuillez vous-même garder votre position de Salbris aussi longtemps que possible, et rabattez-vous ensuite sur Vierzon, qu'il faut défendre énergiquement.

» GAMBETTA. »

C'était là précisément ce que j'avais eu l'intention de faire, tant il est vrai qu'à la guerre il y a des mouvements qui s'imposent d'eux-mêmes, par l'enchaînement des circonstances.

Si l'on remarque l'heure d'expédition de Bourges des dépêches n°s 5550 et 5625, venant, la première de Gien (général Bourbaki), et la seconde de Tours (guerre), on verra que le parti du général Bourbaki de se rendre à Bourges était pris avant la dépêche du gouvernement, qui ne cédait qu'à regret à toute combinaison en dehors de ses inspirations.

Or, il était impossible au général Bourbaki, passant sur la rive gauche de la Loire, de se rendre ailleurs qu'à Bourges, car il n'aurait pas trouvé à vivre en Sologne, comme le prouve la dépêche suivante du général Crouzat, auquel j'avais demandé de me faire préparer à Aubigny 35,000 rations, indispensables pour assurer mon mouvement de Salbris sur Gien.

Général Crouzat à général des Pallières, Salbris.

Dépêche n° 531.   « Argent, 7 décembre, 7 h. 5 m. soir.

» Gien étant attaqué par la rive droite, je ne puis plus recevoir de vivres ; il me sera donc impossible de préparer 35,000 rations à Aubigny. J'avertis le ministre que, à moins d'ordres contraires de sa part, je me retirerai demain matin sur la Chapelle d'Angillon, et de là vers Bourges, où je télégraphie pour qu'on m'envoie un convoi de vivres au-devant de moi.

» Général CROUZAT. »

Cette dépêche m'indiquait qu'au jour le 20ᵉ corps allait traverser Aubigny, où nous devions faire séjour. Je pris immédiatement les mesures utiles pour que la grande rue de la ville fût complétement dégagée de tous les impedimenta, afin de ne pas gêner le mouvement du corps d'armée, qui passa de neuf heures à onze heures.

Le général Bourbaki arriva vers cette heure et m'informa que le 18ᵉ corps devait passer par Aubigny le lendemain, se dirigeant également sur Bourges. Je me déterminai alors à prendre, pour gagner Bourges, la route d'Henrichemont, afin de laisser la route directe libre au 18ᵉ corps.

Tous ces mouvements étaient d'ailleurs couverts par la division de cavalerie de mon corps d'armée, qui fut dirigée sur Bourges, par Allogny.

Le lendemain, à la Chapelle d'Angillon, je reçus la dépêche suivante :

Guerre à général des Pallières, la Chapelle.

Dépêche 5971.   « Tours, 8 décembre, 11 h. 59 m. soir.

» Général,

» Je ne peux, à la dernière heure, accepter votre démission. Dans quelques jours nous aviserons. Vous êtes devant l'ennemi, et je compte que vous resterez à votre poste.

                              » GAMBETTA. »

Le 10, nous arrivions à Bourges et nous prenions position un peu en arrière sur la gauche de la ville.

Je ne fus pas convoqué au conseil de guerre qui réunit les différents chefs de corps d'armée, sous la présidence de M. Gambetta, arrivé le 11 au matin dans cette ville. Mais j'appris, par le général Bourbaki, que le ministre de la guerre n'avait tenu compte d'aucune des raisons qu'il lui avait développées, pour l'engager à lui accorder dans cette importante position un moment de répit, qui lui permît de réorganiser ses forces, que les dernières marches avaient mises dans le plus triste état. Le mouvement dans la direction de la deuxième armée de la Loire, sous le commandement du général Chanzy, par Vierzon et Romorantin, devait commencer immédiatement.

J'appris aussi que divers changements devaient avoir lieu parmi les chefs de corps d'armée. Le commandement du 20ᵉ corps devait être retiré au général Crouzat, malgré les instances du général en chef, qui, comme nous tous, appréciait l'honorable caractère de cet officier général; en effet, il avait su tirer tout le parti possible d'un corps qui n'avait jamais été organisé et s'était toujours trouvé dans le plus déplorable état de dénûment. D'ailleurs, tous les officiers généraux de ce corps, à peu d'exceptions près, appartenaient à l'armée auxiliaire et ne s'étaient pas trouvés en mesure de le seconder, autant qu'il aurait été nécessaire en présence des exigences de la situation.

Je profitai de ces incidents pour renouveler ma demande de démission, indiquant, pour me remplacer, le général de division de Colomb, commandant la 1re division du 15e corps, officier général dont pendant tous ces événements j'avais pu apprécier le calme, l'énergie et les talents militaires. Le lendemain, 12, nous partions pour Mehun, où j'appris du général en chef que ma démission était acceptée définitivement, et que j'étais remplacé dans mon commandement par le général de Colomb. Je fus informé en même temps que, renonçant à la marche sur Romorantin, M. Gambetta rappelait les troupes sur Bourges [1] pour constituer l'armée de l'Est. Nous revînmes donc sur nos pas, à Saint-Florent, où je remis le commandement de mes troupes.

A mon retour à Bourges, j'appris que, le 5 décembre, le gouvernement de Tours avait fait répandre à profusion un bulletin sur les événements d'Orléans, dans lequel le général en chef de l'armée de la Loire et moi étions fort maltraités, et l'on me procura une des affiches émanant de la préfecture du Cher.

Voici ce factum :

[1] Voir à l'Appendice.

PRÉFECTURE DU CHER.

Dépêche télégraphique.

CIRCULAIRE DE TOURS.

Intérieur à préfets, sous-préfets et généraux commandant divisions et subdivisions.

« 5 décembre 1870, 11 h. 55 m. soir, arrivée
à 3 h. 20 m. matin, le 6 décembre.

Après divers combats livrés dans les journées des 2 et 3 décembre, qui avaient causé beaucoup de mal à l'ennemi, mais qui, en même temps, avaient arrêté la marche de l'armée de la Loire, la situation générale de cette armée parut tout à coup inquiétante au général commandant en chef, d'Aurelle de Paladines. Dans la nuit du 3 au 4 décembre, le général d'Aurelle parla de la nécessité qui s'imposait, suivant lui, d'évacuer Orléans et d'opérer la retraite des divers corps de l'armée sur la rive gauche de la Loire. Il lui restait cependant une armée de plus de 200,000 hommes, pourvue de 500 bouches à feu, retranchée dans un camp fortifié de pièces de marine à longue portée. Il semblait que ces conditions, exceptionnellement favorables, dussent permettre une résistance, qu'en tout cas les devoirs militaires les plus simples ordonnaient de tenter. Le général d'Aurelle n'en persista pas moins dans son mouvement de retraite. Il était sur place, disait-il; il pouvait mieux que personne juger la situation des choses.

Après une délibération prise en conseil de gouvernement à l'unanimité, la délégation fit passer le télégramme suivant au commandant en chef de l'armée de la Loire :

« L'opinion du gouvernement consulté était de vous voir tenir ferme à Orléans, vous servir des travaux de défense et ne pas s'éloigner de Paris. Mais puisque vous affirmez que la retraite est nécessaire, que vous êtes mieux à même, sur les lieux, de juger la situation ; que vos troupes ne tiendraient pas, le gouvernement vous laisse le soin d'exécuter le mouvement de retraite, sur la nécessité duquel vous insistez et que vous présentez comme de nature à éviter à la défense nationale un plus grand désastre que celui même de l'évacuation d'Orléans. En conséquence, je retire mes ordres de concentration active et forcée à Orléans et dans le périmètre de vos feux de défense. Donnez des ordres à tous vos généraux en chef placés sous votre commandement. »

Cette dépêche était envoyée à onze heures. A onze heures cinquante-cinq, le général d'Aurelle de Paladines écrivait d'Orléans :

« Je change mes dispositions ; je dirige sur Orléans le 16e et le 17e corps ; j'appelle le 18e et le 20e. J'organise la résistance. Je suis à Orléans, à la place.

» D'AURELLE. »

Ce plan de concentration était justement celui qui, depuis vingt-quatre heures, était conseillé, ordonné par le ministre de la guerre. M. le ministre de la guerre voulut se rendre lui-même à Orléans pour s'assurer de la concentration rapide des corps de troupes. A une heure et demie, il partait par un train spécial; à quatre heures et demie, en avant du village de la Chapelle, le train dut s'arrêter; la voie était occupée par un parti de cavaliers prussiens qui l'avaient couverte de madriers et de pièces de bois pour entraver la marche des convois.

A cette heure, on entendait la canonnade dans le lointain; on pouvait croire qu'on se battait devant Orléans. A Beaugency, où le ministre de la guerre était revenu pour prendre une voiture afin d'aller à Écouis, croyant que la résistance se continuait devant Orléans, il ne fut pas possible d'avoir de nouvelles.

Ce n'est qu'à Blois, à neuf heures du soir, que la dépêche suivante fut envoyée de Tours :

« Depuis midi, je n'ai aucune dépêche d'Orléans; mais à l'instant, en même temps que la vôtre, six heures trente minutes, je reçois deux dépêches, l'une de l'inspecteur d'Orléans, annonçant qu'on a tiré sur votre train à la Chapelle; l'autre du général d'Aurelle ainsi conçue :

« J'avais espéré jusqu'au dernier moment pouvoir » me dispenser d'évacuer Orléans. Tous mes efforts ont » été impuissants. Cette nuit la ville sera évacuée. »

» Je suis sans autres nouvelles.

» FREYCINET. »

En présence de cette grave détermination, des
ordres immédiats furent donnés à Blois pour assurer
la bonne retraite des troupes. Le ministre ne rentra
à Tours que vers trois heures du matin. Il trouva à
son arrivée les dépêches suivantes que le public
appréciera :

Général des Pallières à guerre.

« Orléans, 5 décembre, 12 h. 10 m.

» L'ennemi a proposé notre évacuation d'Orléans
à onze heures et demie du soir, sous peine de bombardement de la ville. Comme nous devions la quitter
cette nuit, j'ai accepté au nom du général en chef.
Les batteries de marine ont été enclouées, la poudre
et le matériel détruits. »

Orléans, secrétaire général à intérieur.

« L'ennemi a occupé Orléans à minuit. On dit
Prussiens entrés presque sans munitions. Ils n'ont
presque pas fait de prisonniers. »

A l'heure actuelle, les dépêches des différents
chefs de corps annoncent que la retraite s'effectue
en bon ordre; mais on est sans nouvelles du général
d'Aurelle, qui n'a rien fait parvenir au gouvernement. Les nouvelles reçues jusqu'à présent disent
que la retraite des corps d'armée s'est accomplie
dans les meilleures conditions possible. Nous espé-

rons reprendre bientôt l'offensive; le moral des
troupes est excellent.

« Le courrier reçu de Paris, par le ballon *Fran-*
klin, signale des victoires sous Paris les 2 et 3 décembre. Celle du 3 surtout a été importante comme
résultats. Nous avons combattu trois heures, dit le
général Trochu, pour conserver nos positions, et cinq
heures pour enlever celles de l'ennemi, sur lesquelles
nous couchons.

» Les pertes prussiennes sont évaluées à un chiffre
très-considérable; 400 prisonniers sont arrivés dans
la journée à Paris.

» Les troupes engagées le 3 étaient pourtant
fraîches; il y avait environ 100,000 hommes, pour
la plupart Saxons ou Wurtembergeois. Le rapport
officiel dit que les pertes de l'ennemi sont tellement
considérables, que, pour la première fois de la campagne, il a laissé passer une rivière en sa présence,
en plein jour, à une armée qu'il avait attaquée la
veille avec tant de violence.

» La matinée du 4 a été calme. Grand effet moral
produit dans Paris.

» Léon Gambetta.

» Pour copie conforme :

     » *Le préfet du Cher*,

          » Louriou. »

19

Ce document couronne par un acte d'une odieuse perfidie la ruine de l'armée, préparée par les stratégistes du cabinet de Tours. Selon leur habitude, après avoir vu échouer leurs combinaisons, ils cherchaient à égarer le pays en rejetant l'insuccès sur les commandants en chef de l'armée.

Le lecteur connaît assez maintenant les causes qui ont amené l'évacuation d'Orléans, pour que je n'aie pas besoin de réfuter ce bulletin. Mais il sera, sans doute, édifié par la lettre suivante de M. de la Taille, inspecteur principal des chemins de fer d'Orléans.

Il verra que le convoi qui, dans la journée du 4, portait M. Gambetta et sa fortune de Tours à Orléans, fut plus prudent que le navire de César, qui brava la tempête.

M. Gambetta, en effet, s'arrêta à la Chapelle, juste assez près pour entendre en sécurité le canon d'Orléans, à quatre heures et demie, alors que les trains partant de cette ville pour sauver notre matériel, continuaient leur course à toute vapeur sans se soucier des balles impuissantes de quelques uhlans.

COMPAGNIE DU CHEMIN DE FER DE PARIS A ORLÉANS.

Exploitation.

1re INSPECTION.

« Orléans, 15 janvier 1872.

» Mon général,

» J'ai l'honneur de vous adresser les heures précises du départ des derniers trains d'évacuation de la gare d'Orléans dans la direction de Tours, le 4 décembre.

» Nous avons fait partir un train à trois heures vingt minutes du soir;

» Un à cinq heures;

» Un à cinq heures dix minutes;

» Le dernier à cinq heures vingt minutes.

» Je trouve à la gare d'Orléans un ordre du colonel d'artillerie Hugon, prescrivant, à cinq heures du soir, le départ d'un train de munitions de guerre qui, suivant ses précédentes instructions, devait être dirigé sur Tours. Cet ordre n'aurait pas été donné à cinq heures du soir, si la circulation avait été arrêtée deux heures auparavant.

» Nous avons appris depuis que ces derniers trains avaient essuyé le feu de l'ennemi du côté de la station de la Chapelle : le dernier a failli être jeté hors de la voie, les Prussiens ayant placé des madriers sur les rails pour arrêter la circulation.

» Je ne pourrais vous dire sur quel point le train spécial de M. Gambetta a rencontré notre dernier train d'évacuation [1], l'inspecteur qui accompagnait

---

[1] Il est à observer que le dernier train, dont parle M. de La Taille, a quitté Orléans à 5 heures 20 minutes, tandis que M. Gambetta annonce dans son Bulletin avoir été forcé de s'arrêter à la Chapelle à 4 heures et demie; ce ne peut donc être que le train de 3 heures 20 minutes qui a rencontré le train spécial.

le train de M. Gambetta étant mort depuis ces événements.

» Je vous prie d'agréer, etc.

» DE LA TAILLE,

» *inspecteur principal du chemin de fer d'Orléans.* »

« M. l'inspecteur de la gare devra évacuer le plus
tôt possible le parc de munitions de la marine.

» Orléans, 4 décembre 1870, 5 h. soir.

» *Le colonel,*

» *Signé :* HUGON. »

Certes, quand on accuse si facilement les généraux
de pusillanimité et qu'on précipite à grand fracas ses
concitoyens dans la lutte à outrance, il paraît étrange
que l'on pousse l'instinct de la conservation assez
loin, pour se laisser surpasser en héroïsme par de
simples mécaniciens et chauffeurs de chemins de
fer, risquant leur vie obscurément pour sauver à la
France en détresse quelques approvisionnements de
munitions. Tant il est vrai qu'il est plus facile d'en-
courager bruyamment les autres à la mort, que d'y
marcher soi-même d'un cœur ferme et tranquille.

Monsieur l'Inspecteur de la
gar... Du...a évacuer le plus tôt
possible le parc de munitions
de la marine

Orléans 4 décembre 1870
5 heures du soir
Le colonel
[signature]

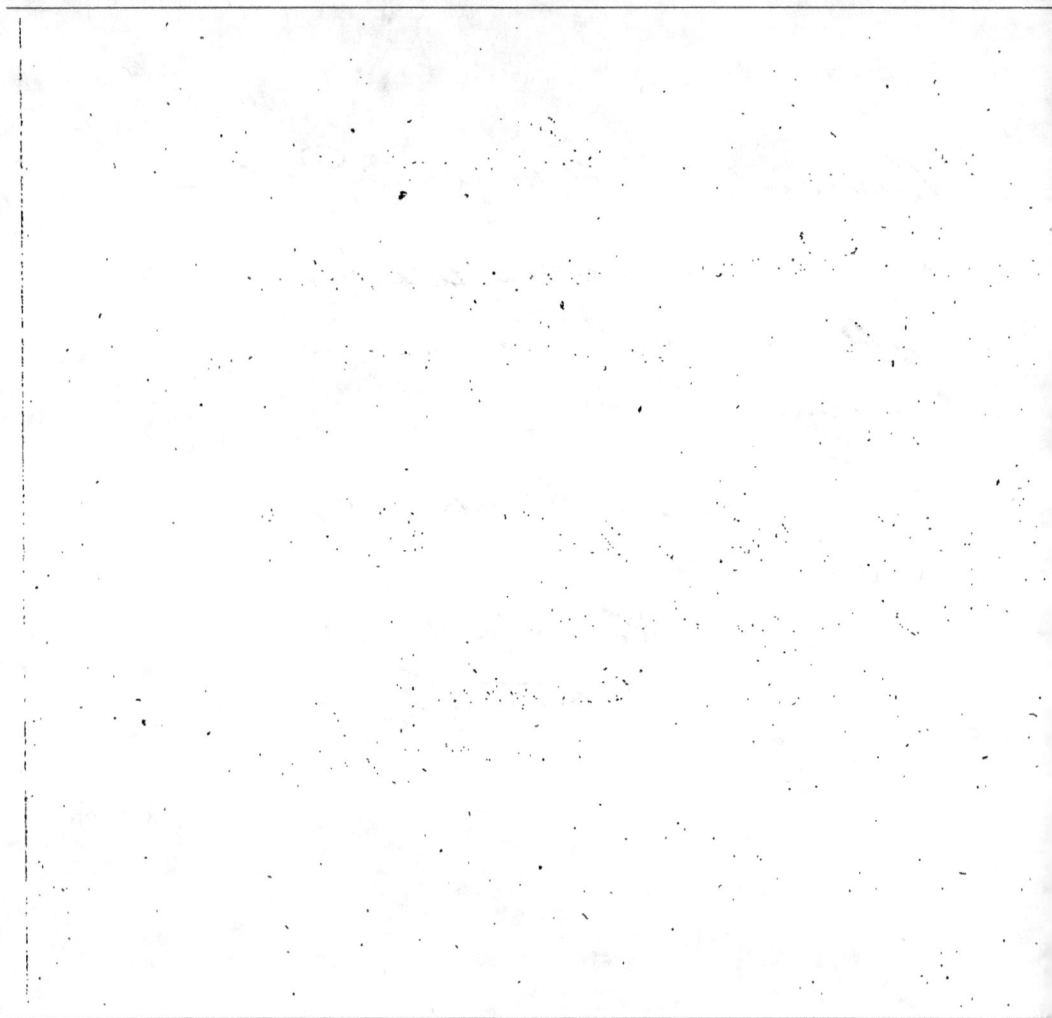

CHAPITRE VII.

Motifs de la démission du commandant du 15ᵉ corps d'armée. — Lettre à M. Gambetta, au sujet des opérations militaires qu'il dirige de son cabinet. — Sedan et Orléans sont les effets d'une même cause.

En écrivant ce bulletin du 5 décembre 1870, qu'il faisait suivre de la révocation du général en chef de l'armée de la Loire, M. Gambetta espérait égarer l'opinion publique sur la véritable cause de nos échecs; il faisait retomber toute la responsabilité sur les généraux en chef, qu'il désignait au pays comme des traîtres, ou tout au moins comme des incapables. Pour lui, en ce moment, courant en chemin de fer du quartier général d'une armée à l'autre, faisant annoncer bruyamment par la presse qu'il partageait les dangers et les fatigues de nos soldats, il semblait le génie de la France, cherchant, à l'aide d'une prodigieuse activité, à porter remède partout à la fois aux malheurs qu'amenait l'insuffisance des chefs militaires.

En donnant ma démission de commandant du 15ᵉ corps, j'agissais par un double motif: le premier, sans aucun doute, était l'extrême répugnance que

j'avais à prendre sur moi la responsabilité d'événements dont je prévoyais la fatale et irrémédiable
issue. Mais j'espérais aussi que cet acte d'un officier général auquel on n'avait rien à reprocher,
comme le prouve le télégramme du ministre en date
du 8 décembre, aurait peut-être pour effet d'ouvrir
les yeux au gouvernement sur ses fautes, et le con-
duirait à laisser enfin aux généraux en chef la liberté
de leurs mouvements.

C'était pour atteindre ce dernier but que j'avais
écrit à l'amiral Fourichon la lettre qu'on a lue au
chapitre précédent, la lui faisant porter par un de
mes aides de camp, afin qu'il fût bien exactement
renseigné, et pût, en parfaite connaissance de cause,
chercher à convaincre ses collègues du danger de
laisser à des personnes complétement étrangères au
métier la direction des armées.

Il n'en fut rien; je tentai dès lors un dernier effort,
et le 29 décembre, quelques jours après mon arrivée
à Bordeaux et mon remplacement, j'écrivis directement à M. Gambetta la lettre suivante, destinée à lui
ouvrir les yeux, du moins je l'espérais, et dans tous
les cas à protester contre ses perfides insinuations.

Comprenant bien que je n'étais pas homme à lui
créer des embarras en présence de l'ennemi, M. Gambetta n'y répondit pas, et continua, comme par le
passé, à diriger nos armées obstinément vers les
derniers désastres qui ne pouvaient manquer de les
atteindre.

Lettre au ministre de la guerre.

« Bordeaux, 29 décembre 1870.

» Monsieur le ministre,

» Aussitôt après l'évacuation d'Orléans, il a paru dans le *Journal Officiel* une note par laquelle vous vouez au mépris et à l'indignation du pays la conduite du général en chef de l'armée de la Loire et celle du commandant du 15ᵉ corps.

» Ces généraux sont, dans cette communication, implicitement accusés à la fois de lâcheté et d'incapacité. Plus tard, vous annoncez une enquête au public.

» De l'ensemble de ces mesures, il est résulté contre moi et mon corps d'armée les attaques les plus injurieuses d'une certaine partie de la presse, attaques injustes, dont le triste résultat ne pouvait que rendre plus difficile la réorganisation du corps, en ôtant aux soldats la confiance dans leur chef, qui a fait tout ce qui était humainement possible pour amoindrir les conséquences désastreuses d'une situation qu'il était loin d'avoir créée.

» En effet, aucun homme de guerre qui mérite tant soit peu ce nom n'ignore que si l'organisation d'une armée est difficile, sa désorganisation, sa démoralisation en campagne est l'affaire de quelques jours, quand elle n'est pas amenée sur le champ de bataille dans des conditions de concentration telles,

que tous les corps qui la composent puissent se prêter un mutuel appui, rien qu'en se tendant la main.
Les divisions, dont la réunion forme les corps d'armée, doivent à plus forte raison être concentrées.

» Il ne peut donc être question de faire ces concentrations au jour du combat, devant l'ennemi, à
l'aide de marches forcées de flanc, qui vous amènent
comme troupes de renfort des fractions qui, presque
toujours, ont dû combattre, et n'arrivent au secours
de troupes déjà entamées que brisées, harassées de
fatigue, après des marches variant de douze à vingt-
quatre heures, et le plus ordinairement sans vivres.
Dans ces conditions, hommes et chevaux sont incapables d'un effort sérieux contre des troupes victo-
rieuses, qui se sont reposées la nuit, confiantes à
l'abri de leur succès, pour en poursuivre le cours le
lendemain.

» Lors de ces concentrations qui sont du domaine
de la stratégie, on dispose derrière les corps qui sont
en première ligne, d'autres corps qui ont ainsi le
moins de chemin possible à parcourir pour les soutenir quand besoin est, sans risque d'en être empêchés
en route par une attaque de l'ennemi; enfin, une réserve générale, destinée soit à un dernier effort, directement sur le champ de bataille, pour décider la
victoire; soit à appuyer un mouvement tournant
dans le même but; soit encore à prendre position
pour assurer la retraite, en arrêtant les corps toujours peu nombreux que l'ennemi emploie à la poursuite.

» Avec des troupes concentrées, si vous avez une artillerie inférieure à celle de l'ennemi, vous pouvez la mettre presque entièrement en ligne sur votre front d'attaque, tandis qu'il est obligé de placer la sienne sur un espace à peu près égal, et de souffrir par conséquent davantage de vos coups.

» Tenant toutes vos troupes réunies dans votre main, vous êtes plus fort sur le point où vous attaquez; vous jouissez de la plus grande mobilité pour tous les coups que vous méditez de porter, en même temps que vous pouvez faire plus facilement tête aux combinaisons de votre adversaire.

» Enfin, l'important service des subsistances peut être assuré; les mouvements des corps étant peu divergents, l'intendance est toujours sûre des directions sur lesquelles elle doit opérer ses concentrations de vivres et diriger ses convois, pour qu'ils arrivent en temps utile aux troupes.

» Dans le cas contraire, où les différents corps qui composent l'armée sont placés sur le champ de bataille, à des distances telles les uns des autres, qu'ils viennent à former une ligne mince comme celle qu'occupaient les corps de l'armée de la Loire, le 1er décembre 1870, par exemple, il arrive : 1° que les corps dont les divisions opèrent déjà trop loin les unes des autres, sont attaqués séparément dans une ou deux de leurs parties par des forces supérieures; 2° que ces parties sont entamées sans que les autres puissent venir à leur secours autrement que par de

longues marches de flanc en présence de l'ennemi,
opérations dangereuses, qui donnent naissance à des
solutions de continuité dans la ligne de bataille, permettant à l'ennemi de la couper, tandis qu'elles n'a-
mènent les renforts que trop tard et dans un état
d'épuisement qui en diminue les trois quarts de la
valeur.

» Il ne faut pas perdre de vue non plus que dans
ces marches de flanc, les convois sont obligés de se
reporter sur les derrières des troupes qu'ils sont destinés à nourrir, de sorte que leur subsistance est toujours compromise pour plusieurs jours.

» Pour ne parler que du 15e corps, il occupe, le
2 décembre au matin, des positions de Gidy à
Chambon, sur une longueur de 40 kilomètres; en
arrière, il ne se trouve ni seconde ligne, ni réserve.
Aussi, dans cette journée, où les 3e et 2e divisions
marchent en avant, tout l'effort de l'ennemi se porte
sur la 3e division et sur le 16e corps, qui est obligé
d'abandonner les positions conquises la veille, et de
se replier sur Saint-Péravy, pour ne pas être coupé
de la 3e division du 15e corps. Pendant ce temps, la
2e division du 15e corps se porte sans coup férir sur
Aschères; mais, dès la fin de la journée, elle est
rappelée en hâte sur Artenay au secours de la 3e division; par suite, elle double son étape et n'arrive à
son nouveau poste que très-avant dans la nuit, pendant laquelle ses hommes ne prendront aucun repos
et auront à peine le temps de manger; le lendemain,

elle devra néanmoins combattre toute la journée.

» Le mouvement à gauche de la 2ᵉ division vers la 3ᵉ a mis un espace de 16 kilomètres au moins entre elle et la 1ʳᵉ division, qui a : sa gauche à Neuville, 8,000 hommes et 2 batteries; son centre à 6 kilomètres plus loin, à Chilleurs, 11,000 hommes et 5 batteries; la droite à 6 kilomètres plus loin, à Courcy, 4,000 mille hommes et 1 batterie de montagne. Ces fractions défendent trois routes importantes de la forêt d'Étampes et de Pithiviers sur Orléans.

» Les 20ᵉ et 18ᵉ corps occupent une ligne qui s'étend de Chambon à Bellegarde.

» Dans la journée du 2, l'ennemi a réuni ses batteries contre celles des 16ᵉ et 17ᵉ corps et la 3ᵉ division du 15ᵉ; la 3ᵉ division n'a à opposer que 3 batteries de 4, et 4 batteries de réserve. Nos troupes sont assez maltraitées, tandis que sur le reste de la ligne aucun combat n'a lieu, sans pourtant qu'il soit possible de venir au secours des parties engagées à cause des distances.

» Le 3, l'ennemi continue ses efforts sur la 3ᵉ division du 15ᵉ corps, entamée la veille, et sur la 2ᵉ division, fatiguée par sa longue marche au secours de la 3ᵉ.

» Il commence en même temps à s'occuper de la 1ʳᵉ division, qui, à cinq heures du matin, recevait l'ordre de se porter, avec tout ce qu'elle avait de

forces, vers Chevilly, au secours des deux autres.
Mais à peine les dispositions sont-elles prises pour
se porter sur ce point, que l'ennemi, au nombre de
35 à 40,000 hommes et 14 batteries, se montre à la
pointe du jour pour attaquer Chilleurs, et pénétrer
dans la forêt par la route de Pithiviers à Orléans.

» Les convois, le parc sont à peine partis pour
Chevilly par la route d'Orléans ; il faut leur ménager,
avec le temps de sortir de la forêt, une avance considérable. Il ne peut donc être question d'exécuter
l'ordre du général en chef sans combattre, afin de
garantir la sécurité des convois. On ne pourra non
plus suivre la route qui longe extérieurement la forêt,
et qui seule permettrait à la division de se rendre
à Chevilly avec son artillerie ; celle-ci devra passer
à Orléans, toutes les routes de la forêt ayant été
rendues impraticables pour les voitures.

» Dans ces conditions, le général commandant le
15e corps, qui a été placé, par ordre ministériel,
avec sa 1re division depuis le 24 novembre, engage
l'action à Santeau, en avant de Chilleurs, le plus tard
possible. Il occupe l'ennemi pendant six heures ; d'a-
bord avec son artillerie, qui, très-maltraitée, use
promptement toutes ses pièces de rechange, roues,
affûts, etc., puis avec son infanterie, quand l'artillerie est engagée sur la route d'Orléans.

» Les quatorze bataillons de Courcy et de Chilleurs
sont dirigés par l'allée de Nibelle sur Saint-Lyé, où,
malgré toute diligence, ils n'arrivent qu'à la nuit. Ils

s'y reposent et font la soupe, pendant que le général envoie à Chevilly pour prendre des nouvelles qui lui apprennent que ce point est entre les mains de l'ennemi. Il donne aussitôt l'ordre à toute la cavalerie et à l'infanterie qui se trouvent à Saint-Lyé, de partir pour Cercottes par la route numéro 17, d'Étampes à Orléans.

» La colonne de Neuville, forte de 8,000 hommes et deux batteries, qui a reçu l'ordre de se rendre directement à Orléans, s'étant imprudemment engagée dans une route de la forêt au lieu de suivre la route de Pithiviers qui lui était désignée, y laissa embourbées sept pièces de canon.

» Enfin, toute la 1re division n'arrive à Orléans qu'après avoir combattu et marché pendant vingt-quatre heures.

» A son tour, la marche de flanc de la 1re division, ordonnée pour essayer de la concentrer avec les deux autres, ne réussit pas à la mener à temps, d'abord à Chevilly et ensuite à Cercottes; enfin, dès son début, elle livre au corps prussien qui a attaqué Chilleurs les trois principales routes de la forêt sur Orléans, par lesquelles le lendemain, 4 décembre, il nous coupera du 20e et du 18e corps qui, appelés aussi de droite à gauche, seront attaqués par lui dans leur marche de flanc et obligés, le 20e corps de passer la Loire à Jargeau, et le 18e de se replier sur Gien.

» Pour ne parler encore ici que du 15e corps, vous remarquerez qu'ensuite des positions stratégiques sur

une ligne mince et étendue, sans troupes de soutien
en arrière, comme sans réserves, imposées par le
ministère à ses trois divisions et notamment à diverses parties de la 1re, jamais le corps n'a pu combattre réuni et mettre ses 134 pièces de canon en
ligne, tandis que chacune de ses fractions a été à
son tour et particulièrement l'objet de tous les efforts
de l'ennemi, arrivant en forces supérieures, au moins
doubles en hommes et triples en canon ; et cela sans
pouvoir être secourue en temps utile par les fractions voisines.

 » Lorsque l'ennemi a dû combattre deux de ces
fractions réunies, l'une était fort entamée par un
combat inégal la veille, tandis que celle qui arrivait
en renfort était harassée par une marche forcée de
jour et de nuit, par un temps exceptionnellement
froid et pluvieux.

 » Le 4 au matin, le général commandant le
15e corps arriva à Cercottes, où il pensait trouver le
quartier général de l'armée ; celui-ci était à Saran.
Au bureau du télégraphe, on lui remit deux dépêches du général en chef. L'une lui enjoignait de se
rendre sur-le-champ à Orléans avec sa 1re division et
de la placer dans les tranchées de manière à protéger la retraite des 2e et 3e divisions qui devaient s'effectuer d'après ses ordres, entre deux et trois heures
de l'après-midi. La seconde était adressée au gouvernement de la défense nationale ; elle exprimait
l'impossibilité dans laquelle se trouvait le général en

chef de tenir dans Orléans et le parti qu'il prenait d'ordonner l'évacuation de la ville et de se retirer en bon ordre de l'autre côté de la Loire, avec le 15ᵉ corps, dont les différentes lignes de retraite étaient déterminées.

» Le commandant du 15ᵉ corps se rendit sur-le-champ en ville, dirigeant sur Orléans la tête de sa colonne qui parvenait à la hauteur de Cercottes. Arrivé à la Place, il prit les dispositions utiles pour que tous les hommes, à leur entrée, touchassent des vivres et des cartouches et fussent conduits dans les tranchées qu'ils occupèrent depuis la gare des Aubrais jusqu'à la Loire, côté de l'Est.

» Deux batteries de 8 de la division furent envoyées au coin rond.

» Le général de Colomb, titulaire de la 1ʳᵉ division, arrivé d'Afrique, prit le jour même le commandement. Le commandant du 15ᵉ corps donna immédiatement des ordres pour faire passer de l'autre côté de la Loire les convois, le grand parc, les parcs des divisions et les batteries des corps et de la réserve, à mesure qu'ils rentreraient en ville, leur enjoignant de prendre l'avance utile pour ne pas encombrer les routes, tout en restant à la portée nécessaire pour remplir leurs divers services.

» Enfin, il télégraphia à Tours et à Bourges pour demander six cents kilogrammes de poudre, destinés à faire sauter les ponts, sur lesquels il était impossible, vu l'encombrement, d'effectuer un travail sérieux de mine. Cette poudre n'arriva qu'à La Ferté.

» Il était environ onze heures, quand le quartier général de l'armée de la Loire se transporta à la place d'Orléans.

» Le général commandant le 15ᵉ corps allait partir pour prendre le commandement de ses deux dernières divisions, afin d'en diriger la retraite avec ordre, lorsque le général en chef reçut une dépêche du gouvernement, à laquelle il répondit qu'il changeait toutes ses dispositions et se maintenait à outrance dans Orléans [1].

» Ainsi, au moment où les 2ᵉ et 3ᵉ divisions du 15ᵉ corps, débordées et pressées par l'ennemi débarrassé des 16ᵉ et 17ᵉ corps qui se repliaient sur Beaugency par suite des ordres donnés dans la nuit par le général en chef, étaient en pleine retraite et déjà à moitié engagées dans la ville, la face des choses était changée.

» Malheureusement, le cours des événements ne se modifie pas sur le terrain, à la guerre, aussi facilement que dans le cabinet.

» Les divisions engagées depuis la veille, dans leur isolement, sentaient instinctivement que la partie était irrévocablement perdue pour cette fois. A mesure

[1] A cette époque j'ignorais que le général d'Aurelle avait pris sur lui cette détermination, conforme du reste au vœu du gouvernement.

que leurs positions, en battant en retraite, amenaient les corps à l'entrée de la ville, ceux-ci prenaient tous la route des ponts, s'obstinant à suivre les ordres donnés dans la nuit.

» Malgré tous les efforts du général commandant le corps d'armée et de son état-major pendant l'après-midi, avec le concours des généraux et des états-majors des divisions, il ne fut possible de maintenir dans les tranchées de gauche qu'un nombre très-insuffisant de défenseurs. La plupart les abandonnaient aussitôt qu'on les y plaçait, de sorte qu'à la nuit, il n'est resté presque personne autour des officiers.

» Il résulte donc de cette pression, faite sur le général en chef au milieu de l'action la plus difficile, celle de battre en retraite devant un ennemi supérieur en forces, avec de jeunes troupes et un défilé à dos qu'elles sentaient pouvoir être d'un moment à l'autre intercepté par l'artillerie ennemie, que la plus grande partie des hommes des 2ᵉ et 3ᵉ divisions passèrent les ponts malgré leurs officiers, et n'étant plus sous leurs mains, se débandèrent.

» Ceci ne serait pas arrivé, si l'opération, ordonnée dans les dernières heures de la nuit, avait suivi régulièrement après midi le cours qui lui était fatalement imposé. Les divisions passaient la Loire, se protégeant mutuellement ; la 1ʳᵉ, qui s'était maintenue avec la plus grande fermeté dans ses positions de droite, couvrant la marche et passant à son tour

20

les ponts sous la protection des dix batteries de réserve.

» C'est ainsi qu'une retraite qui se fût faite en
ordre dans la direction et sur les points indiqués, et
qui eût permis à l'armée de manœuvrer dès le lendemain sur toute la ligne et d'opérer une concentration
plus heureuse couverte par le fleuve, se changea en
débâcle pour le 15ᵉ corps, ce qui isola complète-
ment et sur-le-champ du reste de l'armée la gauche
poursuivie par l'ennemi.

» A la chute du jour, le commandant du 15ᵉ corps
se rendit auprès du général en chef pour prendre ses
ordres pour la nuit et lui rendre compte de la situation. Il apprit que le quartier général de l'armée avait
passé les ponts et qu'on le cherchait pour lui remettre
une lettre qui le chargeait de la défense.

» Il partit aussitôt pour ordonner à cinq bataillons
de réserve de la 1ʳᵉ division de se tenir prêts à renforcer le lendemain, avant le jour, les positions de
gauche pour y rétablir le combat cessé à la nuit. Il
revint placer son quartier général à l'hôtel du Loiret,
où on lui remit la lettre du général en chef, et une
autre pour le capitaine de vaisseau Ribourt, commandant la place d'Orléans, lui prescrivant dans la
nuit l'évacuation de tout ce qui se trouvait sous l'autorité du commandant de place. A ce moment la
situation était celle-ci :

» Nous tenions toute la tranchée de droite ; l'ennemi était maître des faubourgs Bannier et Saint-Jean,

jusqu'aux grilles des octrois. Le général Peytavin
venait me prévenir qu'il était presque seul de sa division. Notre gauche était entièrement dégarnie et
ouverte, les derniers hommes ayant quitté leur position aussitôt la nuit venue.

» Sur ces entrefaites, un parlementaire prussien se
présenta au faubourg Saint-Jean, menaçant la ville
de bombardement, si les troupes qui la défendaient
n'évacuaient pas avant onze heures et demie. Il était
environ huit heures et demie.

» Évidemment l'ennemi ne se rendait pas compte
de sa situation vis-à-vis de la nôtre. En effet, quelques moments plus tard, on m'annonçait que de ce
côté, une de ses têtes de colonne était arrêtée à l'entrée du Mail. Toutes les défenses d'Orléans étaient
par suite prises à revers, et un combat acharné le
lendemain n'eût eu d'autre résultat que de livrer prisonniers à l'ennemi trente à quarante mille des meilleurs soldats de l'armée, avec tout le matériel en
convois et en canons qui nous attendait de l'autre
côté des ponts.

» Dans ces circonstances, j'envoyai un officier de
mon état-major prévenir le général en chef de la situation et prendre ses ordres. Il me prescrivit de ne
traiter de l'évacuation que pour le lendemain vers
dix heures du matin. En même temps, je recevais du
général Dariès, que j'avais envoyé en parlementaire,
un mot qui m'apprenait que l'ennemi se montrait in-

20.

traitable sur les délais d'évacuation, et m'informait
de la position qu'il occupait sur le Mail.

» Les minutes qui s'écoulaient étaient précieuses ;
il pouvait se passer un temps assez long, vu l'état
d'encombrement des ponts, avant que je pusse recevoir la réponse définitive que le général Dariès devait aller demander au général en chef. Je me décidai donc à prendre sur moi les délais proposés pour
l'évacuation, délais dont le général Dariès apporta
au parlementaire l'acceptation de la part du général
en chef, et qu'il fit prolonger jusqu'à minuit.

» J'avais donné l'ordre d'évacuer les tranchées en
silence, espérant, comme l'événement l'a justifié, que
la gauche de l'armée ennemie n'étant pas prévenue
de la convention, laisserait au moins jusqu'à une
heure le passage du pont du chemin de fer libre à
ma 1ʳᵉ division. Enfin le général de Colomb le passait
à une heure et demie derrière le dernier de ses soldats. Il ne restait dans Orléans que des malades, des
blessés et des hommes qui avaient déserté leur poste
pour aller se coucher dans des maisons.

» Dans la situation où se trouvait le 15ᵉ corps, il
fallait, coûte que coûte, gagner un point stratégique
assez éloigné de l'ennemi pour n'être pas inquiété, y
passer huit ou dix jours dans le repos, ne s'occupant
que de rallier les traînards et les fuyards, diriger les
écloppés sur des lieux d'où l'on pouvait espérer les
voir bientôt revenir guéris, reconstituer les cadres

désorganisés par les pertes de toute nature en tués, blessés et disparus, enfin donner à tous les vêtements, les chaussures et le campement qui leur manquaient depuis le début de la campagne, et un repos nécessaire à des hommes surmenés dans ces derniers jours. Au lieu de cela, à peine arrivé à Salbris, en deux marches, il est prescrit au général commandant le 15ᵉ corps de se diriger sur Gien, pour y reprendre avec le 18ᵉ une vigoureuse offensive. En même temps il était ordonné au 20ᵉ corps de se porter d'Argent à Salbris, en laissant une brigade dans la première localité.

» Au moment où je partais pour Vierzon le 8 au soir, l'exécution de cet ordre me fut rappelée par le général d'Aurelle, auquel, après sa démission acceptée, le gouvernement avait confié la direction du 15ᵉ corps jusqu'à l'arrivée du général Bourbaki. Je dus me conformer bien qu'à regret, non sans en avoir prévenu le gouvernement, à cette direction, abandonnant l'importante position de Vierzon sur laquelle j'avais fait déjà filer mes convois, où j'aurais pu me réorganiser, tout en couvrant Bourges et les communications avec Tours et le Midi.

» A mon arrivée à Aubigny, première étape sur Gien, je trouvai, trop tard, contre-ordre à cette marche inopportune, du général Bourbaki, me prescrivant de me diriger sur Bourges où je devais arriver le 9. En effet, outre qu'elle achevait les forces de mes hommes et de mes chevaux, cette marche nous jetait sur le chemin des 20ᵉ et 18ᵉ corps, en retraite eux-mêmes sur Bourges.

» A partir de là, nous marchons sur Henrichemont, puis Bourges; où nous restons un jour; nous nous mettons en route ensuite vers Blois. Arrivés à Mehun, nous séjournons deux jours; nous y recevons l'ordre d'aller prendre des cantonnements en arrière.

» Ces dernières marches, ordonnées dans l'idée fixe de reprendre quand même l'offensive, avec des troupes qu'elles désorganisaient de plus en plus, sans tenir compte des conditions dans lesquelles se trouvait l'armée, ont achevé de mettre le désarroi dans le 15ᵉ corps.

» On peut conclure de cet exposé : 1° que si le gouvernement n'était pas intervenu, le 4 décembre, à midi, pour faire contremander la retraite d'Orléans, dont toutes les dispositions ordonnées dans la nuit à tous les corps étaient à ce moment en pleine voie d'exécution, le 15ᵉ corps, après deux jours de repos à La Ferté Saint-Aubin, pouvait reprendre l'offensive dans les meilleures conditions ; 2° que si la retraite sur Vierzon n'avait pas été contremandée par l'idée de reprendre l'offensive immédiatement sur Gien, huit jours de repos permettaient la réorganisation du corps; 3° après la marche sur Bourges, par Aubigny, puis delà sur Blois, c'est quinze ou vingt jours et peut-être davantage qu'il eût fallu, en dehors du temps perdu en marches et contre-marches inutiles.

» Tels sont, Monsieur le ministre, les événements qui se sont passés du 2 au 17 décembre, pour le 15e corps.

» Il en découle que, pour le général en chef de l'armée de la Loire, la plus grande faute a été d'en accepter le commandement sans avoir en main la direction stratégique de ses mouvements, qu'il n'aurait jamais dû se laisser imposer par des personnes auxquelles la bonne volonté ne peut tenir lieu des connaissances spéciales, indispensables à la conduite des armées.

» Quant à moi, placé en sous-ordre, bien que n'approuvant pas les combinaisons qui nous faisaient mouvoir, et prévoyant le désastre qui nous attendait, j'ai tout fait pour les faire réussir néanmoins, et j'ai exécuté, avec une scrupuleuse conscience, les ordres qui m'étaient donnés, à Chilleurs comme à Salbris.

» Quant à la part que j'ai prise dans l'évacuation d'Orléans, j'ai agi avec la conscience d'un rude devoir à accomplir envers mon pays, car je n'ignorais pas qu'on en profiterait pour porter les plus graves atteintes à mon honneur militaire.

» Mais j'avoue que je ne m'attendais pas à voir le ministre de la guerre donner le signal de ces clameurs, alors que je savais officiellement que jusqu'au 2 décembre, il s'était réservé la direction stratégique des mouvements de tous les corps qui combattaient en dehors des directions du commandant en chef, et que nonobstant la déclaration qu'en ce jour il faisait à ce dernier de lui laisser dorénavant la conduite exclusive des opérations, il intervenait le 4 à midi de la manière la plus malheureuse, pour ne plus quitter la direction des opérations.

» Dans ces conditions, Monsieur le ministre comprendra que je ne puis rester, ainsi que tous les officiers généraux du 15ᵉ corps qui m'ont prêté le plus dévoué concours dans ces déplorables événements, sous le coup d'une sorte de réprobation et de mésestime publiques dont il a été le promoteur; que, dans le cas où il ne jugerait pas à propos de nous relever par un témoignage éclatant qui ne pût laisser aucun doute sur le fait que, dans ces journées, nous avons fait notre devoir et bien mérité du pays, il ne trouvera pas extraordinaire que j'en appelle, comme il l'a fait dans sa note du 5 décembre, au pays, qui appréciera.

» J'ai l'honneur d'être avec respect,

» Monsieur le Ministre,

» Votre obéissant serviteur,

» *Signé* : Général DES PALLIÈRES. »

» Inspecteur général des troupes de la marine,
ex-commandant du 15ᵉ corps.

» Bordeaux, le 29 décembre 1870. »

Le même jour je me rendis à la sous-direction du personnel au ministère de la marine, je remis au sous-directeur copie de cette lettre, et, cachetant l'autre en sa présence, je le priai de la faire porter à M. Gambetta par un de ses plantons avec la suscription (personnelle), ce qui fut fait sur-le-champ.

Le lecteur ne s'étonnera pas que l'ouvrage de M. de Freycinet, destiné à présenter au pays sous le jour le plus favorable les faits et gestes de son ministre, n'en fasse pas mention; mais cette omission lui donnera la mesure de la sincérité apportée par M. le délégué dans l'exposé des actes de son administration, lorsqu'il vient dire (page 70) qu'il n'avait reçu aucun rapport des commandants en chef sur ces malheureux événements, rapports que son premier devoir eût été de provoquer aussitôt que les circonstances l'eussent permis.

Des malheureux événements de cette guerre on doit tirer la conclusion suivante :

La principale cause qui a amené le désastre de l'armée de Sedan et la destruction des armées de province, c'est l'intervention de l'administration du ministère de la guerre dans les opérations des armées, qu'elle a toujours la prétention de conduire.

Au lieu d'être l'administrateur qui prépare aux armées les voies et moyens de combattre avec avantage, le ministre de la guerre, chez nous, se considère comme le général en chef de l'armée, et, militaire ou non, il tient à en exercer les prérogatives.

Ne semble-t-il pas que la science militaire, dans
tout ce qu'elle a de plus profond, de plus compliqué,
lui est acquise, comme le don des langues aux
apôtres, par cela même qu'il prend possession de
son portefeuille?

Les résultats de ce système ne peuvent qu'être
funestes.

Avant tout, homme politique, n'ayant qu'une
voix dans le conseil, le ministre de la guerre ne
tarde pas à devenir l'instrument de ses collègues,
toujours préoccupés d'appuyer par le mouvement
des armées leur diplomatie, quand l'état précaire
des événements nécessite leur action, oubliant que
dans ce cas la parole est au canon seul, que la première, l'unique diplomatie est de vaincre.

C'est ainsi que l'armée de Sedan, en route vers
Paris, son véritable objectif, fut conduite par les
hésitations qu'amena dans sa direction l'intervention du conseil des ministres, qui avait adopté l'avis
contraire, suivant un arc de cercle de Reims à Sedan
par Rethel, et perdit quatre journées de marche d'a-
vance; tandis qu'une partie de l'armée ennemie,
placée au centre de son mouvement et marchant
droit au but, ne pouvait manquer soit de lui couper la retraite, en cas d'échec, soit de lui livrer bataille dans la situation qui lui conviendrait le mieux
en raison des circonstances.

De même, dans toute la période de la guerre en

province, on a vu que, par suite des mouvements
stratégiques ordonnés par le ministre de la guerre,
M. Gambetta, les armées ont été dirigées plutôt
dans le sens de combinaisons destinées à imposer à
la France un ordre de choses sympathique au gouvernement, qu'en vue de la délivrance du pays et
de ses vrais intérêts.

Les fautes qu'ont pu commettre les généraux, telles,
par exemple, que ce brusque changement apporté
à onze heures cinquante-cinq minutes du matin, le
4 décembre, à Orléans, par le général en chef à sa
détermination d'effectuer en bon ordre la retraite de
l'armée, suivant des directions déterminées pour
éviter un désastre, étaient la conséquence de l'incessante pression morale qu'on exerçait sur eux. En effet,
le général d'Aurelle, en agissant de la sorte, ne
faisait que devancer la dépêche que le gouvernement
lui avait écrite de Tours, à onze heures du matin,
et dans laquelle on le blâmait implicitement de
n'avoir pas pris la résolution de tenir dans Orléans,
en lui faisant entrevoir qu'on ferait retomber sur lui
ultérieurement la responsabilité de l'échec.

On ne peut donc reprocher au général en chef,
en cette circonstance, que de ne pas s'être séparé
entièrement du gouvernement pour continuer une
opération dictée par la sagesse et imposée par les
événements, sans tenir compte d'aucune autre considération que l'intérêt de l'armée qu'il commandait et du pays dont elle était l'espoir. Et pourtant

une telle conduite, avec les institutions militaires
qui nous régissent, aurait été une grave infraction
à la discipline.

Il faut absolument que ces institutions soient modifiées de manière à placer les généraux commandant en chef dans une situation d'initiative et de
commandement qui permette au pays de s'en
prendre à eux des fautes qu'ils peuvent commettre.
Mais pour les rendre directement responsables, il
est de toute justice et de toute nécessité de leur
laisser une entière liberté d'action pour organiser et
diriger les forces militaires qui leur sont confiées.

C'est à la France, victime de ce déplorable état
de choses, à intervenir pour y remédier. Si elle
veut avoir une armée solide et bien commandée, son
devoir est d'appuyer ses représentants dans la voie
des réformes indispensables, qui peuvent seules
assurer sa régénération militaire et rétablir sa grandeur dans l'avenir.

CHAPITRE VIII.

Conclusions. — Recherche des causes qui ont amené la décadence militaire de la France. — Responsabilité de nos désastres, qu'il faut plutôt attribuer aux institutions militaires qu'aux individualités mises en mouvement par ces institutions.

Si nous voulons nous relever et reprendre notre rang parmi les nations, il est de toute nécessité que nous mettions de côté les dissentiments politiques, qui obscurcissent le jugement dans l'examen des causes de l'immense catastrophe dont nous avons été victimes. Nous ne tarderons pas alors à reconnaître, que si l'on est en droit d'accuser le gouvernement précédent d'avoir commis la grande faute de commencer la guerre, sans préparation, contre des forces redoutables et depuis longtemps organisées en vue d'une lutte avec la France, en compromettant l'existence même du pays, il ne faut pas non plus oublier que ce sont les institutions militaires de 1832 et de 1868 qui nous ont dotés d'une armée presque entièrement composée de prolétaires, peu nombreuse, sans discipline, sans instruction sérieuse, d'une mobilisation plus qu'insuffisante et pourvue d'un matériel restreint et suranné, en présence des progrès réalisés par les peuples voisins.

Si, mettant enfin la raison à la place de la passion, nous prenons le mal à sa racine, nous arriverons certainement à donner au pays des lois qui préviendront à jamais le retour de pareils désastres, sans avoir besoin de sacrifier aucune de nos convictions ou de nos sympathies politiques, que nous devons tous mettre de côté dans cette grande et solennelle enquête.

Tous les écrits qui ont pour but en cette occasion de donner le change à l'opinion publique sont vains, car le scalpel de l'histoire saura bien découvrir la vérité là où elle gît, de quelque obscurité qu'on cherche à l'entourer.

Mais si nous n'y prenons garde, nous pouvons perdre l'occasion unique de profiter de cette grande leçon.

Je ne veux pas me faire l'avocat des fautes de qui que ce soit, mais je dois dire tout d'abord que si nos généraux, dans la première partie de la guerre, n'ont pas opéré en vertu d'un plan d'ensemble fortement conçu d'avance; s'ils ont semblé, pour faire face à la succession précipitée d'événements imprévus, toujours courir au plus pressé, sans lien d'action commune, semblables à des gens surpris dans la nuit par une inondation; s'ils ont dispersé leurs forces, manqué quelquefois, les uns d'initiative, les autres de coup d'œil, c'est qu'ils ont été élevés depuis quarante ans à l'école d'une centralisation excessive et personnelle.

La bureaucratie, sous la main de laquelle ils étaient placés par nos institutions, s'emparant de toute direction, rapportait tout à elle-même. Toute-puissante pour briser les résistances, puisque la loi sur l'avancement mettait entre ses mains le sort des officiers, elle en a profité pour augmenter sans cesse son importance aux dépens de celle du commandement. C'est ainsi qu'elle a supprimé peu à peu, en temps de paix, l'initiative et la responsabilité des chefs jusque dans les actes les plus infimes, dont elle seule se réservait de donner la solution.

Si tout le monde est d'accord pour reconnaître que l'éducation modifie profondément la nature humaine, comment peut-on espérer aujourd'hui que des hommes, auxquels dans les actes les plus ordinaires de leur carrière militaire on a enlevé toute décision, lancés tout à coup sur un champ de bataille en débutant dans l'échelle des responsabilités par le plus lourd des fardeaux, celui de l'existence même du pays, puissent se montrer supérieurs aux événements les plus écrasants, alors surtout qu'ils se trouvent en présence de l'armée la plus laborieuse et la plus logiquement organisée du monde, et qu'ils ont eux-mêmes conscience des qualités qui leur font défaut, ainsi que des moyens imparfaits et incohérents qu'ils ont entre les mains?

Ce sont des hommes à plaindre profondément

bien plutôt qu'à accuser, car aucun d'eux n'a mar-
chandé à son pays son sang, ni un bien plus précieux, sa réputation.

Il faut leur savoir gré de ce qu'ils ont pu faire
dans ces déplorables conditions, et le législateur doit
se hâter de les replacer par des institutions nouvelles
et d'une logique inflexible, dans une position qui
seule leur permettra de développer les facultés qu'on
sera en droit d'exiger d'eux. Il faut surtout les
maintenir dans une situation au-dessus des atteintes
des parasites irresponsables, qu'on ne retrouve jamais au jour des comptes à régler, mais qui en
revanche n'attendent que l'occasion favorable pour
reprendre, après la liquidation des revers, leur pré-
pondérance et leurs empiétements.

Nous avons accusé plus haut la loi de 1832 de nos
malheurs militaires, et nous l'avons prouvé suffisamment, croyons-nous, quant aux officiers généraux
qui se sont formés sous son empire. Il nous reste à
montrer son influence sur les cadres et sur les simples
soldats.

C'est en vain que dans les grandes catastrophes qui
accablent un pays, la nation récrimine contre les
hommes qui l'ont conduite à l'abîme. Les hommes
ne se sont pas formés tout seuls; leur éducation n'est
que le fruit des fausses institutions que le pays s'est
données lui-même. Tant qu'il ne les modifiera pas,
tant qu'il s'en prendra aux effets et non aux causes,
les mêmes malheurs se renouvelleront.

Il convient donc de rechercher pourquoi nos anciennes lois militaires ont trompé nos prévisions.

Aujourd'hui qu'on peut étudier de sang-froid les derniers événements, on arrive à cette conviction qu'en résumé les défaillances collectives ou individuelles ne sont que la conséquence forcée de la mauvaise direction imprimée à l'éducation des armées. Il est impossible de ne pas constater, malgré nos défauts exaltés et développés par nos institutions vicieuses, ce fonds d'énergie, de vitalité, d'espérance invincible, d'abnégation dans les sacrifices demandés, qui ferait de la France la première des nations, si on savait utiliser ses précieuses qualités et la bien conduire.

Un fait, dont ne se rendent pas compte les gens qui n'ont pas commandé à des hommes sur un champ de bataille, c'est la différence qui existe entre le courage personnel et le courage collectif. Vous êtes témoin, souvent, d'épisodes qui renversent toutes vos combinaisons et déroutent toutes les espérances que vous fondiez sur telle ou telle troupe, qui peu de temps auparavant vous avait donné les gages les plus certains de l'intrépidité de quelques-uns de ses membres. Vous en aviez conclu naturellement, que l'ensemble était capable des mêmes actes de valeur et d'énergie : c'est une grave erreur.

Le courage individuel est en effet un courage de naissance, qui varie avec l'éducation, le tempérament, l'état moral de l'homme, et même son état

physique, qui influe grandement sur ce dernier dans
certaines circonstances. Le courage collectif, celui
de l'armée, au contraire, se compose non plus seulement de la valeur personnelle des individus, mais de
la conscience que chacun d'eux a de la valeur pro-
fessionnelle des gens qui combattent avec lui ; il est
donc essentiellement la résultante du quantum d'instruction et d'éducation militaire de tous ; il s'aug-
mente ensuite, après les premiers succès, de la conviction qu'on acquiert d'une supériorité marquée
sur l'armée ennemie.

Voilà pourquoi aucune troupe non organisée ne
peut être susceptible de ce courage collectif, qui est
la bravoure des armées ; voilà pourquoi, quelle que
soit la moyenne élevée de courage personnel de chaque individu dans une nation, la levée en masse non
instruite, non préparée, n'y produira que des résultats impuissants.

Il ne faut pas se figurer que l'enthousiasme peut
remplacer dans les troupes la méthode et la bonne
organisation. Le vrai, c'est qu'il n'y a que les troupes ayant conscience par leur éducation de leur valeur collective, qui sachent supporter sans indiscipline et sans ébranlement les mille souffrances de la
vie de campagne, parce qu'elles sont sûres de vaincre
et qu'elles se disent toujours : « Attendons la fin. »

Chez les autres, ce qu'on appelle l'enthousiasme
n'est en réalité que l'orgueil de l'impuissance, qui
défie et fait un instant fléchir la raison ; mais c'est

une bulle de savon qui éclate au premier souffle de l'adversité; et l'on ne trouve bientôt plus, sous ces apparences, qu'un soldat mécontent, qui n'a pas plus confiance dans ses voisins que ceux-ci n'ont confiance en lui. Tous, par suite, s'exagérant les dangers, ne demandent qu'à s'y soustraire, et l'indiscipline et la désagrégation gagnent rapidement cette armée sous les efforts persévérants de l'ennemi.

Les chefs sont ainsi placés dans la situation d'un joueur d'échecs, responsable d'une partie dont un enfant inconscient remuerait les pions. Il est facile de se rendre compte de la triste impression qui pèse sur leur moral, quand au jour du combat se révèle à eux la valeur des pièces qui composent leur jeu.

On a bien, dans l'histoire, des exemples de généraux qui ont relevé par leur génie des parties très-compromises; mais outre que ce sont là de très-rares exceptions, les événements se déroulaient lentement à ces époques, et l'on avait le temps presque de refaire le moral et l'instruction d'une troupe, même en campagne, alors que le siége d'une mince place forte interrompait pour des semaines ou des mois la marche des vainqueurs.

Aujourd'hui la situation est bien différente : avec le nombre toujours croissant des armées, avec la perfection des mobilisations et la rapidité des moyens de transport, une fois les premiers engagements commencés, il ne peut plus y avoir ni trêve, ni répit, pour celui qui est obligé de se replier, jusqu'à sa

21.

complète défaite. Il ne doit pas même être question d'instruction militaire à compléter, à plus forte raison à faire, pour la plus grande partie des contingents.

Dans cette alternative, puisqu'on est encore loin de la paix universelle, puisque les peuples voisins sont encore en armes, et perfectionnent chaque jour leur système militaire, toute nation qui voudra garantir la sécurité de son avenir devra se donner des institutions qui assurent à tous ses enfants une éducation militaire suffisante, j'entends par là un esprit de discipline rigoureuse, une confiance réciproque, qui soit non pas le résultat d'un chauvinisme exalté, mais de la conscience que l'on aura du caractère et de la solidité de l'instruction de ses camarades de combat.

Elle devra se créer des cadres d'officiers, à portée de résoudre les difficiles problèmes de la guerre, et, dans ce but, leur donner les facilités et les moyens de travailler avec fruit, et d'acquérir des connaissances qui ne sauraient être trop étendues.

Il ne serait pas moins indispensable d'attirer dans les cadres inférieurs le plus grand nombre possible de sujets recommandables, et de les y retenir en leur assurant dans ces fonctions une honorable situation matérielle, qui les indemniserait de celle qu'ils auraient pu trouver dans la vie civile, après avoir fini leur temps de service actif.

Accuser de parti pris les gouvernements précédents de nos désastres, ce serait nous tromper nous-mêmes et nous perdre volontairement en récriminations inutiles, dans le dédale des nombreuses causes de nos malheurs. Ce qu'on doit leur reprocher, c'est de n'avoir pas changé nos institutions militaires, en présence des redoutables progrès faits par la Prusse dans les quarante dernières années. Il convient d'examiner soigneusement pourquoi ces institutions nous ont conduits à l'abîme, et de prendre aujourd'hui le contre-pied de leurs funestes dispositions; car nous sommes comme ces habitants d'une maison bâtie sur un sable mouvant, dont une partie s'est écroulée, et auxquels l'architecte proposerait de continuer d'y demeurer en replâtrant les étages supérieurs.

L'égalité absolue n'est qu'un vain mot dans la nature; l'égoïsme reprend toujours le dessus chez l'homme, car il est un dérivé de l'instinct de conservation que Dieu a mis au fond du cœur de tous les êtres de la création. Pourquoi donc les représentants de la classe moyenne, qui avait pris la direction des affaires en faisant une révolution au nom de l'égalité, firent-ils la loi de 1832, qui la mettait en contradiction avec sa devise? C'est que le remplacement affranchissait ses enfants, moyennant finances, du plus lourd des impôts, quoique le plus sacré, l'impôt du sang.

Il en est résulté que les rangs inférieurs de l'armée furent bientôt composés en grande partie de prolétaires; que le niveau de l'instruction et de l'éducation du soldat diminua sensiblement pour tomber aussi bas que possible, et que tous les jeunes gens en vinrent à considérer comme un malheur d'être obligés de défendre le pays. Il était cependant indispensable d'avoir une armée. Le tirage au sort, qui avait pour but de dégager aux yeux des masses la responsabilité du législateur, dans l'inégalité de répartition de l'impôt du sang, en la reportant sur la fatalité, ne remédia pas au dégoût, de plus en plus prononcé, de la nation pour le métier des armes.

Le jeune soldat n'en arrivait pas moins au corps, révolté contre la loi qui le frappait lui et sa famille, dont il était quelquefois le soutien, tandis qu'elle épargnait de plus favorisés par la fortune. Il fallait triompher de cet esprit mécontent, l'assouplir, le dompter enfin, et l'instruire en quelque sorte malgré ses répugnances; le temps alors était chargé de remplacer la bonne volonté et l'esprit du devoir.

Les jeunes gens tombés au sort, et trop pauvres pour se racheter, étaient donc contraints d'abandonner leurs métiers avant d'avoir terminé leur apprentissage, pour s'en aller perdre pour toujours au régiment, à cause de la longue durée du service, le fruit des sacrifices de leurs parents. Lorsqu'ils rentraient, six ou sept ans après, ils n'étaient plus aptes à reprendre leur travail, et se trouvaient réduits à faire des domestiques ou des remplaçants, dont la démoralisation était complétée par la dissipation du prix du remplacement dans les milieux les plus abjects. Comme ils étaient ensuite les plus anciens dans les régiments, c'est sur eux que se modelaient les nouveaux venus, qui eussent pu trouver à leur arrivée au corps de meilleurs exemples.

Si nous passons aux cadres des caporaux et sous-officiers, nous les voyons, à de rares exceptions près, tirés des éléments dont nous venons de parler, ou de jeunes gens ayant manqué d'autres carrières.

Le personnel des officiers sort des cadres inférieurs ou des écoles. Les premiers n'ont pas une instruction générale assez avancée pour pouvoir travailler seuls et l'augmenter; les seconds, par suite de programmes d'études mal conçus, qu'enseignent des professeurs dont rien ne vient stimuler le zèle et dont les cours restent invariablement les mêmes pendant les dix ou quinze ans qu'ils exercent, sans tenir compte des progrès accomplis à l'étranger, sortent de l'école avec des notions fausses et insuffisantes. C'est tout au plus s'ils sont en état d'apprendre avec fruit, quand l'amour du travail l'emporte chez eux sur l'esprit exubérant et quelque peu dissipé de la jeunesse.

Mais, du reste, pourquoi les uns et les autres travailleraient-ils?

Le législateur a, en effet, institué deux sortes d'avancements : l'un à l'ancienneté et l'autre au choix.

Le premier permet à un officier d'arriver à un grade important, sans rien faire absolument qui l'en

rende digne; le second assure à un officier qui n'a
souvent, lui non plus, d'autre titre que d'être protégé par un puissant du jour, le moyen de faire un
chemin rapide en passant par-dessus les mérites de
tous ses camarades.

Quant au vrai mérite reconnu avec preuves ou
examens devant tous, lequel devrait donner accès
au commandement, nulle part il ne trouve sa place
dans la loi d'avancement. Un certain vernis indispensable, de l'aplomb et des protections, voilà le
bagage qu'il faut pour faire son chemin avec la loi
de 1832.

On doit comprendre alors, pourquoi le niveau de
la vraie et solide instruction a dû s'abaisser dans
notre armée, sous sa triste influence.

Si nous examinons maintenant la jurisprudence
militaire destinée à fonder et à maintenir la discipline, c'est-à-dire la force et la cohésion dans l'armée, que trouvons-nous? Une institution, celle des
conseils de guerre, établie sur de faux sentiments
de philosophie humanitaire, bien plus préoccupée de
sauvegarder l'intérêt de l'individu que celui des
masses, qui demeureront empoisonnées par l'exemple
du délit impuni. Cette institution déroule, en effet,
une longue procédure, qui la frappe d'impuissance
en campagne, puisque les coupables ont d'autant
plus de chance d'échapper à la justice qu'ils sont
plus nombreux.

Au moindre revers qui atteint l'armée, il s'ensuit inévitablement une prompte désorganisation qu'il est impossible de prévenir ou d'arrêter.

C'est sous l'empire de la loi de 1832 qu'est né cet adage dans l'armée française : « Tant vaut le chef, tant vaut la troupe; » autrement dit : Sous le commandement d'un chef sévère et énergique, telle troupe a de la discipline, mais vienne le remplacement de ce chef par un autre moins vigoureux, cette troupe perdra de sa valeur disciplinaire.

Espérer avoir, dans ces conditions, une armée sur laquelle le pays puisse se reposer en toute sécurité, est une illusion profonde; c'est bâtir sur un terrain mouvant.

L'armée doit trouver dans ses institutions un moule invariable et immuable, d'où découle un esprit qui lui soit propre, toujours le même; une discipline qui ne dépende pas de l'énergie et de la mollesse d'un chef qui change constamment. La fonction de ce dernier est bien plus de conserver rigoureusement cet esprit et cette discipline, en maintenant simplement la troupe dans l'engrenage des institutions militaires, que de chercher, par son ascendant, à lui créer des qualités factices sans homogénéité, et qui varient de régiment à régiment, suivant les époques et suivant le caractère de ceux qui les commandent.

Si le lecteur veut bien me suivre plus loin dans mes développements, il verra que c'est la recherche d'une vaine popularité, sacrifiant l'intérêt du pays à des intérêts individuels peu recommandables, qui a dirigé le législateur dans la rédaction du code de justice militaire qui nous régit[1].

L'histoire des dix dernières années aurait dû nous éclairer sur les dangers de notre état militaire ; mais à quoi sert l'expérience des autres si l'on ne sait jamais en profiter ?

En 1864, un éclair précurseur de l'orage fend la nue. La petite nationalité danoise, attaquée par l'Autriche et la Prusse réunies, nous montre le premier essai d'une organisation militaire redoutable, toute différente de la nôtre, et issue des désastres mêmes infligés par nos armes au commencement du siècle.

Un moment éveillée, l'attention de la France militaire se rendort bientôt, au doux bercement du chauvinisme, qui la rassure et la dispense de tout raisonnement sérieux, en lui répétant qu'elle est invincible, que son armement est le mieux approprié à sa manière naturelle de combattre, que la baïonnette est est une arme terrible entre ses mains, qu'avec les armes à percussion, on tire déjà trop ; qu'il serait donc ridicule d'adopter les armes se chargeant par la culasse, parce qu'on ne pourrait jamais alors trans-

---

[1] Voir à l'Appendice les considérations sur l'organisation de la justice militaire, extraites de la proposition de loi présentée à l'Assemblée nationale en avril 1871.

porter à la suite des armées les munitions nécessaires.

Mais en 1866, le coup de tonnerre suit l'éclair; la
puissance militaire de l'Autriche s'écroule avec fracas en quelques jours, et sa chute nous réveille encore
momentanément de notre léthargie volontaire.

A cette époque, chacun s'émeut instinctivement,
le pays entier se sent au bord de l'abîme, en se rappelant que l'Autriche a tenu tête honorablement à la
France et à l'Italie en 1859. La vérité apparaît
comme une lueur effrayante. Mais la vanité incurable
est encore là pour rassurer et tout expliquer.
« Allons donc! qui peut seulement avoir la pensée
de nos revers? Et l'Algérie, et la Crimée, et l'Italie,
et la Chine, et le Mexique! C'est presque un crime
de douter de son pays; c'est tout au moins de la pusillanimité. » Et la raison se voile encore et dispa-
raît devant ces arguments patriotiques!

Est-il donc écrit que dans notre malheureuse
France les intérêts privés, les vanités et les égoïsmes
de toutes sortes triompheront éternellement?

La loi proposée par le maréchal Niel et contenant
en germe le service obligatoire qui peut nous sauver,
est étranglée, dénaturée et réduite à n'être qu'un
pastiche, destiné à tromper la nation sur sa puissance,
et à la faire descendre si bas, qu'elle ne peut voir encore le jour, du fond du précipice dans lequel elle
est tombée.

Plus tard, des rapports très-précis nous arrivent de nos missions étrangères, sur l'insuffisance de notre artillerie; et le même esprit qui a retardé, bien avant et depuis la guerre du Danemark jusqu'à celle de l'Autriche et de la Prusse, l'adoption du fusil se chargeant par la culasse, accueille les preuves manifestes de notre infériorité en artillerie. A quoi sert le chargement par la culasse? Les pièces en acier sont plus légères, il est vrai, mais elles éclatent. Les canons se chargeant par la culasse ont une portée plus longue et plus juste et tirent un plus grand nombre de coups, de sorte qu'au besoin trois batteries, en multipliant la vitesse de leurs coups, produisent l'effet de quatre batteries; oui, mais on use plus de munitions, et les Français sont déjà bien assez enclins à brûler leur poudre aux moineaux. Au reste, notre matériel est plus léger, et l'artillerie française est la mieux attelée du monde. Nos mitrailleuses nous réservent la même situation avantageuse que les pièces rayées en Italie. Tels sont les raisonnements concluants et toujours les mêmes, qui sont et seront opposés encore à ceux qui s'étonnent que depuis 1859 on n'ait rien perfectionné, alors que les puissances voisines, et en particulier la Prusse, ont travaillé et résolu des progrès considérables, qui ont abattu notre grandeur militaire. C'est en vain que nous avons eu la douleur de plaindre, sur le champ de bataille de Sedan, de braves gens qui versaient des larmes de rage et d'impuissance en présence de leurs pièces culbutées, de leurs attelages éventrés, en voyant leurs obus s'arrêter

ou éclater bien avant d'atteindre les batteries
ennemies ; ils déploraient amèrement, mais trop
tard alors, la part aveugle qu'ils avaient peut-être
prise à la propagation de ces erreurs, auxquelles
quelques-uns sont encore revenus aujourd'hui !

Eh bien ! la responsabilité de nos malheurs doit se
reporter des hommes aux institutions. Si dans ces
dernières chacun et chaque chose étaient à leur place,
l'ensemble marcherait d'un pas ferme et assuré vers
le progrès, au grand accroissement du bien public et
de la sécurité du pays.

Nous ne voyons que confusion chez nous. L'intendant est ordonnateur et contrôleur à la fois. L'artillerie fait ses pièces et les armes de l'infanterie. Certes, si l'industrie les confectionnait et était admise
à présenter sérieusement ses perfectionnements, il
est probable que l'artillerie n'en trouverait jamais une
assez améliorée pour son service, tandis qu'en per-
dant son temps à défendre ses œuvres contre l'opinion publique, elle a, malgré son héroïsme dans
la dernière guerre, préparé la ruine du pays, en
couvrant de son autorité l'impuissance de son
matériel.

On ne change pas l'humanité ; mais il convient de
la placer dans des conditions où ses défauts et ses
imperfections mêmes puissent être utilisés.

C'est ainsi que nous pourrions, aujourd'hui,

après nos désastres, nous préparer une nouvelle situation militaire, qui nous donnerait une armée instruite, disciplinée et dans laquelle toute chose progresserait naturellement.

Cette armée, qui, sans être une charge trop lourde pour le pays, lui garantirait absolument sa sécurité, posséderait des cadres inférieurs sérieux et respectés ; un corps d'officiers ayant un réel intérêt à se tenir au premier rang par ses études et sa conscience à accomplir ses devoirs ; des officiers généraux habiles, rompus à la pratique des affaires, doués d'initiative pour la guerre par suite de la responsabilité qu'ils auraient supportée pendant la paix ; enfin, une administration centrale comprenant que son grand honneur est, non pas de se mêler directement aux opérations, mais de veiller avec sollicitude à ce que chacun, depuis le général en chef jusqu'au simple soldat, placé dans des conditions qui développent son éducation militaire, soit prêt au premier signal à marcher où l'intérêt du pays l'appelle, dans la plénitude de ses moyens et de ses forces.

Et puisque les gazettes allemandes, étudiant aujourd'hui à un point de vue *psychologique* l'état de la France, se plaisent à conclure, en présence de nos essais de réformes militaires, « qu'un corps social malade ne peut engendrer une armée saine », elles nous fournissent l'occasion de rendre notre pensée dans son but le plus noble et le plus large, en disant avec espérance, qu'une armée basée sur des institutions vraies et logiques, assurant pour tous le ferme accomplissement du devoir, sera toujours une armée saine, qui, si elle devient l'école de la nation, régénérera sans aucun doute le corps social malade.

Tel est notre vœu suprême pour notre pays si cruellement éprouvé.

APPENDICES

APPENDICES

Loi relative à l'augmentation aes forces militaires pendant la durée de la guerre, du 10 août 1870.

Napoléon, etc.

Art. 1er. Le Corps législatif vote à l'unanimité des remercîments à nos armées, et déclare qu'elles ont bien mérité de la patrie.

Art. 2. Tous les citoyens non mariés ou veufs sans enfants, ayant vingt-cinq ans accomplis, qui ont satisfait à la loi du recrutement, et qui ne figurent pas sur les contrôles de la garde mobile, sont appelés sous les drapeaux pendant la durée de la guerre actuelle.

L'autorité militaire prendra d'urgence les mesures nécessaires pour qu'ils soient dirigés immédiatement sur les différents corps de l'armée.

Art. 3. Le crédit de 4 millions, accordé par la loi du 14 juillet 1870 aux familles des soldats de l'armée et de la garde mobile, est porté à 25 millions (25,000,000), et s'appliquera aux familles des citoyens compris dans les dispositions de l'article 2 de la présente loi.

22.

Art. 4. Les engagements volontaires et les remplacements, dans les conditions de la loi du 1er février 1868, pourront être admis pour les anciens militaires, pendant la durée de la guerre, jusqu'à l'âge de quarante-cinq ans.

Art. 5. Les personnes valides de tout âge seront admises à contracter un engagement pour la durée de la guerre dans l'armée active.

Art. 6. Le contingent de la classe 1870 se compose de tous les jeunes gens inscrits sur les tableaux de recensement qui ne se trouveront dans aucun des cas d'exemption ou de dispense prévus par la loi modifiée du 21 mars 1832.

Art. 7. Les conseils de révision seront organisés dans chaque département. — Ils seront convoqués pour le tirage au sort et la formation du contingent de la classe de 1870.

Il ne sera fait pour ladite classe qu'une seule publication des tableaux de recensement.

Art. 8. La durée du service des jeunes gens de la classe de 1870 prendra date du jour de la promulgation de la présente loi.

Art. 9. La présente loi sera exécutoire à partir du jour de sa promulgation.

Loi relative aux forces militaires de la France
pendant la guerre, du 29 août 1870.

Napoléon, etc.

Art. 1er. Les bataillons de la garde nationale mobile peuvent être appelés à faire partie de l'armée active pendant la guerre actuelle.

Art. 2. Sont considérés comme faisant partie de la garde nationale les citoyens qui se portent spontanément à la défense du territoire avec l'arme dont ils peuvent disposer, et en prenant un des signes distinctifs de cette garde qui les couvre de la garantie reconnue aux corps militaires constitués.

Art. 3. Les anciens officiers, sous-officiers et caporaux peuvent être admis à servir activement pendant la durée de la guerre dans les grades dont ils étaient titulaires.

Art. 4. Le crédit de 25 millions, destiné à venir en aide aux femmes, enfants ou ascendants des citoyens qui combattent pour la défense du pays, est porté à 50 millions.

Art. 5. Les lois sur les pensions militaires sont applicables aux gardes nationaux mobiles et sédentaires blessés au service du pays, ainsi qu'aux veuves et aux enfants de ceux qui seraient morts dans des circonstances de guerre. Le décret de 1852, sur la Légion d'honneur et la médaille militaire, est applicable aux gardes nationaux mobiles ou sédentaires décorés ou médaillés pour faits militaires pendant la présente guerre.

Art. 6. La présente loi sera exécutoire à partir du jour de sa promulgation.

Décret qui déclare libres la fabrication, le commerce
et la vente des armes, du 4 septembre 1870.

Le gouvernement de la défense nationale,

 Décrète :

 La fabrication, le commerce et la vente des armes
sont absolument libres.

 Signé : Général Trochu, Jules Favre, etc.

Circulaire prescrivant aux hommes des compagnies de
sapeurs-pompiers qui appartiennent à la garde mobile
de rejoindre sans délai, du 6 septembre 1870.

 Monsieur le Préfet,

 Par une décision en date du 27 mai 1868, le ministre de
la guerre avait dispensé des exercices de la garde nationale
mobile les jeunes gens qui, avant d'être inscrits sur les
contrôles de ladite garde, étaient entrés dans les compagnies de sapeurs-pompiers des départements; mais les
hommes ainsi dispensés des exercices ne cessent pas de
figurer sur les contrôles de la garde nationale mobile, et
en cas d'appel à l'activité, ils sont tenus de rejoindre
les compagnies ou batteries auxquelles ils ont été attachés.

 Au moment où la garde nationale mobile est réunie
dans les départements par les soins des préfets, je crois
devoir vous rappeler ces dispositions et vous inviter à
en assurer l'exécution.

 La prompte incorporation des hommes dans les compagnies est d'autant plus nécessaire que le service dans

les corps de sapeurs-pompiers comporte un commencement d'instruction militaire que n'ont pas encore reçu les autres gardes nationaux mobiles des départements. Leur présence ne pourrait que faciliter l'instruction générale des compagnies où ils seraient versés.

Vous voudrez bien m'accuser réception de cette circulaire.

Recevez, etc.

Le ministre de l'intérieur.

Pour le ministre :

Le secrétaire général,

JULES CAZOT.

Décret relatif aux subventions aux corps de volontaires, du 7 septembre 1870.

Le gouvernement de la défense nationale,

Décrète :

Le ministre de l'intérieur,

Sur décision prise par lui après avis conforme du ministre des finances,

Est autorisé à payer des subventions, à titre de solde, aux corps de volontaires armés ou équipés pour la défense nationale, quand il le juge nécessaire.

(Suivent les signatures.)

Décret du 13 septembre 1870.

Le gouvernement de la défense nationale,

Vu le décret du 10 septembre 1870, qui institue la Commission de l'armement national par le concours de l'industrie privée ;

Vu l'opportunité d'assurer le fonctionnement à la fois expéditif et régulier des opérations proposées par la Commission,

Décrète :

1° Le ministre des travaux publics est spécialement commis pour en prendre connaissance, les contrôler et leur donner force d'exécution ;

2° Un crédit de 10 millions de francs lui est ouvert.

(*Suivent les signatures.*)

CIRCULAIRE.

Inscription sur les contrôles de tous les citoyens âgés de 21 à 60 ans susceptibles de faire le service de la garde nationale.

Paris, 15 septembre 1870.

Monsieur le Préfet,

Le gouvernement, fidèle à sa mission, n'a jamais perdu de vue un seul instant le grand intérêt de la défense nationale sur tout le territoire. Il est heureux de voir éclater les sentiments de patriotisme qui sont le gage de la résolution énergique de la France et comptent au premier rang de ses ressources en face des éventualités de l'avenir. Mais c'est surtout dans des circonstances aussi périlleuses que celles où nous sommes qu'il est juste de dire qu'il n'y a rien de fait tant qu'il reste quelque chose à faire ; et il importe au plus haut degré de procéder sans retard à l'organisation et à la mobilisation des forces vives du pays : je veux parler de la garde nationale sédentaire dans toutes les communes.

Je vous prie donc, en conséquence, de vouloir bien ordonner à tous les maires de votre département d'inscrire sur des contrôles préparés à cet effet tous les citoyens de 21 à 60 ans susceptibles de faire partie de la garde nationale. Cette première opération terminée, vous appellerez tous les gardes nationaux inscrits à élire leurs officiers, sous-officiers et caporaux, de manière à constituer les cadres de la garde nationale de chaque commune dans le plus bref délai. Enfin, les cadres constitués, vous aurez, de concert avec les officiers élus, à préparer aussitôt les éléments de compagnies détachées, qui pourront être appelées, aux termes des décrets des 8 août, 28 mai et 13 juin 1851, à faire un service hors du territoire de la commune, ou même au service de corps mobilisés, pour seconder l'armée de ligne dans les limites fixées par la loi.

Ces compagnies détachées, formées par les maires assistés des officiers de la garde nationale, seront de la sorte toutes prêtes, suivant les éventualités de la guerre et les besoins de la défense nationale, à être mises à la disposition de M. le ministre de la guerre, à qui revient la tâche de les utiliser, et qui aura sur elles toute l'autorité que confèrent les lois et règlements militaires.

J'attends de vous l'exécution aussi prompte que possible des ordres ci-dessus consignés, avec un rapport complet sur les mesures de détail auxquelles l'exécution de ces ordres aura donné lieu.

Recevez, etc.

Le membre du gouvernement de la défense nationale,
délégué au département de l'intérieur,

Signé : L. GAMBETTA.

Décret relatif à l'élection des officiers de la garde mobile,
du 17 septembre 1870.

Le gouvernement de la défense nationale,

Vu la loi du 28 janvier 1868 (art. 8) ;

Considérant que les circonstances dans lesquelles a eu lieu la nomination des officiers de la garde mobile rendent nécessaire l'élection des officiers,

Décrète :

ART. 1er. Les bataillons de la garde mobile actuellement armés et réunis à Paris sont appelés à élire leurs officiers.

ART. 2. Les élections auront lieu le lundi 19 septembre, par les soins du chef de bataillon en exercice.

ART. 3. Les élections des autres bataillons de France auront lieu aux jours fixés par l'autorité militaire du département.

ART. 4. Le ministre de la guerre est chargé de l'exécution du présent décret.

(*Suivent les signatures.*)

Circulaire à MM. les préfets.

Tours, 20 septembre 1870.

En vertu de mesures concertées entre les départements de l'intérieur, de la guerre et de la marine, après délibération de la commission de l'armement national qui siége à Tours, aucun prélèvement d'armes dans les arsenaux ne peut être fait, pour la garde sédentaire, que sur l'ordre exprès de la délégation du gouvernement.

Les ordres seront signés du secrétaire général du ministère de l'intérieur.

Les préfets n'auront aucun droit de faire des réquisitions sans cet ordre préalable. Quant à l'armement de la garde mobile, il continuera, comme celui de l'armée, à appartenir au ministre de la guerre.

Le membre du gouvernement de la défense nationale,
délégué à Tours,

Signé : CRÉMIEUX.

CIRCULAIRE.

Armement de la garde nationale mobile.

Tours, 21 septembre 1870.

Monsieur le Préfet,

Les régiments et bataillons de la garde nationale mobile vont pour la plupart recevoir l'ordre de se concentrer sur divers points du territoire français ; il y a donc urgence extrême de presser l'habillement et l'équipement de ces troupes ; votre patriotisme m'est garant du soin que vous apportez à cette mission. Si toutefois il vous était impossible de mener cette tâche à fin avant le départ des gardes nationaux mobiles, il y aurait lieu alors, à leur livraison, de faire diriger les habillements et équipements que vous avez commandés sur les points occupés par les hommes de votre département.

Je.vous prie, Monsieur le Préfet, de vouloir bien m'indiquer, dans l'état quotidien que vous devez m'adresser, s'il vous est possible de vous conformer à cet avis.

Agréez, etc.

Le directeur général délégué,
chargé du département de l'intérieur,

Signé : CL. LAURIER.

Arrêté portant qu'une solde pourra être accordée aux francs-tireurs, du 28 septembre 1870.

La délégation du gouvernement de la défense nationale.

Arrête :

Le ministre de l'intérieur pourra accorder aux compagnies de francs-tireurs une solde.

Cette solde sera d'un franc pour les soldats et caporaux ; d'un franc vingt-cinq centimes pour les sergents ; d'un franc cinquante centimes pour les sergents-majors et les adjudants.

Les officiers de francs-tireurs, porteurs d'une commission régulière, délivrée par l'autorité militaire, recevront une entrée en campagne et une solde égales à celles des officiers du grade correspondant dans l'armée active.

La solde sera versée pour cinq jours entre les mains du commandant du corps ou du capitaine-major, dans les chefs-lieux de département, par les préfets ; dans les chefs-lieux d'arrondissement, par les sous-préfets.

Les commandants des corps pourront, quand ils se-

ront en campagne trop éloignés des chefs-lieux de département et d'arrondissement, requérir des munici-
palités des rations de vivres; en échange, ils remettront
des bons remboursables par le ministre de l'intérieur et
ses agents.

Les membres de la délégation :

Signé : AD. CRÉMIEUX, GLAIS-BIZOIN, L. FOURICHON, etc.

---

*Décret plaçant les compagnies de francs-tireurs à la dis-
position du ministre de la guerre, du 29 septembre
1870.*

La délégation du gouvernement de la défense nationale,

Vu les décrets des 12 et 16 septembre 1870 ;

Attendu qu'il ne peut exister sur le territoire de la
République aucune force armée qui ne soit subordonnée
à un pouvoir régulier ;

Attendu que les opérations des francs-tireurs doivent,
pour se combiner utilement avec celles de l'armée, être
dirigées par l'autorité militaire,

Décrète :

ART. 1er. Les compagnies de francs-tireurs seront
mises à la disposition de M. le ministre de la guerre, et
soumises, au point de vue de la discipline, au même
régime que la garde nationale mobile.

ART. 2. Les départements de l'intérieur et de la
guerre sont chargés, chacun en ce qui le concerne, de
l'exécution du présent décret.

(Suivent les signatures.)

Décret relatif à l'organisation des gardes nationales mobilisées, du 29 septembre 1870.

Les membres du gouvernement de la défense nationale, délégués pour représenter le gouvernement et en exercer les pouvoirs,

Vu les décrets des 12 et 16 septembre 1870,

Décrètent :

ART. 1er. Les préfets organiseront immédiatement en compagnies de gardes nationaux mobilisés :

1° Tous les volontaires qui n'appartiennent ni à l'armée régulière ni à la garde nationale mobile ;

2° Tous les Français de vingt et un ans à quarante ans, non mariés ou veufs sans enfants, résidant dans le département.

ART. 2. Ceux qui sont appelés à faire partie de l'armée active appartiendront à la garde nationale mobilisée, jusqu'au jour où le ministre de la guerre les réclamera pour le service de l'armée.

ART. 3. Les préfets soumettront immédiatement les gardes nationaux mobilisés aux exercices militaires.

ART. 4. Les compagnies de gardes nationaux mobilisés pourront, leur organisation faite, être mises à la disposition du ministre de la guerre.

ART. 5. Les préfets pourront, si les armes manquent pour l'armement des gardes nationaux mobilisés, réclamer les armes des gardes nationaux sédentaires, et au besoin, requérir toutes armes de chasse et autres.

ART. 6. Le secrétaire général, représentant le ministre de l'intérieur pour les services administratifs, est chargé de l'exécution du présent décret.

Tours, 29 septembre 1870.

(Suivent les signatures.)

Décret relatif aux attributions de la commission d'armement, du 29 septembre 1870.

Les membres du gouvernement de la défense nationale, délégués pour représenter le gouvernement et en exercer les pouvoirs,

Vu les décrets des 12 et 16 septembre 1870,

Décrètent :

ART. 1er. La Commission d'armement, siégeant à Tours, est et demeure chargée de toutes les mesures relatives à l'armement des gardes nationales sédentaires ou mobilisées, corps de volontaires, francs-tireurs ou autres, appelés à concourir à la défense du pays.

ART. 2. La répartition des armes acquises ou transformées par ses soins lui sera confiée.

ART. 3. Pour l'accomplissement de son mandat, la Commission correspondra directement, à l'intérieur, avec les diverses autorités nationales ; à l'extérieur, avec les agents diplomatiques de France.

ART. 4. Il sera pourvu d'urgence par la délégation du gouvernement à l'ouverture des crédits jugés par elle nécessaires.

Indépendamment des crédits qui déjà lui sont ouverts, une somme de 25 millions est, dès à présent, mise à sa disposition par prélèvement sur le crédit de 50 millions affectés à l'organisation des gardes nationales sédentaires.

ART. 5. Dans la limite des crédits qui lui sont ouverts pour l'armement national, la Commission est autorisée à mandater directement sur les trésoriers payeurs généraux, receveurs des finances quelconques et agents diplomatiques détenteurs des fonds de l'État.

ART. 6. Elle a le droit de requérir, sauf règlement ultérieur d'une indemnité, s'il y a lieu, tous ingénieurs et conducteurs des ponts et chaussées, les ingénieurs des mines et garde-mines, les directeurs, ouvriers, ateliers et matières appartenant à l'industrie privée, tant pour la confection que pour la transformation et la réparation de toutes armes et munitions de guerre.

ART. 7. Le président de la Commission remettra tous les jours au conseil du gouvernement un exposé sommaire des opérations faites.

ART. 8. Les présentes dispositions ne dérogent ni à celles qui règlent les attributions du ministre de la guerre, en ce qui touche l'armée et la garde nationale mobile, ni à celles qui règlent les attributions du ministre de l'intérieur, en ce qui touche la garde nationale sédentaire ou mobilisée et les autres corps désignés en l'article 1er du présent décret.

ART. 9. M. le secrétaire général représentant le département de l'intérieur, pour les services administratifs, est chargé de l'exécution du présent décret.

(*Suivent les signatures.*)

Décret qui organise en compagnies spéciales les ouvriers et employés des ateliers affectés à la confection des armes et munitions de guerre, du 11 *octobre* 1870.

La délégation du gouvernement de la défense nationale,

Considérant qu'il importe essentiellement à la défense du pays que les travaux relatifs à l'armement ne subissent aucun retard; que par conséquent il est indispensable de ne pas désorganiser les ateliers chargés de pourvoir à cet armement; que, d'autre part, nul ne doit, dans les circonstances actuelles, être soustrait à l'obligation de prendre les armes,

Décrète :

ART. 1ᵉʳ. Dans chacune des localités où il existe des ateliers affectés par le ministre de la guerre et par la Commission d'armement à la fabrication et confection d'armes, de munitions et de matériel de guerre, les ouvriers et employés de ces ateliers, qu'ils appartiennent au contingent de l'armée, à la garde nationale mobile ou à la garde nationale sédentaire, seront formés en compagnies ou bataillons spéciaux et exercés au maniement d'armes à des heures uniques, choisies de manière à ne pas entraver la marche du travail.

ART. 2. La liste des ouvriers et employés entrant dans la composition de ces bataillons ou compagnies sera dressée dans chaque localité par l'autorité militaire, en ce qui concerne les hommes appartenant à l'armée et à la garde nationale mobile; par l'autorité civile, pour les gardes nationaux sédentaires, sur la présentation des chefs d'établissement.

ART. 3. Tout ouvrier ou employé qui cesse son travail reprend dans l'armée, la garde mobile ou la garde nationale la place qu'il y occupait.

ART. 4. Le ministre de la guerre et le ministre de l'intérieur sont chargés, chacun en ce qui le concerne, de l'exécution du présent décret.

Fait à Tours, le 11 octobre 1870.

Signé : GAMBETTA.

23

*Décret relatif a l'organisation des corps de la garde
nationale mobilisée, du 11 octobre 1870.*

Les membres, etc.,

Considérant que les conseils de révision de la garde
nationale mobilisée ont terminé leurs opérations; qu'il
y a lieu, en conséquence, de procéder à la formation des
corps;

Vu la loi du 13 juin 1851;

Vu le décret du 6 octobre suivant,

Décrètent :

ART. 1ᵉʳ. Dès la publication du présent décret, le
maire de chaque commune, assisté de deux conseillers
municipaux désignés par lui, procédera à la division des
gardes nationaux mobilisés par compagnies.

ART. 2. La force des compagnies est de cent à deux
cent cinquante hommes.—Lorsqu'une commune ne four-
nira pas cet effectif, il lui sera adjoint une ou plusieurs
communes limitrophes, appartenant au même canton,
jusqu'au complément de l'effectif réglementaire.

ART. 3. Il y aura un bataillon par canton, formé de
quatre compagnies au moins et de dix au plus. S'il y avait
plus de dix compagnies, on formerait deux ou plusieurs
bataillons.

ART. 4. La réunion des bataillons cantonaux dans le
même arrondissement formera une légion commandée
par un lieutenant-colonel ou un colonel. — La réunion
des légions d'arrondissement formera une brigade qui
prendra le nom du département et sera placée sous les
ordres d'un commandant supérieur.

Les cadres des différents corps seront fixés conformément au décret du 6 octobre 1851.

ÉLECTIONS. — NOMINATIONS.

ART. 5. Le commandant supérieur, les colonels et les lieutenants-colonels sont nommés par le ministre de l'intérieur. Les autres grades seront donnés à l'élection, conformément à la loi du 13 juin 1851, sauf les exceptions prévues aux articles 52, 53 et 56.

ART. 6. Dans les deux jours qui suivront la formation des compagnies, il sera procédé à l'élection des officiers, sous-officiers et caporaux, sous la présidence du maire, assisté de deux conseillers municipaux désignés par lui.

L'élection aura lieu conformément à la section V de la loi du 13 juin 1851.

UNIFORME.

ART. 7. L'uniforme sera réglé dans chaque département par un arrêté du préfet. La vareuse et le képi sont obligatoires. La vareuse portera le collet et les pattes rouges. Le nom du département ou au moins ses initiales figureront sur le képi.

RASSEMBLEMENT. — EXERCICES.

ART. 8. Conformément au décret du 29 septembre dernier, les gardes nationales sédentaires et les pompiers devront céder leurs armes aux compagnies mobilisées.

ART. 9. La distribution des fusils disponibles aura lieu immédiatement dans chaque commune par les soins des préfets. Au besoin, il y sera joint des fusils de chasse. Jusqu'à ce que le nombre des fusils soit égal à celui des gardes nationaux mobilisés, les hommes les plus jeunes de chaque compagnie seront les premiers armés.

ART. 10. Les exercices se feront par commune; ils auront une durée *minimum* de deux heures par jour. Le dimanche, les compagnies se réuniront soit au chef-lieu de canton, soit dans toute autre commune désignée par le chef de bataillon. Si les circonstances l'exigeaient, le canton pourrait être divisé en circonscriptions pour les exercices. — Le chef de légion ou le commandant supérieur prescrira, s'il y a lieu, la réunion des corps sur un point quelconque de l'arrondissement ou du département. — Autant que possible, il sera adjoint à chaque compagnie des instructeurs pris parmi les anciens militaires, ou les militaires provisoirement détachés de leur corps.

ART. 11. Les gardes mobilisés en marche seront mis à la disposition du ministre de la guerre, et soumis à la même discipline que l'armée.

ART. 12. Il sera pourvu par un décret ultérieur au règlement des questions de solde, d'équipement, d'habillement, d'armement et d'entretien [1].

ART. 13. Les départements de l'intérieur et de la guerre sont chargés de l'exécution du présent décret, qui sera inséré au *Bulletin des lois*.

Tours, le 11 octobre 1871.

Signé : GAMBETTA, CRÉMIEUX, GLAIS-BIZOIN, FOURICHON.

[1] Voir le décret du 22 octobre.

Décret sur la réquisition des armes et munitions de guerre d'origine étrangère, du 12 octobre 1870.

Le gouvernement de la défense nationale,

Vu la nécessité de pourvoir sans retard à la défense du pays,

Décrète :

ART. 1ᵉʳ. Toutes les armes et munitions de guerre d'origine étrangère pourront être requises à leur arrivée en France.

ART. 2. L'administration de la guerre en déterminera la valeur; elle en prendra possession contre un récépissé donnant titre au remboursement.

Signé : GAMBETTA.

Décret qui suspend, pendant la durée de la guerre, les lois qui règlent les nominations et l'avancement dans l'armée, du 13 octobre 1870.

Le gouvernement de la défense nationale,

Vu les circonstances exceptionnelles créées par l'état de guerre ;

Considérant qu'il importe de susciter l'émulation dans tous les rangs de l'armée et de faire appel aux jeunes talents ; que c'est en rompant résolûment avec la tradition que la première République a pu réaliser les prodiges de 92,

Décrète :

ART. 1ᵉʳ. Les lois qui règlent les nominations et l'avancement dans l'armée sont suspendues pendant la durée de la guerre. En conséquence, des avancements extraordinaires pourront être accordés en raison des services rendus ou des capacités.

ART. 2. Des grades militaires pourront être conférés à des personnes n'appartenant pas à l'armée. Toutefois, ces grades ne resteront pas acquis après la guerre, s'ils n'ont pas été justifiés par quelque action d'éclat ou par d'importants services constatés par le gouvernement de la République.

ART. 3. Le ministre de la guerre est chargé de l'exécution du présent décret.

Fait à Tours, le 13 octobre 1871.

Signé : GAMBETTA, CRÉMIEUX, GLAIS-BIZOIN, FOURICHON.

Décret du 14 octobre 1870.

CONSTITUTION DE L'ARMÉE AUXILIAIRE.

Le membre du gouvernement de la défense nationale, ministre de l'intérieur et de la guerre,

En vertu des pouvoirs à lui délégués par le gouvernement, par décret en date du 1er octobre 1870;

Considérant qu'il importe de favoriser la formation des cadres d'officiers et de sous-officiers, tout en respectant les droits acquis dans l'armée,

Décrète :

ART. 1er. Les gardes nationales mobiles, les gardes nationaux mobilisés, la légion étrangère, les corps francs et autres troupes armées relevant du ministère de la guerre, mais n'appartenant pas à l'armée régulière, sont groupés sous la dénomination d'*armée auxiliaire*. Cette dénomination n'affecte d'ailleurs en rien l'autonomie de ces divers corps, tant qu'il n'y a pas été dérogé par des décisions de l'autorité militaire.

ART. 2. L'armée auxiliaire et l'armée régulière sont entièrement assimilées l'une à l'autre *pendant la durée de la guerre,* et sont soumises au même traitement. Elles doivent être considérées comme les deux fractions d'un seul et même tout : *l'armée de la défense nationale.*

Les troupes des deux armées peuvent être fusionnées à tout instant, selon les besoins de la guerre. Les officiers peuvent exercer indifféremment leur commandement dans l'une et l'autre armée, sans distinction aucune de leur origine.

ART. 3. Font nécessairement partie de l'armée auxiliaire, bien que nommés directement dans l'armée régulière, les officiers et sous-officiers choisis en dehors de l'armée, en exécution de l'article 2 du décret du 13 octobre 1870. En conséquence, toute nomination faite dans ces conditions porte expressément la mention : *Armée auxiliaire.*

Au contraire, les anciens officiers et sous-officiers qui rentrent dans l'armée avec leur ancien grade ou avec le grade auquel ils avaient droit quand ils ont quitté le service, appartiennent à l'armée régulière, à moins qu'ils n'aient fait connaître eux-mêmes que leur reprise de service était limitée à la durée de la guerre, auquel cas un grade supérieur peut leur être accordé dans l'armée auxiliaire.

ART. 4. A la cessation des hostilités, il sera statué sur tous les grades conférés dans l'armée auxiliaire, afin de faire passer dans les cadres de l'armée régulière les

officiers et sous-officiers qui, par suite de leur belle conduite, se seraient placés dans les conditions prévues par
l'article 2 du décret précité.

Fait à Tours, le 14 octobre 1870.

Le membre du gouvernement de la défense nationale,
ministre de l'intérieur et de la guerre,
Signé : L. GAMBETTA.

Par le ministre :

Le délégué au département de la guerre,
Signé : C. DE FREYCINET.

Décret sur l'organisation de la défense dans les départe-
ments déclarés en état de guerre, du 14 octobre 1870.

Le membre du gouvernement de la défense nationale, ministre de l'intérieur et de la guerre,

En vertu des pouvoirs à lui délégués par le gouvernement, par décret en date à Paris du 1er octobre 1870;

Considérant qu'il importe d'organiser la défense lo-
cale, et de donner un point d'appui à l'action des gardes
nationaux, pour les mettre en état de résister à l'ennemi,

Décrète :

ART. 1er. Tout département dont la frontière se trouve,
par un point quelconque, à une distance de moins de
100 kilomètres de l'ennemi, est déclaré en *état de guerre*.
Cette déclaration est faite par le chef militaire du département, aussitôt qu'il a connaissance de l'approche
de l'ennemi à la distance sus-énoncée, et est immédiate-

ment rendue publique, à la diligence des autorités civiles et militaires. Tous avis concernant la marche de l'ennemi sont transmis directement, par la voie la plus prompte, aux chefs militaires et aux préfets des départements situés dans un rayon de 100 kilomètres au moins dans le sens de la marche de l'ennemi.

ART. 2. L'état de guerre entraîne les conséquences suivantes :

Le chef militaire du département convoque, toute affaire cessante, *un comité militaire* de cinq membres au moins et neuf au plus. Ce comité se compose, outre le chef militaire qui le préside, d'un officier du génie, ou, à défaut, d'artillerie, d'un officier d'état-major, d'un ingénieur des ponts et chaussées et d'un ingénieur des mines. A défaut de ces divers fonctionnaires, les membres sont choisis parmi les personnes qui, à raison de leurs aptitudes et de leurs antécédents, s'en rapprochent le plus. Le comité, après avoir visité s'il y a lieu le terrain, désigne dans les quarante-huit heures, à partir de la déclaration d'état de guerre, les points qui lui paraissent le plus favorablement situés pour disputer le passage à l'ennemi.

Ces points sont immédiatement fortifiés à l'aide de travaux en terre, d'abatis d'arbres et autres moyens d'un emploi rapide et peu dispendieux. Ces fortifications prendront, suivant le cas, le caractère d'un camp retranché pouvant contenir tout ou partie des forces disponibles du département, et recevront, s'il y a lieu, de l'artillerie. Chacune des voies par lesquelles l'ennemi est supposé pouvoir avancer recevra au moins un système de défense semblable dans les limites du département. Il ne sera fait exception que lorsque la voie sera déjà commandée dans le département par une place fortifiée.

Art. 3. Le comité militaire ou les membres délégués par lui auront droit de réquisition directe sur les personnes et les choses pour procéder à l'établissement des travaux sus-mentionnés. Ils payeront les dépenses à l'aide de bons délivrés par eux et qui seront acquittés sur les fonds du département ou des communes, ainsi qu'il sera dit plus loin.

Art. 4. Dès que le chef militaire du département jugera qu'un des points ainsi fortifiés est menacé, il y dirigera les forces nécessaires à la défense. Ces forces seront empruntées soit aux troupes régulières ou auxiliaires du département non utilisées pour les opérations du corps d'armée en campagne, soit à la garde nationale sédentaire. A cet effet, le chef militaire jouira du droit de convoquer les gardes nationales jusqu'à quarante ans, de telle commune qu'il désignera. Il aura le commandement en chef de toutes les forces ainsi réunies et présidera lui-même à la défense. L'officier du grade le plus élevé après lui commandera sur un autre point.

Art. 5. Si un passage est forcé par l'ennemi, on veillera à rétablir la fortification aussitôt que possible, de manière à couper la retraite à l'ennemi, et ce passage sera gardé jusqu'à ce que le chef militaire juge l'ennemi suffisamment éloigné.

Art. 6. Tant que dure l'état de guerre d'un département, les gardes nationaux convoqués à la défense sont placés sous le régime des lois militaires; s'ils manquent à l'appel ou s'ils n'accomplissent pas leurs devoirs de soldat, ils sont passibles des peines prévues par le code de l'armée. — A défaut d'uniforme, les gardes nationaux convoqués doivent porter le képi, afin de constater leur qualité militaire. — Ils doivent, au moyen des bons qui leur seront remis par les soins du comité militaire, se pourvoir de vivres pour trois jours, sans préjudice des approvisionnements de tous genres que le comité militaire aura pu réunir directement sur les lieux.

ART. 7. Les bons délivrés par le comité militaire seront reçus comme espèces dans les caisses publiques et acquittés au moyen d'un emprunt contracté au nom du département par le conseil général, et, si le conseil général a été dissous, par une commission départementale nommée par le préfet.

ART. 8. Dès la publication du présent décret, les préparatifs de défense ci-dessus prescrits commenceront d'urgence dans les départements compris dans la zone de guerre (jusqu'à 100 kilomètres au moins de l'ennemi), et les départements au delà de cette zone se livreront aux études préliminaires tendant à déterminer les points à fortifier ultérieurement. — Les officiers du génie de tous grades, occupés au service courant ou attachés à des corps en campagne, mais non indispensables aux opérations de ces corps, se feront connaître immédiatement au délégué du ministre de la guerre, qui leur donnera des destinations dans les départements, pour être attachés aux comités militaires et y diriger les travaux de défense prescrits par ces comités.

ART. 9. Les chefs militaires des départements sont rendus personnellement responsables de l'organisation de la défense et de la résistance à opposer à l'ennemi.

Fait à Tours, le 14 octobre 1870.

Le membre du gouvernement de la défense nationale,
ministre de l'intérieur et de la guerre,
Signé : L. GAMBETTA.

Décret qui pourvoit à l'armement, à l'habillement et à l'équipement des gardes nationaux mobilisés, du 22 octobre 1870.

Les membres du gouvernement de la défense nationale, délégués pour représenter le gouvernement et en exercer les pouvoirs,

Vu les décrets des 12 et 16 septembre 1870,

Décrètent :

ART. 1ᵉʳ. Les gardes nationaux mobilisés seront habillés, équipés et soldés par l'État au moyen de contingents fournis par les départements et les communes.

ART. 2. Les officiers, sous-officiers, caporaux et gardes jouiront, lorsqu'ils auront quitté le canton, des allocations de solde attribuées par les tarifs en vigueur à la garde mobile.

Les commandants de légion recevront la solde des lieutenants-colonels de la garde mobile, et le commandant supérieur, celle des colonels.

ART. 3. L'armement sera fourni par l'État.

Toutefois les communes contribueront aux frais d'achat ou de transformation d'armes effectués par la commission d'armement, dans la proportion de la moitié[1].

ART. 4. Dans les trois jours qui suivront la publication du présent décret, les préfets, au vu des listes arrêtées par les conseils de révision, prendront un arrêté fixant le contingent total à payer par leur département.

Le contingent sera déterminé d'après les bases suivantes :

60 francs par homme pour l'habillement et l'équipement ;

---

[1] Voir le décret spécial du 5 novembre 1870, *Bulletin officiel de Tours et de Bordeaux*, p. 140.

Trois mois de solde, calculés à raison de 1 fr. 50 par jour et par homme.

La portion du contingent applicable à l'habillement et à l'équipement sera versée au Trésor le 30 novembre : celle relative à la solde sera payée en deux termes égaux, les 15 et 30 décembre 1870.

ART. 5. Les ressources déjà votées par les conseils généraux en faveur de la défense nationale, qui pourront être réalisées dans les délais fixés par l'article précédent, seront exclusivement affectées au payement du contingent assigné au département.

ART. 6. La portion du contingent qui ne pourrait être acquittée par les ressources départementales sera payée par les communes, soit au moyen de leurs ressources disponibles, soit au moyen de sommes qu'elles sont d'ores et déjà autorisées par le présent décret à emprunter, soit au moyen d'une taxe établie sur chaque contribuable de la commune inscrit au rôle des quatre contributions directes de 1870, proportionnellement au montant de ses impositions.

ART. 7. Les communes qui ne pourront acquitter le montant de leur contingent, soit au moyen de leurs ressources disponibles, soit au moyen d'emprunts, pourront s'imposer pendant les années 1871 et suivantes, les sommes qui leur seront nécessaires pour couvrir le déficit de leur budget et pour rembourser les prêts.

Les délibérations du conseil municipal ou de la commission municipale concernant les contributions extraordinaires à ce destinées, seront approuvées conformément aux dispositions de la loi du 24 juillet 1867.

ART. 8. Lorsqu'il y aura lieu au concours des plus imposés, en nombre égal à celui des membres en exer-

cice du conseil municipal ou de la commission municipale, en exécution de l'article 42 de la loi du 18 juillet
1837, le délai de dix jours, fixé par ladite disposition
de ladite loi, est réduit à deux, et lorsque les plus imposés seront absents, il sera passé outre.

ART. 9. Le contingent de chaque commune sera fixé
proportionnellement au principal des quatre contributions directes. A cet effet, les préfets prendront un arrêté qui sera notifié d'urgence aux maires, aux receveurs
des finances et aux receveurs municipaux. Les réclamations formées par les communes contre l'arrêté précité
seront portées devant le ministre de l'intérieur, qui statuera en dernier ressort.

ART. 10. Dans les trois jours qui suivront la notifi-
cation de l'arrêté, les maires et les receveurs municipaux adresseront, sous leur responsabilité personnelle,
au préfet, un certificat indiquant le montant et la nature
des ressources qui pourraient être affectées au payement
du contingent. Ils joindront, s'il y a lieu, à ce certificat
l'engagement pris par des particuliers de faire l'avance
à la commune.

ART. 11. Au vu de ces pièces, le préfet déterminera,
par un arrêté dont ampliation sera transmise d'urgence
au ministre de l'intérieur et au directeur des contributions directes du département, les communes pour lesquelles il est nécessaire d'établir un rôle.

ART. 12. Les rôles seront dressés à la diligence des
directeurs des contributions directes, rendus exécu-
toires par les préfets, et les réclamations seront jugées
comme en matière de contributions directes.

ART. 13. La totalité des cotes sera exigible immédiatement.

Art. 14. Les directeurs des contributions directes auront droit à une indemnité de 1 pour 100 pour la confection des rôles et des avertissements. Cette allocation sera comprise dans les rôles.

Art. 15. Les receveurs municipaux sont responsables des non-valeurs qui résulteraient de leur négligence, sans préjudice de la révocation qui pourra être prononcée contre eux.

Art. 16. Les ministres de l'intérieur et des finances sont chargés, chacun en ce qui le concerne, de l'exécution du présent décret, laquelle aura lieu à compter du jour de la publication faite dans les formes prescrites par l'article 1er de l'ordonnance du 18 janvier 1817.

Fait à Tours, le 22 octobre 1870.

Signé : CRÉMIEUX, GAMBETTA, FOURICHON, GLAIS-BIZOIN.

———

Décret du 2 novembre 1870 prescrivant la mobilisation des hommes valides de 21 à 40 ans.

Lès membres du gouvernement de la défense nationale ; délégués, etc.

Art 1er. Tous les hommes de 21 à 40 ans, mariés ou veufs avec enfants, sont mobilisés.

Art. 2. Les citoyens mobilisés par le présent décret seront organisés par les préfets, conformément aux décrets des 29 septembre et 11 octobre, ainsi qu'à la circulaire du 15 octobre de la présente année.

Art. 3. Les citoyens mobilisés par le présent décret seront, leur organisation faite, mis à la disposition du ministre de la guerre. Cette organisation devra être terminée le 19 novembre.

Art. 4. Il sera pourvu à leur habillement, équipement et solde d'après les règles prescrites par le décret du 22 octobre de l'année 1870.

Art. 5. Toute exemption basée sur la qualité de soutien de famille est abolie, même à l'égard de ceux à qui elle avait été antérieurement appliquée par les conseils de révision. Il n'est admis d'autres exemptions que celles résultant des infirmités, ou basées sur les services publics énumérés dans la circulaire du 15 octobre 1870. Est également abrogé l'article 145 de la loi du 22 mars 1831.

Art. 6. La République pourvoira aux besoins des familles reconnues nécessiteuses. Un comité composé du maire ou président de la commission municipale et de deux conseillers municipaux ou membres de la commission municipale délégués par le conseil ou la commission, statuera définitivement sur les demandes formées à cet égard par les familles domiciliées dans la commune.

Art. 7. La République adopte les enfants des citoyens qui succombent pour la défense de la patrie.

Art. 8. Le ministre de la guerre est autorisé à utiliser pour la fabrication des armes et engins de guerre les usines et ateliers pouvant servir à cet effet.

Art. 9. Le ministre de l'intérieur et de la guerre est chargé de l'exécution du présent décret, laquelle aura lieu immédiatement après la publication qui en sera faite conformément aux ordonnances du 27 novembre 1816 et du 18 janvier 1817.

Tours, le 2 novembre 1870.

Signé : GAMBETTA, CRÉMIEUX, GLAIS-BIZOIN, FOURICHON.

*Composition de la 1ʳᵉ division du 15ᵉ corps,
au 6 novembre 1870.*

Commandant : MARTIN DES PALLIÈRES, général de division.

Chef d'état-major : DES PLAS, lieutenant-colonel.

État-major.

DU BESSEY DE CONTENSON, capitaine d'état-major.

LUXER, —

DE LA GRAIVERIE, —

DE CHABANNE, lieutenant de vaisseau, aide de camp.

HENNIQUE, lieutenant d'infanterie de marine, officier d'ordonnance.

HAGRON, — —

Commandant de l'artillerie : MASSENET, chef d'escadron.

Commandant du génie : ANFRIE, chef de bataillon.

Sous-intendant : BASSIGNOT.

Prévôt : LEGROS, capitaine de gendarmerie.

Aumônier : HORTALA.

Trésorier-payeur : PRÉTET.

Postes : ARMAND.

1ʳᵉ brigade.

Commandant : DE CHABRON, général de brigade.

5ᵉ bataillon d'infanterie de marine de marche : LAURENT, chef de bataillon.

38ᵉ régiment d'infanterie de ligne : COURTOT, lieutenant-colonel.

1ᵉʳ zouaves de marche : CHAULAN, lieutenant-colonel.

12ᵉ mobiles (Nièvre) : DE BOURGOING, lieutenant-colonel.

Bataillon des mobiles de la Savoie : DE COSTA-BEAUREGARD, chef de bataillon.

24

2ᵉ *brigade.*

Commandant : BERTRAND, général de brigade.

4ᵉ bataillon de chasseurs à pied de marche : SICCO, chef de bataillon.

29ᵉ régiment de marche : CHOPIN-MEREY, lieutenant-colonel.

Régiment de tirailleurs algériens : CAPDEPONT, lieutenant-colonel.

18ᵉ régiment de mobiles (Charente) : D'ANGELYS, lieutenant-colonel.

1ʳᵉ batterie du 13ᵉ régiment d'artillerie à cheval.

18ᵉ du 6ᵉ : PLUQUE, capitaine.

18ᵉ du 2ᵉ : ZICKEL, capitaine.

18ᵉ du 13ᵉ : MARMIER, capitaine.

9ᵉ du 12ᵉ, canons à balles : ANDRÉ, capitaine.

Brigade de cavalerie.

Commandant : DASTUGUES, général de brigade.

1ᵉʳ chasseurs de marche : ROUHER, colonel.

11ᵉ chasseurs : DE BAILLANCOURT, colonel.

Composition du 15ᵉ corps, au 16 novembre 1870.

Commandant : MARTIN DES PALLIÈRES, général de division.

Chef d'état-major général : DES PLAS, colonel.

Sous-chef d'état-major : DE VILLARS, capitaine de 1ʳᵉ classe.

Commandant de l'artillerie : DE BLOIS DE LA CALANDE, général de brigade.

Chef d'état-major d'artillerie : GOBERT, colonel.

Commandant de la réserve d'artillerie : CHAPPE, colonel.

Commandant le génie : DE MARSILLY, colonel.

Chef d'état-major du génie : BARRABÉ, lieutenant-colonel.

Intendant : SANTINI.

Sous-intendant : GAMELIN.

Médecin en chef : MARTENAU DE CORDOUE, médecin principal de 2ᵉ classe.

Pharmacien en chef : ROBAGLIA, pharmacien principal de 2ᵉ classe.

Vétérinaire : DAREY.

Prévôt : LEGROS, capitaine de gendarmerie.

Aumônier : LANUSSE.

Pasteurs : GUYON, MEYER.

Payeur : FROTTIER.

1ʳᵉ DIVISION D'INFANTERIE.

Commandant : DE CHABRON, général de brigade.

Chef d'état-major : CHEVALIER, capitaine de 1ʳᵉ classe.

Commandant de l'artillerie : MASSENET, lieutenant-colonel.

Commandant du génie : ANFRIE, chef de bataillon.

Sous-intendant : BASSIGNOT.

Prévôt : GODARD, capitaine de gendarmerie.

Aumônier : HORTALA.

Trésor : MARTORY, payeur particulier.

Postes : ARMAND, receveur.

1ʳᵉ brigade.

Commandant : DE CHABRON, général de brigade.

Régiment de marche d'infanterie de marine : COQUET, lieutenant-colonel.

38ᵉ régiment de ligne : COURTOT, lieutenant-colonel.

1ᵉʳ zouaves de marche : CHAULAN, lieutenant-colonel.

12ᵉ mobiles : DE VEYNY, lieutenant-colonel.

24.

Bataillon de mobiles de la Savoie : DE COSTA DE BEAURE-
GARD, chef de bataillon.

2ᵉ *brigade.*

Commandant : BERTRAND, général de brigade.
4ᵉ bataillon de chasseurs à pied de marche : SICCO, chef
de bataillon.
29ᵉ régiment de marche : CHOPIN, lieutenant-colonel.
Tirailleurs algériens : CAPDEPONT, lieutenant-colonel.
18ᵉ régiment de mobiles : D'ANGELYS, lieutenant-colonel.

MASSENET, chef d'escadron.

ARTILLERIE.		
1ʳᵉ batterie du 13ᵉ régiment (à cheval).		
18ᵉ — 6ᵉ —	PLUQUE, capi-	taine.
18ᵉ — 2ᵉ —	ZICKEL, capi-	taine.
18ᵉ — 13ᵉ —	DE MARMIER,	capitaine.
9ᵉ — du 12ᵉ régiment (canons à balles) : ANDRÉ, capitaine.		

GÉNIE. 1ʳᵉ section de la 19ᵉ compagnie du 3ᵉ régiment.

2ᵉ DIVISION D'INFANTERIE.

Commandant : MARTINEAU DES CHENEZ, général de divi-
sion.
Chef d'état-major : HACQUARD, chef d'escadron.
Commandant de l'artillerie : TRICOCHE, chef d'escadron.
Commandant du génie : ODIER, chef de bataillon.
Sous-intendant : LIGNEAU, sous-intendant.
Prévôt : DECAMPS, lieutenant de gendarmerie.
Aumônier : GRUNENWALD.

1re *brigade.*

Commandant : DARIÈS, général de brigade.

5e bataillon de chasseurs à pied : CHAMART-BOUDET, commandant.

39e de ligne : JOUFFROY, colonel.

Légion étrangère : DE CURTEN, lieutenant-colonel.

25e régiment de mobiles (Gironde) : D'ARTIGOLLES,
lieutenant-colonel.

2e *brigade.*

Commandant : RÉBILLARD, général de brigade.

2e zouaves : LOGEROT, lieutenant-colonel.

30e de marche : BERNARD DE SEIGNEURENS, lieut.-colonel.

29e mobiles (Maine-et-Loire) : DE PAILLOT, lieut.-colonel.

ARTILLERIE.
{
18e batterie du 9e régiment : PARIAUD, capitaine.

18e batterie du 12e régiment : GROSCLERC,
capitaine.

14e batterie mixte du régiment monté de
l'ex-garde : CHASTANG, capitaine.
}

GÉNIE. 2 sections de la 19e compagnie du 3e régiment.

3e DIVISION D'INFANTERIE.

Commandant : PEYTAVIN, général de division.

Chef d'état-major : CLAUSSET, capitaine de 1re classe.

Capitaine d'état-major : RIGOLET.

— D'ENTRAIGUES.

Officier d'ordonnance : LANTENOIS DE BOIVIERS.

Commandant de l'artillerie : POIZAT, chef d'escadron.

Commandant du génie : MANGIN, chef de bataillon.

Sous-intendant : DEMANGE.

Prévôt : SCHMITZ, sous-lieutenant de gendarmerie.

Aumônier : MARTALA.

1re *brigade.*

Commandant : N... [1].

6e bataillon de marche de chasseurs à pied : REGAIN, commandant.

16e de ligne : DE LA COTTIÈRE, colonel.

33e de marche : THIÉRY, lieutenant-colonel.

32e mobiles (Puy-de-Dôme) : DE MOLLENS, lieut.-colonel.

2e *brigade.*

Commandant : MARTINEZ, général de brigade.

27e de marche : PARAGALLO, lieutenant-colonel.

34e de marche : MESNY, lieutenant-colonel.

69e mobiles (Ariége) : ACLOQUE, lieutenant-colonel.

ARTILLERIE. { 18e batterie du 14e régiment : LEGRAS.
18e — 7e — DUPLESSIS, capitaine.
18e batterie du 10e régiment : CHAULIAGUET, capitaine.

GÉNIE. 1re section de la 19e compagnie du 2e régiment.

DIVISION DE CAVALERIE.

Commandant : GALAND DE LONGUERUE, général de division.

Chef d'état-major : MARQUERIE, chef d'escadron.

Sous-intendant : JOUAN DE KERVENOAEL, adjoint de 1re cl.

Prévôt : RIFAUT, lieutenant de gendarmerie.

1re *brigade.*

Commandant : DASTUGUE, général de brigade.

6e hussards : POLINIÈRE, lieutenant-colonel.

11e chasseurs : de BAILLENCOURT, colonel.

6e dragons : FOMBERT DE VILLERS, colonel.

[1] Le général Bressolles ne parut pas, ayant reçu une autre destination.

2ᵉ *brigade.*

Commandant : DE BOERIO, général de brigade.

2ᵉ lanciers : SONIS, chef d'escadron.

5ᵉ lanciers : GAYRAUD, colonel.

3° dragons de marche : D'AUDIFFRET, chef d'escadron

3ᵉ *brigade.*

Commandant : TILLION, général de brigade.

1ᵉʳ chasseurs de marche : ROUHER, colonel.

9ᵉ cuirassiers : DE VOUGES, colonel.

1ᵉʳ cuirassiers de marche : D'HAUTEVILLE, colonel.

ARTILLERIE DE LA DIVISION DE CAVALERIE.

2 batteries de 4 à cheval.

RÉSERVE D'ARTILLERIE.

Commandant : CHAPPE, colonel.

13ᵉ, 14ᵉ, 15ᵉ, 16ᵉ batteries du 3ᵉ régiment.

19ᵉ batterie du 2ᵉ régiment.

11ᵉ   —   6ᵉ   —

14ᵉ   —   18ᵉ   —

14ᵉ   —   19ᵉ   —

PARC.

Directeur : HUGON, colonel.

Sous-directeur : GALLE, chef d'escadron.

Détachement à pied de l'artillerie de marine.

Détachement de la 6ᵉ compagnie d'ouvriers d'artillerie.

TRAIN D'ARTILLERIE.
$\begin{cases} 2^e \text{ régim.} \begin{cases} 14^e \text{ comp. principale.} \\ 14^e \quad — \quad bis. \\ 16^e \quad — \quad \text{principale} \end{cases} \\ 1^{er} \text{régim.} \begin{cases} 5^e \quad — \quad bis. \\ 16^e \quad — \quad bis. \end{cases} \end{cases}$

RÉSERVE DU GÉNIE.

2ᵉ section de la 19ᵉ compagnie du 2ᵉ régiment.
Détachement de sapeurs-conducteurs du 3ᵉ régiment.

M. Cathelineau au général des Pallières.

Ingrannes, 22 novembre.

Mon général,

Je vous envoie directement mes impressions sur ce qui s'est passé dimanche, afin que vous jugiez la position dans son ensemble, puisque vous recevez de toutes parts des renseignements.

Ce matin, je veux vous entretenir de la garde nationale, avec laquelle j'avais l'ordre de m'entendre pour la défense de la forêt. Il y aurait, il me semble, urgence à prendre une mesure énergique, qui permît d'utiliser une quantité énorme d'hommes vigoureux, qui dans ce pays pourraient résister avantageusement à l'ennemi. MM. *** et ***, colonel et commandant de ces gardes nationales, ont leur organisation parfaite sur le papier, mais quand l'ennemi arrive, personne n'apparaît en corps. On trouve sur toutes les routes des gens ayant des fusils, derrière tous les buissons, et pas un seul n'arrive se mettre en ligne quand il entend la fusillade. Ainsi dimanche, toute la journée, nous avons résisté à un ennemi relativement très-nombreux pour nos forces, et pas un capitaine de ces gardes nationales ne s'est présenté pour me demander ce qu'il y avait à faire; pas un garde national n'est venu se mêler à nous, et cependant nous défendions leur pays. La présence de l'ennemi a empêché les levées et la régularisation des hommes : ne serait-il pas temps aujourd'hui de prendre une mesure prompte et énergique qui les rendît utiles? Je vous le demande, mon général. Et quand je fais des reproches aux gardes nationaux, ils me répondent que leurs chefs n'apparaissent jamais et que les maires leur défendent de prendre les armes.

J'ai reçu plusieurs compagnies de francs-tireurs. Il y en a de très-bien; d'autres où il faut faire quelques réformes, et d'autres franchement qui ne valent pas la dépense que fait l'État pour les nourrir, et qui, bien plus, semblent être un ramassis de bandits, pillant partout et se battant très-mal. Sitôt que j'aurai un peu de repos, j'entrerai dans les réformes que j'aurai l'honneur de vous soumettre.

Rien de nouveau autour de nous sur l'ennemi, qui hier est resté assez tranquille à quelques kilomètres en avant de la forêt, un peu partout, au nombre de deux à trois mille hommes par différents campements, ayant son quartier général à Pithiviers. Aujourd'hui peut-être fera-t-il des mouvements qui nous indiqueront ses projets : je vous en aviserai.

Agréez, etc.,

CATHELINEAU,
Commandant du corps franc de la Vendée
et des francs-tireurs du 15ᵉ corps.

Lettre du général de Longuerue, commandant la division de cavalerie du 15ᵉ corps, au général commandant le 15ᵉ corps.

Loury, le 27 novembre 1870.

Mon général,

Dans les rencontres journalières de l'armée de la

Loire avec l'armée prussienne, les régiments de cavalerie armés du fusil chassepot ont rendu d'énormes services, et j'ai vu plusieurs fois des escadrons de hussards, abrités derrière une haie, faire reculer, par des décharges successives de leurs armes, des régiments de cuirassiers.

J'ai eu l'honneur de vous prier de proposer le changement de l'armement des lanciers, en leur donnant le fusil, en remplacement de la lance et du pistolet.

Au milieu des boues et des terres mouillées dans lesquelles nous opérons, les régiments de cuirassiers sont d'un emploi difficile; les charges sont devenues impossibles, et j'ai l'honneur de vous proposer de leur retirer momentanément leurs cuirasses et leurs revolvers, en leur donnant le fusil chassepot. Je suis convaincu que ces régiments, avec cette nouvelle arme, rendraient des services réels pendant la campagne. 1500 fusils seraient suffisants pour compléter l'arme des lanciers et des cuirassiers de ma division.

Veuillez agréer, mon général, l'assurance de mon respect,

> Le général commandant la division de cavalerie du 15e corps.
>
> Général de LONGUERUE.

Rapport du capitaine Brochier, commandant la compagnie d'éclaireurs de la 1re division, sur le combat de Courcelles.

Ferme de Chamerolles, le 29 novembre 1870.

Mon général,

J'ai l'honneur de vous informer qu'étant en reconnais-

sance hier matin vers la Croix-à-lard, vers huit heures du
matin, avec 60 hommes de la compagnie, notre attention
se porta vers notre droite, d'où l'on entendait une vive
fusillade et quelques coups de canon. Croyant nos
avant-postes attaqués de ce côté, nous nous dirigeâmes
immédiatement sur Chambon; là, nous apprenions
qu'une bataille se livrait dans la direction de Boiscommun et Beaune-la-Rolande. Le colonel Cathelineau et
tous les francs-tireurs placés sous ses ordres avaient
quitté Chambon à quatre heures du matin.

Nous continuions à nous diriger sur le théâtre de la
lutte, les coups de canon se succédaient avec rapidité,
la fusillade augmentait d'intensité; nous parcourions
rapidement le terrain qui nous séparait de Nancray, où
nous arrivions vers midi. On nous apprenait dans ce
village l'enlèvement successif par nos troupes des villages de Boiscommun, Saint-Loup-aux-Vignes, Mont-
barrais, Saint-Michel et Batilly; mais tous les efforts de
notre armée se brisaient contre Beaune, que l'ennemi
avait fortifié et occupait fortement. Barville, Egry, Bordeaux, étaient fortement occupés par les masses prussienne; leur artillerie, placée en grand nombre aux jonc-
tions des routes de Montargis et de Beaune, au point où
la voie du chemin de fer les coupe, secondait puissam-
ment les efforts des défenseurs de Beaune. L'artillerie
française était placée en grande partie sur la route de
Batilly et Barville, tirant sur plusieurs directions; nos
mitrailleuses étaient également placées sur ce point et
arrêtèrent constamment les efforts des Prussiens sortant
de Barville et d'Egry. Plusieurs de nos batteries étaien
également placées aux croisements des routes de Bellegarde
à Pinseaux et de Montargis à Beaune; elles soutinrent

jusqu'à la fin du jour avec avantage les feux des batteries de Beaune.

Je fis avancer mes hommes jusqu'à hauteur du village de Batilly, me tenant à hauteur des tirailleurs vendéens du colonel Cathelineau, qui couvraient notre gauche en surveillant le mouvement des Prussiens qui arrivaient de Boynes. Une batterie d'artillerie était envoyée sur ce point pour maintenir l'ennemi, qui commençait à se montrer au nombre de 7 à 8,000 hommes. Notre artillerie ouvrait son feu sur ce point, vers trois heures, sur une batterie ennemie placée à environ 1500 mètres des tirailleurs du colonel Cathelineau, mais elle fut forcée de s'éloigner. Une colonne d'infanterie fut envoyée sur ce point, et, les prenant d'écharpe, les obligea à se replier pendant quelques instants. Dès ce moment, tous les efforts ne purent nous faire perdre un pouce de terrain.

Nous quittions Batilly vers quatre heures, nous dirigeant sur Courcelles pour pouvoir rallier notre poste pendant la nuit. L'obscurité commençait à se faire lorsque nous arrivions dans ce village. La légion bretonne occupait ce point et se préparait à partir avant l'arrivée de trois colonnes prussiennes qui marchaient sur le village; tous ses avant-postes se trouvaient déjà repliés; mon arrivée lui fit croire à de nombreux renforts. Le lieutenant-colonel commandant de ce poste envoya un cavalier à ma rencontre pour me prévenir de la situation. Ne croyant plus à un danger pressant, j'arrêtai mes hommes à environ 100 mètres du village, pour prendre des instructions. A l'entrée du village, je rencontrai le colonel qui m'instruisit rapidement de ce qui se passait. A ce moment, le factionnaire placé à ce point nous faisait voir à trente pas à peine une ligne noire qui s'avançait sur nous. Au cri de *qui vive !* une ligne de flammes couvrait cette troupe et une grêle de balles passait au milieu de nous. En moins d'une seconde, une trentaine de francs-tireurs se couchaient le long d'un talus et ouvraient un feu meurtrier sur l'ennemi; mes éclaireurs, immédiatement déployés en tirailleurs par M. Rhem, sous-lieutenant de la compagnie, accouraient à ma voix et ne tardaient pas à prendre une part énergique à la lutte; en moins d'une demi-heure, cette colonne broyée par notre feu s'évanouissait dans l'obscurité. Sur deux autres points, la route de Boynes à Courcelles et à la gauche du village, les Prussiens s'avançaient simultanément : la fusillade retentissait sur toute la ligne, enveloppant le village d'un cercle de feu. Mon sous-lieutenant se portait sur la gauche avec une vingtaine d'hommes pour soutenir les francs-tireurs engagés sur ce point. La grande rue était enfilée par une grêle de balles : bon nombre de francs-tireurs étaient déjà tués et blessés. Ne voyant plus un danger sérieux sur le point que j'occupais, je réunis mes éclaireurs et les conduisis rapidement en longeant les murs à l'extrémité de la grande rue, que l'ennemi pouvait emporter. Il était temps d'accourir appuyer les efforts des francs-tireurs : une colonne ennemie s'avançait au pas de course. Je commandai « baïonnette au canon » et les portai en avant en criant : A la baïonnette ! Cette charge produisit un heureux effet; l'ennemi fit demi-tour en désordre; j'ordonnai alors un feu à volonté qui dut faire beaucoup de mal. De longs madriers placés à la sortie du village permirent d'embusquer une cinquantaine de tirailleurs qui tiraient sur la clarté des coups de feu de l'ennemi. Dès cet instant, plus une balle ne siffla dans la grande rue du village.

Ayant fait cesser le feu à nos hommes, une dernière tentative fut faite sur le village, une demi-heure après leur premier départ; mais tous nos hommes à leur poste les accueillirent par un tel feu roulant qu'ils ne nous inquiétèrent plus.

La légion bretonne ayant ordre de se replier à Chambon, je me repliai également sur Nancray, où le colonel Cathelineau me pria de passer la nuit avec deux compagnies de francs-tireurs, pour garder ce poste qui couvrait la gauche de l'armée établie à Batilly.

Je suis, etc.,

BROCHIER,

Capitaine de zouaves, commandant
la compagnie d'éclaireurs.

Lettre du colonel Choppin, commandant la colonne envoyée au secours du général Crouzat, commandant le 20ᵉ corps d'armée, au général commandant le 15ᵉ corps.

1ʳᵒ DIVISION — 2ᵉ BRIGADE.

Chambon, le 29 courant.

Mon général,

Je suis arrivé à Chambon à une heure du soir; le chemin de la forêt n'était pas très-bon, et le génie a dû même travailler beaucoup pour faire passer mes pièces.

J'ai trouvé à Chambon M. Cathelineau, avec qui j'ai eu une longue conversation; il s'en est retourné à Ingrannes. J'ai reçu une lettre de M. le général commandant le 20ᵉ corps, je vous envoie l'original. J'ai obtempéré à sa demande en envoyant à Boiscommun le régiment de zouaves commandé par M. Chaulan et une batterie d'artillerie (pièces de 4).

L'ennemi est très-près des avant-postes, il est très-audacieux; la position de Chambon est très-mauvaise. Néanmoins demain matin, avec la pelle et la pioche, nous la transformerons.

Je suis avec respect, etc.

Colonel CHOPPIN.

Le général Crouzat au colonel Choppin, à Chambon.

29 novembre, à midi.

Envoyez de suite deux bataillons et une batterie d'artillerie à Boiscommun pour renforcer cette position.

Le général commandant le 20ᵉ corps d'armée,

CROUZAT.

Le colonel Choppin au général commandant le 15ᵉ corps.

30 novembre, 4 h. 30 m. matin.

Mon général,

Je serai probablement attaqué aujourd'hui par des forces très-supérieures; les rapports des grand'gardes et ceux d'un prisonnier qui a été fait cette nuit concordent sur ce point.

Il paraîtrait que j'ai devant moi, à trois kilomètres, beaucoup de monde qui serait là depuis le jour de la bataille.

Le colonel commandant l'artillerie demande les six caissons de réserve de la batterie de 8.

CHOPPIN.

Le lieutenant-colonel commandant l'artillerie de la 1re division au général commandant le 15e corps.

15ᵉ CORPS.

1re DIVISION — 2ᵉ BRIGADE.

Chambon, 30 novembre 1870, 9 h. 45 m.

Mon général,

Le colonel Choppin me charge de vous écrire.

Ce matin, à sept heures et demie, une colonne de 1200 hommes environ s'est présentée devant Chambon. Les grand'gardes n'ayant pas tenu, le feu est arrivé assez près du village. Mais le colonel Choppin ayant fait retourner les grand'gardes et envoyé les deux bataillons de mobiles[1], les Prussiens ont été reconduits jusqu'à Nancray. Les troupes qui sont devant nous se composent de deux régiments d'infanterie prussienne, sans canons probablement.

Il y eu a aussi, je crois, une attaque sur Boiscommun.

Ces attaques prouvent que l'ennemi ignorait notre présence à Chambon, et le peu de forces qu'il engage fait supposer qu'il se dégarnit de ce côté pour son attaque sur notre gauche.

Le colonel Choppin a écrit à M. Cathelineau pour qu'il revienne occuper Chambon en raison de notre départ probable.

Nous n'entendons le bruit d'aucune attaque sérieuse, et le colonel attend vos ordres pour se reporter sur Chilleurs, ainsi que le lui prescrivait votre note de cette nuit, au cas où il entendrait le canon.

Le lieutenant-colonel,

MASSENET.

[1] Un de la Nièvre et un de la Charente.

P. S. Je n'ai plus que deux batteries ici; celle de 8 serait mieux à Chilleurs, je vous demande de la ramener.

Une section a lancé quelques obus sur un gros d'infanterie qui s'avançait sur notre gauche.

Une nouvelle reçue à l'instant annonce qu'une forte colonne d'infanterie et d'artillerie a quitté Pithiviers, se dirigeant vers Toury.

Rapport du colonel Choppin sur l'attaque de Chambon par les Prussiens.

1re DIVISION. — 2e BRIGADE.

« Chambon, 20 novembre 1870.

Mon général,

J'ai l'honneur de vous adresser le rapport succinct de l'affaire de la journée.

Le village de Chambon, que j'étais chargé de défendre, se compose d'une série de groupes de maisons qui se commandent les uns les autres, de sorte que, pour avoir une défense homogène, il faudrait beaucoup de troupes; néanmoins, avec le commandant du génie, qui a su parfaitement utiliser les accidents de terrain et les pentes, j'ai pu occuper le village sans crainte d'éprouver un accident fâcheux.

Aussitôt mon arrivée à Chambon, j'ai fait occuper le hameau de Rive-de-Bois par le bataillon d'infanterie de marine, en lui donnant pour consigne d'occuper par une forte grand'garde la route qui va d'Ascoux à Chambon par le bois, et ensuite, de surveiller le pays qui se trouve sur la droite du hameau, en faisant face à Pithiviers.

25

Le restant de ma troupe a été campé à Chambon, de manière à dissimuler le nombre des bataillons que je commandais à l'œil de l'ennemi.

Mes grand'gardes étaient placées sur les crétes qui font face au village de Nancray, que je ne pouvais occuper, faute d'une garnison suffisante. Dans la nuit du 29 au 30, un peloton de fantassins prussiens est venu se heurter contre une grand'garde, qui l'a reçu par un feu à volonté qui leur a fait beaucoup de mal, à en juger par leurs cris et leurs plaintes; la fusillade a duré à peu près un quart d'heure, puis tout est rentré dans le calme pendant tout le reste de la nuit.

A une heure du matin, j'ai été averti par un paysan de Nancray que le village était occupé par beaucoup de troupes prussiennes, entre autres de l'infanterie de la garde, ainsi que nous avons pu le voir plus tard par des livrets et des casques trouvés sur le champ de bataille.

D'autre part, on m'avertissait qu'un fort détachement de cavalerie venait vers nous du côté de Bouzonville.

Ayant reconnu le terrain et pris mes dispositions dès la veille, j'attendais si ces rapports étaient bien vrais, lorsqu'à sept heures et demie a commencé une fusillade très-chaude et très-nourrie, entremêlée de coups d'obusiers de montagne. Comme l'action se passait précisément devant les deux bataillons de mobiles de la Nièvre et de la Charente, j'envoyai ces deux corps en tirailleurs dans les bois. Ils ripostèrent assez bien, peut-être en gaspillant des cartouches, mais ils eurent beaucoup d'élan, surtout la Nièvre, qui occupa sans coup férir le village de Nancray et s'y maintint pendant trois heures. Il n'en est sorti que sur mon ordre, parce que je ne disposais pas de forces suffisantes pour occuper un si grand échiquier.

A onze heures, je fis appuyer les deux bataillons de mobiles qui étaient fatigués, par des compagnies du 29ᵉ, qui restèrent en position jusqu'à midi, et à une heure tout était fini. A peine quelques coups de fusil se firent-ils entendre jusqu'à quatre heures du soir.

L'infanterie prussienne a voulu déborder ma gauche, mais j'avais fait mettre par le colonel Massenet deux pièces sur la hauteur de Chambon, qui dominait tout le pays environnant; trois coups bien pointés ont suffi pour empêcher cette opération.

Quant à ma droite, j'avais fait placer deux autres pièces qui battaient tout le pays à la gauche de Nancray, et j'avais mis des tirailleurs dans les bois, à gauche de l'artillerie et à cinq cents mètres en avant; aussi, grâce à ces dispositions, je n'ai pas eu un coup de canon à tirer de ce côté.

L'action s'est passée sur le centre, c'est-à-dire à cheval sur la route de Chambon à Nancray; elle a été très-chaude à un moment, car M. de Pracontal a fait charger à la baïonnette, et cette manœuvre a parfaitement réussi pour refouler l'ennemi.

Voilà, mon général, les faits qui se sont passés dans toute leur simplicité; nous avons toujours eu l'avantage, en ce sens que nous n'avons jamais été en arrière de nos positions, et que l'ennemi a été repoussé partout où il s'est présenté.

Nos pertes s'élèvent à 70 ou 80 blessés et à 25 morts environ. Celles de l'ennemi sont plus considérables sans doute, car j'ai su qu'il y a eu deux convois de soixante voitures de blessés, qui ont été dirigés sur Pithiviers.

25.

Je ne puis apprécier les forces qui étaient contre nous, car dans un pays boisé et coupé, il est toujours très-difficile d'en juger; mais d'après les rapports des habitants, il est à présumer que nous avions affaire à la moitié d'un corps d'armée prussien, venant à marches forcées de Nuits avec deux régiments de cavalerie et des obusiers de montagne; ces derniers ont seulement été entendus, car par le résultat on ne s'est pas aperçu de leur effet.

Je suis, etc.   CHOPPIN.

P. S. Boiscommun a aussi été attaqué, mais M. Chaulan ne m'a pas envoyé de nouvelles.

JOURNÉE DU 3 DÉCEMBRE 1870.

Rapport du colonel Massenet, commandant l'artillerie, au général commandant le 15ᵉ corps d'armée.

15ᵉ CORPS.

1ʳᵉ DIVISION. — ARTILLERIE.

L'ordre de quitter la position de Chilleurs pour occuper celle de Chevilly ayant été reçu vers cinq heures du matin, j'avais donné aux batteries attachées à la 1ʳᵉ division les ordres suivants :

La 30ᵉ de marine, pièces de 8 (capitaine Choffel), et la 18ᵉ du 13ᵉ, pièces de 4 (capitaine Marmiès), qui étaient en position à Santeau, devaient y rester et ne se retirer qu'avec le bataillon chargé de l'arrière-garde. Les autres batteries devaient quitter Chilleurs vers dix heures.

A huit heures et demie, prévenu que l'on apercevait quelques mouvements dans la direction de Mareau, je me rendis à Santeau, et ayant reconnu que l'ennemi préparait une attaque sur nos positions, je prescrivis au capitaine Choffel de tenir ses hommes près de leurs pièces et de faire charger. Je changeai la position de la batterie Marmiès en la portant de la gauche de la route à la droite, de manière à croiser les feux des deux batteries entre Mareau et la Brosse. Ces deux batteries étaient derrière des épaulements.

Je revins rapidement à Chilleurs pour rendre compte au général des Pallières et prendre ses ordres. Ce qu'on apercevait des dispositions de l'ennemi ne faisant pas prévoir une attaque avec de grandes forces, le général supposa qu'il aurait le temps d'exécuter les ordres qu'il avait reçus, de se retirer avant d'être attaqué; il prescrivit de tenir les batteries prêtes soit à partir, soit à se porter vers Santeau; les ordres venaient à peine d'être donnés, que l'ennemi commença le feu, auquel les deux batteries en position à Santeau répondirent de suite. Le terrain compris entre Mareau et la Brosse est sillonné de haies et de vergers; les Prussiens en avaient profité pour établir leurs batteries sans être aperçus, et ce ne fut que le feu de leurs pièces qui les signala.

La 12ᵉ batterie du 9ᵉ régiment (canons à balles), capitaine André, fut dirigée sur Santeau. — Je conduisis la 18ᵉ du 2ᵉ régiment, pièces de 4, capitaine Zickel, entre les routes de Chilleurs à Montigny et à Mareau, à gauche et en arrière de la batterie Choffel.

Deux batteries de 8 de la réserve du corps d'armée, attachées pour ce jour à la 1ʳᵉ division, ayant été mises

sous mes ordres, je plaçai l'une d'elles, la batterie des
Essarts, à gauche et à hauteur de la batterie Zickel; la
seconde batterie, capitaine Wartelle, arrivée plus tard,
prit position à gauche de la précédente. A ce moment,
le feu de l'ennemi s'était considérablement développé et
s'étendait depuis le bois à droite de Mareau jusqu'au
delà de la Brosse; par le nombre de ses batteries et sa
position, nos pièces étaient sous un feu croisé : prise
d'enfilade, la 30ᵉ de marine ne put tenir au delà d'une
demi-heure et fut obligée de retirer ses pièces avec la
prolonge; elle avait eu deux caissons dont l'arrière-train
avait sauté. Après la retraite de cette batterie, la 18ᵉ du
13ᵉ, accablée par un feu des plus violents, ayant deux
affûts brisés, dut à son tour battre en retraite; un des
affûts fut remplacé par l'affût de rechange, mais on ne
put sauver la deuxième pièce. Cette batterie prit une
deuxième position à cinq cents mètres en arrière et à
droite.

Dès que le général des Pallières eut reconnu la position critique dé la 30ᵉ de marine, il donna l'ordre au
capitaine André de se placer en batterie avec ses huit
pièces de canons à balles, derrière un épaulement préparé
à gauche et un peu en arrière de celui occupé par
la 30ᵉ. Ce fut grâce au tir de la batterie de canons à
balles que le capitaine Choffel parvint à sauver ses
pièces; la 18ᵉ du 2ᵉ et les batteries de la réserve tenaient
ferme malgré leurs pertes.

Jugeant la situation grave pour l'artillerie et connaissant les ordres qu'avait reçus le général, je me rendis
auprès de lui et lui dis : « Mon général, l'artillerie tiendra tant que vous le jugerez convenable, mais je dois
vous faire connaître que si nous devons plus tard battre

en retraite, je ne pourrai sauver tout mon matériel, nos pertes en chevaux étant déjà si considérables que je serai peut-être obligé d'abandonner quelques voitures. » Le général avait vu par lui-même les pertes des batteries, puisqu'il avait dû donner à mon adjoint, le lieutenant de vaisseau Cavaillé, l'ordre de ramener tous les attelages de devant des voitures de la réserve de la batterie André, pour pouvoir remplacer les chevaux tués de cette batterie. Il n'hésita pas à me donner l'ordre de retirer mes batteries successivement; la retraite se fit avec calme et sans précipitation; la batterie du capitaine Wartelle occupa la dernière position en avant de Chilleurs. Cette batterie fut ensuite placée à l'entrée de la forêt, d'où elle contint l'ennemi jusqu'à ce que toute notre infanterie se fût retirée. Le lieutenant Daru fut chargé, avec sa section, de l'arrière-garde, mission dont il s'acquitta avec autant de sang-froid que d'intelligence.

Les batteries de 8 se dirigèrent sur Orléans et les batteries divisionnaires sur Cercottes, où la 18ᵉ du 2ᵉ, engagée dans la journée du 4, eut 7 hommes tués ou blessés.

Dans le combat du 3 se distinguèrent les capitaines Choffel et de Marmiès, les lieutenants Schwartz, Prinvault, Bizot et Frocard. On doit citer particulièrement l'adjudant Lombardet, de la 18ᵉ du 13ᵉ régiment. Un conducteur de pièce ayant été tué, Lombardet le remplaça : les chevaux ayant été tués peu d'instants après, il réussit, grâce à son énergie, à mettre la pièce sur l'affût de rechange. Ce sous-officier avait eu précédemment son cheval tué sous lui.

Les nommés Dachis, artificier, de la 18ᵉ du 13ᵉ, blessé.

Solignac, premier conducteur, blessé.

Le maréchal des logis Favier, de la 9ᵉ du 12ᵉ, blessé.

COMBAT DE CHILLEURS
3 décembre 1870.

État des pertes des batteries attachées à la 1re division du 15e corps.

Nos DES BATTERIES ET DU RÉGIMENT.	SOUS - OFFICIERS ET SOLDATS				CHEVAUX TUÉS ou mis HORS DE SERVICE.	OBSERVATIONS.
	TUÉS.	BLESSÉS.	DISPARUS.	TOTAL.		
18e bat. du 2e rég.	3	5	1	9	16	3 roues d'affûts brisées.
18e bat. du 13e rég.	3	2	6	11	17	2 coffres brisés , 2 affûts brisés et 3 roues.
9e bat. du 12e rég.	1	4	1	6	20	
30e bat. de marine.	2	6	5	13	21	2 caissons sautés et 1 roue d'affût brisée.
12e bat. du 6e rég. et 19 bat. du 2e.	»	»	»	41	64	3 caissons hors de service. Ces batteries faisaient partie de la réserve d'artillerie du corps d'armée.
Totaux. . . .	9	17	13	80	138	

Le lieutenant-colonel commandant l'artillerie
de la 1re division du 15e corps,

MASSENET.

JOURNÉE DU 4 DÉCEMBRE.

Dans la journée du 4, vers dix heures et demie, le général Peitavin assure avoir reçu l'ordre du général en chef de se rendre vers les Ormes, pour défendre cette position et celle de Saran. En effet, je recevais de cet officier général la dépêche suivante :

Le général Peitavin au général Martin des Pallières.

« La batterie de marine ayant été tournée, j'ai dû quitter Gidy. Je me suis dirigé sur Cercottes pour appuyer le général Martineau. Le général en chef m'a donné depuis l'ordre de défendre pied à pied les Ormes et Saran.

» PEITAVIN. »

Cette dépêche est de l'écriture de M. le capitaine de frégate Pierre, chef d'état-major du commandant supérieur d'Orléans, qui l'avait relevée au télégraphe pour me l'envoyer.

Dans la matinée du 4 décembre, j'écrivis au général en chef, à Saran, la dépêche télégraphique suivante :

« D'après la dépêche de M. de Freycinet, sur la concentration, les 2ᵉ et 3ᵉ divisions du 15ᵉ corps doivent-elles rester dans Orléans ou passer la Loire à leur rentrée en ville? En cas de retraite, quelles sont les positions à occuper par le 15ᵉ corps?

» Général DES PALLIÈRES.

» M. de la Taille demande quand il doit évacuer le matériel du chemin de fer. »

» Je n'ai reçu aucune réponse à cette dépêche, parce qu'elle a sans doute été expédiée pendant que le général en chef revenait sur Orléans. Le général Peitavin dit avoir reçu pour instruction de se retirer sur Blois par la rive gauche de la Loire, dans le cas où la ville serait abandonnée; il dit de plus que ces instructions auraient été communiquées aux chefs de corps; mais en arrivant au pont, le gros de la division (qui se retirait vers cinq heures sur l'ordre du général en chef) fut dirigé sur la Ferté Saint-Aubin, par des officiers d'état-major qui se trouvaient là; le général, n'ayant reçu aucun avis contraire à ses premières instructions, prit, avec les troupes qu'il avait conservées avec lui, la route de Blois, où il arriva le 6. Ces troupes se composaient d'une fraction du 33° de marche et du 16° de ligne, quelques mobiles du Puy-de-Dôme, une batterie d'artillerie, une cinquantaine de dragons et un peloton d'escorte.

Au moment de l'évacuation des troupes d'Orléans, dans la soirée du 4, je ne changeai rien aux dispositions prises par le général en chef eu égard aux directions données par lui aux divisions du corps d'armée. Je n'ai connu ces directions que par les généraux eux-mêmes dans cette soirée, puisque j'ignorais à ce moment que dès cinq heures le général en chef avait fait évacuer par les ponts non-seulement les troupes entrées en ville isolément, mais même celles de la 3° division, moins 1,500 hommes nécessaires pour garder les tranchées, tandis que sa lettre et même l'ordre relatif à l'évacuation m'ordonnaient de tenir au moins la nuit entière dans Orléans. Mais je dois, dans mon impartialité, reproduire à l'appui du dire du général Peitavin le passage suivant d'une lettre du général Martinez, commandant précisément le gros de la 3° division qui, le 4 décembre à cinq heures du soir, passa la Loire par les ordres du général en chef.

15ᵉ CORPS.

3ᵉ ᴅɪᴠɪsɪᴏɴ ᴅ'ɪɴꜰᴀɴᴛᴇʀɪᴇ.

« Saint-Doulchard, 9 décembre 1870.

» Mon général,

» Vous savez déjà que, le 4 décembre, lors de l'évacuation d'Orléans, M. le général Peitavin, commandant la 3ᵉ division, s'est replié sur Cléry et Blois avec le 33ᵉ de marche, une partie du 16ᵉ de ligne et l'ambulance de la 3ᵉ division, *se conformant ainsi à l'ordre qui avait été donné de prendre, le cas échéant, pour ligne de retraite, la direction de Tours.*

» Cet ordre a été changé dans la soirée du 4 décembre, et je me suis dirigé, avec le reste de la 3ᵉ division, sur la Ferté Saint-Aubin, la Motte-Beuvron, Salbris, etc.

» *Signé :* Mᴀʀᴛɪɴᴇᴢ, général de brigade. »

Dès le lendemain de son arrivée à Blois, le général Peitavin recevait le 6 décembre, vers trois heures du matin, la dépêche suivante :

Guerre à général Peitavin, à Blois, et à communiquer à général des Pallières, à Salbris. Faire suivre.

Nº 558.   2 h. 40 m. matin.

» J'ai connaissance de votre dépêche de ce matin, neuf heures trente-cinq minutes, au général des Pallières. Veuillez, nonobstant tous ordres contraires, vous transporter immédiatement, avec toutes les troupes de votre division, au quartier général du général des Pallières, à

Salbris, avec lequel vous êtes destiné à vous rendre à Gien sans délai ; j'avise le général des Pallières.

» DE FREYCINET. »

Le 7 décembre à deux heures trente-cinq minutes, je recevais du ministère de la guerre la dépéche suivante :

Guerre à général des Pallières, Salbris.

N° 5366.

« Le général Peitavin est arrivé à Blois avec un millier d'hommes et une batterie d'artillerie. Qu'est devenue le reste de la 3ᵉ division? Accusez-moi le chiffre de ses pertes de toute nature, ainsi que celles du 15ᵉ corps. J'ai besoin de ce renseignement pour savoir s'il me sera possible de réorganiser vos troupes.

» DE LOVERDO. »

A cette dépéche, il était répondu :

N° 491.   « Salbris, 7 décembre.

» Le reste de la 3ᵉ division est à Salbris. Il rentre encore ce jour des écloppés; je ne puis encore vous donner le chiffre des pertes, qui vous sera adressé prochainement. »

Puis, au moment où je dirigeai mon convoi sur Vierzon avec la 3ᵉ division pour escorte, cette division étant celle qui, par suite même de l'absence de son général commandant, était la plus impressionnée, j'écrivais au ministre de la guerre (le 7 décembre) : « Il est urgent que le général Peitavin rejoigne immédiatement la plus grande partie de sa division qui se trouve à Vierzon. Dans le cas où ses troupes auraient quitté cette ville, il se rendrait à Bourges ; veuillez lui en donner l'ordre. »

On croirait, d'après les dépêches n° 558 et suivantes, que le général Peitavin va arriver de suite, se mettre à la tête de sa division, qui a le plus grand besoin de sa direction ferme et calme pour se réorganiser, d'autant plus que la veille M. de Freycinet lui ordonnait, nonobstant tous ordres contraires, de me rejoindre. Eh bien, le lendemain, je reçois du général Peitavin la dépêche suivante :

Général Peitavin au général des Pallières, Aubigny.

N° 5230.   « Aubigny de Blois, 8 décembre,
                                9 h. 50 m. matin.

» Reçu ce matin dépêche de guerre, prescrivant de rester à Blois, jusqu'à ce que les hommes que j'ai ici et les chevaux soient reposés.

                                » PEITAVIN. »

Mais les chevaux et les hommes qui accompagnaient le général Peitavin eussent pu se reposer, je n'en blâme pas le délégué, sans empêcher le général de se mettre en route pour venir prendre le commandement de 8 à 10,000 hommes qui restaient encore dans sa division à cette époque, et qui avaient le plus grand besoin de lui.

Or cette situation fut complétement perdue de vue par M. de Freycinet, puisque le 25 décembre 1870, à Bordeaux, alors que depuis le 16 courant j'étais remplacé

dans mon commandement du 15ᵉ corps, je recevais la
dépêche suivante :

*Général Peitavin à général Martin des Pallières, à Mehun-
sur-Yèvres, près Bourges. Faire suivre à Bordeaux.*

Nᵒ 834.   « Écommoy, 25 décembre 1870, 11 h. matin.

» J'ai demandé ce matin au ministre de la guerre à
reprendre le commandement de ma division, laquelle,
vous savez, se trouve au camp d'Oupille et au 15ᵉ corps.
Je vous prie d'insister auprès du ministre pour qu'une
prompte décision me donne l'ordre de vous rejoindre.
J'emmènerai avec moi mille hommes environ, qui appartiennent à différentes fractions de ma division.

                                » PEITAVIN. »

Il me paraît ressortir de cet exposé que dans l'après-
midi du 4 décembre, vers cinq heures et demie, lorsque
le général Martinez passa les ponts avec la 3ᵉ division,
l'ordre primitivement donné à cette division de se diriger sur Blois, pour dégager la route du sud et la rapprocher du général Chanzy, fut contremandé par le
quartier général, qui ne m'en donna pas avis.

Mais ce qui étonnera sans doute le lecteur, c'est qu'à
la date du 11 décembre, M. de Freycinet engageait
M. Gambetta, dans une dépêche qui sera plus tard publiée
dans l'Enquête du 4 septembre, non-seulement à traduire
devant un conseil de guerre divers généraux malheureux,
mais même le général Peitavin, retenu à cinquante lieues
de sa division, du 5 décembre au 25 du même mois, par
les ordres du même M. de Freycinet, sous prétexte
qu'elle se désagrégeait. Dans cette dépêche, M. le délégué

voulait bien m'honorer de la même attention, et il paraît avoir caressé cette idée pendant quelque temps.

Malheureusement pour l'accomplissement de ce programme, la lettre suivante de M. le général Barral ne lui donna aucun encouragement.

Général Barral à guerre, Tours.

DÉPÊCHE OFFICIELLE OU DE SERVICE. URGENT.

CABINET DE M. GAMBETTA.

21 décembre 1870.

« Ma position ne me permet pas de faire partie du conseil d'enquête dont la composition est au *Moniteur* de ce jour, qui doit juger les faits relatifs à l'évacuation d'Orléans. N'ayant pas le droit de prendre part aux faits de guerre, je ne crois pas avoir non plus le droit de les juger.

» *Signé :* Général BARRAL. »

Mehun, 12 décembre 1870, 7 h. soir.

Mon cher général,

Dans une longue conversation que j'ai eue avec le ministre ce matin, après lui avoir exposé notre situation, l'inutilité d'un mouvement sur Blois, qui est évacué par la retraite de Chanzy, et l'indispensable nécessité dans laquelle nous nous trouvons de donner quelques jours de repos aux troupes pour les réorganiser, il a été décidé que nous irions occuper la position de Saint-Amand.

A moins de circonstances que je ne puis prévoir, le mouvement de retraite commencera après-demain matin, 14. Suit l'ordre de mouvement.

BOURBAKI.

Extrait du projet de loi sur la réorganisation de l'armée, présenté à l'Assemblée nationale par le général Martin des Pallières (Justice militaire [1]).

Dans toute réunion d'hommes, la contagion de l'exemple est indiscutable.

Or, une réunion forcément armée dans l'intérêt du maintien de l'ordre et de la défense du pays ne peut remplir son rôle que si elle est maintenue, sans volonté propre, par une discipline d'autant plus sévère que cette réunion est plus nombreuse, et que par conséquent elle renferme inévitablement plus de ces natures calamiteuses par leur perversité et leurs instincts de révolte.

Le danger pour elle gît dans l'entraînement provoqué par le mauvais exemple; c'est lui seul que la loi doit combattre, atteindre et supprimer.

Un délit militaire revêt, en plus du délit ordinaire, ce caractère grave, qu'il a toujours une grande quantité de témoins, pliés uniformément sous l'effort de la loi, qui, sans cet effort, se redresseraient peut-être à un moment donné, sous l'influence d'un courant inattendu, avec une anarchique violence.

Si donc la répression ne suit pas immédiatement le délit, de façon que les témoins du délit soient aussi témoins de la répression, sans qu'un délai assez long puisse laisser même l'espoir de l'impunité, l'esprit de discipline s'affaiblit et se relâche peu à peu infailliblement. Un supérieur qui traduit deux fois en conseil de guerre des hommes qui sont acquittés, n'en traduit pas une troisième

---

[1] Ce projet de loi a été réimprimé dans un ouvrage édité par Félix Girard, libraire-éditeur à Paris, rue Cassette, 30.

fois ; il en prend son parti et dit : La loi est impuissante, et il laisse tout aller.

Le soldat obéit parce qu'il le veut bien, par habitude, sous notre loi actuelle ; on dit alors qu'il a l'esprit militaire. Il faut en général avoir cinq ans de service, voir arriver la fin de son congé, ou bien s'être rengagé après renoncement de tout retour au foyer et au travail, pour acquérir cet esprit, en conséquence duquel il se crée, entre le supérieur, qui n'a pas tout à fait la puissance, et l'inférieur, qui n'est pas non plus tout à fait indépendant, une demi-familiarité que nos mœurs égalitaires seules font supporter ; tout se passe néanmoins assez bien en paix.

En temps de guerre, il n'en est plus tout à fait de même ; le soldat qui souffre, qui n'a pas la satisfaction de ses besoins, devient grincheux ; de plus en plus il tend à n'obéir qu'à ses instincts et à échapper à tout commandement. Beaucoup marchent comme il leur convient, maraudent, pillent au besoin ou fuient, et se révoltent ouvertement contre l'officier ou le sous-officier qui tente de les faire rentrer énergiquement dans le sentier du devoir ; de là ces grandes bandes de maraudeurs qui suivent les armées, comme celle qui au début de cette campagne a pillé la gare de Reims. De fait, en campagne, il n'y a pas de punition possible avec notre code actuel, et il n'y a plus de discipline.

Je n'hésite pas à dire que la raison la plus sérieuse de nos désastres est dans l'indiscipline de l'armée, inconsciente en temps de paix et qu'on peut appeler indépendance par euphémisme, mais qui devient en temps de guerre indiscipline avant le combat, indiscipline pendant le combat, se traduisant en groupes d'hommes n'obéissant pas aux ordres dans l'action, pour ne plus agir, la plupart du temps, qu'aveuglés par l'instinct de la conservation.

Nous avons dit que la loi militaire exigeait la répression immédiate du crime ou délit, en présence des témoins et du corps auquel appartient le coupable, afin de détruire l'effet de l'exemple et ne plus laisser même l'espoir que la répression pourra ne pas avoir lieu, espoir toujours réalisé aujourd'hui en campagne.

Ainsi, nécessité de supprimer tout délai, entre la perpétration du crime ou délit et le jugement du tribunal.

Cette loi viole-t-elle les droits de la défense? Non.

En effet, pourquoi la loi civile exige-t-elle un délai d'information, admet-elle une attaque et une défense, et pose-t-elle des circonstances atténuantes?

C'est que le crime ou délit civil cherche toujours à se commettre dans l'ombre, sans témoin, que par suite on est obligé presque toujours de l'attribuer à tel ou tel, par des rapprochements, des présomptions, de créer en quelque sorte une culpabilité à la charge de l'accusé. Un long temps a été perdu dans l'information, les témoins ont oublié ou réfléchi; par suite, les témoignages se produisent obscurs ou contradictoires, et, par-dessus tout, des gens d'un réel talent viennent, de toutes les forces de leur éloquence, troubler le jugement et la conscience du magistrat, considérant comme un triomphe d'avoir empêché l'exécution d'une loi protectrice des intérêts les plus chers de la société. Que si le juge ou le juré, en fin de compte, après l'attaque et la défense, est très-perplexe et très-embarrassé, ce qui le fait se réfugier souvent dans les circonstances atténuantes, il ne peut en être autrement!

Mais rien de tout cela n'existe dans le crime ou délit militaire ; il est perpétré presque toujours au grand jour, en présence de nombreux témoins, avec ou sans complices.

Dès lors, plus le jugement est rapproché, moins il y a de chance pour qu'il soit erroné. Il en résulte une inutilité d'attaque ou de défense ; c'est purement la constatation d'un fait matériel. Oui ou non, l'accusé a commis tel crime ou délit.

Là, il ne peut y avoir de circonstances atténuantes ; en effet, ce ne peut être au profit de la conscience troublée du juge, qui se prononce en présence d'un flagrant délit et qui n'a pas à examiner les motifs qui ont dirigé le coupable ; ce ne peut être en faveur de tel ou tel coupable, sans être injuste envers celui qui commettra ensuite le même crime ou délit ; ce ne peut être en tout cas qu'au grand dommage de la discipline.

Le coupable lui-même, dans la loi militaire, est moins puni pour venger la société, que pour empêcher que la contagion ou l'exemple n'entraîne la rupture de ce lien qui attache et retient dans le devoir l'ensemble de ce terrible faisceau d'hommes armés, qui, au fond, ont, sous le joug de la contrainte imposée, les mêmes et redoutables passions qui agitent les masses d'où ils sortent. Quelques esprits supposent qu'un outil pareil peut se manier, se conduire sûrement par des tempéraments ! Dans ces conditions, aujourd'hui il sera d'acier, demain de plomb, suivant la main qui tiendra le manche. Or, une grande nation ne peut mettre son salut à la merci de la fortune qui placera à la tête de ses armées de ces caractères d'une trempe exceptionnelle, qui d'ailleurs sont presque toujours trop modestes pour percer. Il faut

que l'outil reste trempé, quelle que soit la main qui le ma-
nie ; alors elle sera toujours forte, car il ne faudra que du
bon sens aux chefs de ses armées et non plus du génie.
En résumé, les lois militaires de pénalité ne sont pas
faites contre les bons, mais contre les mauvais : les motifs
qui ont poussé le coupable à commettre le crime ou délit
ne sont rien ; tout gît dans le fait de l'impression que
l'exemple doit en causer sur le reste de la troupe et des
conséquences qui en résulteront au détriment de la discipline, si on ne contre-balance pas cet effet pernicieux
par le spectacle d'une punition exemplaire et immédiate
qui arrête la contagion avant qu'elle se soit développée.

Nos conseils de guerre permanents ou de division actuels sont insuffisants ; en effet, c'est dans les faibles détachements qui marchent isolés, que les délits et leurs
conséquences sont le plus à craindre et qu'il faut affer-
mir le principe de discipline et d'autorité.

Tout détachement de plus d'un bataillon, absent pour
plus de vingt-quatre heures, doit donc pouvoir former
son conseil de guerre s'il en est besoin.

C'est le seul moyen de mettre la discipline au-dessus
de toutes les entreprises des natures perverses et révol-
tées, qui, au fond, sont généralement lâches, et marchent
droit, sans se griser de l'espoir de l'impunité, quand le
châtiment est assuré et immédiat.

Mais, en revanche, on devra abolir une quantité de ces
petites punitions telles que salle de police et consignes,
peloton de punition, qui se donnent en collection à de
malheureux soldats pour des motifs en vérité futiles, et
qui ont pour effet de les décourager dès le début, de les
habituer aux punitions, et de pousser certains d'entre eux
au désespoir et à la révolte.

Il ne faudrait que deux punitions disciplinaires en temps de paix : un surcroît d'exercices utiles et variés pour les fautes légères, et la prison au pain et à l'eau pour les fautes graves.

Toute journée passée en prison sera défalquée du temps de service actif et légal de trois ans dus par chacun ; les hommes punis une fois de prison, ne seront plus admis à faire preuve d'instruction pour se faire dispenser d'une partie des trois années de service.

En temps de guerre, le doublement des sentinelles de grand'garde serait la punition pour les fautes légères.

Aucune punition d'emprisonnement ne pourrait être moindre de deux ans, avec le même temps à faire ensuite dans une compagnie de pionniers.

Il y a nombre de délits en campagne qui sont commis par des lâches, qui préfèrent six mois ou un an de prison à la perspective de supporter les fatigues de la campagne et à la presque certitude qu'ils croient avoir d'être tués en combattant.

L'officier ou le sous-officier juge dans un conseil de guerre ne relève que de sa conscience, il doit être assez viril, assez trempé pour n'être influencé par aucune considération dans l'accomplissement de ce devoir ; il est donc juste que ses chefs connaissent la manière dont il s'en acquitte pour lui en tenir le compte nécessaire. En conséquence, toutes les pièces relatives aux conseils de guerre d'une inspection à l'autre, qu'il y ait eu acquittement ou condamnation, seront envoyées par la voie hiérarchique au commandant régional, qui les remettra aux inspecteurs généraux pour les éclairer sur la valeur des officiers et sous-officiers remplissant à leur tour ces pénibles missions.

BATTERIES DE LA MARINE A ORLÉANS.

(Notes extraites du journal de l'état-major.)

15 *novembre* 1870. — Arrivée à Orléans du capitaine
de vaisseau Ribourt, nommé au commandement supérieur des batteries de la marine à établir devant Orléans.

Le commandant va immédiatement à Saint-Jean de
la Ruelle prendre les ordres de M. le général d'Aurelle,
commandant en chef l'armée de la Loire, et de M. le
général de Blois, commandant en chef l'artillerie. Pendant ce temps, M. de Payan, lieutenant de vaisseau,
aide de camp, va voir, de la part du commandant, M. le
général Dariès, commandant la place, et M. le colonel
d'artillerie Hugon, chargé par le général en chef de
construire les batteries de la marine. M. de Payan se
met en relations avec le capitaine d'artillerie Meheux,
détaché au parc de la gare pour recevoir et expédier
aux batteries les pièces, les munitions et le matériel.

A son retour, le commandant Ribourt voit le colonel
Hugon et le capitaine Meheux, ainsi que l'ingénieur en
chef des ponts et chaussées, M. Dupuy, chargé de faire
exécuter les travaux de terrassement des batteries.

Pris toutes les précautions nécessaires avec les officiers de l'intendance pour assurer le logement et les
vivres des divers détachements de marins.

16 *novembre* 1870. — Visite aux emplacements pro-
jetés ou arrêtés pour les batteries.

La batterie n° 3 du Mont-Bedet est commencée depuis le 14. . . . . Arrêté l'emplacement des bat-

teries n° 1 au faubourg Saint-Jean, et n° 2 au bois des Acacias. Les travaux commencent aussitôt. . . .

. . . .

Premier ordre du général en chef. « Construire et armer immédiatement deux batteries, l'une de 8 pièces de $0^m,14$ culasse, à Gidy, près de Cercottes ; l'autre de 10 pièces de $0^m,14$ culasse, à Chevilly, près de la station du chemin de fer. Ces deux batteries devront être prêtes à faire feu en quarante-huit heures, c'est-à-dire le 20 au matin. »

18 *novembre* 1870. — . . . .

Le commandant Ribourt va visiter les emplacements choisis, et activer les travaux de terrassement, auxquels prennent part les matelots dès leur arrivée.

Expédié par la voie ferrée les canons, munitions et matériel pour les batteries de Gidy et de Chevilly. .

. . . .

19 *novembre* 1870. — . . . .

Commencé à transporter les canons, les munitions et le matériel aux batteries n°ˢ 1, 2, 3. Poussé activement ce travail.

20 *novembre* 1870. — Les batteries de Gidy et de Chevilly annoncent qu'elles sont prêtes à faire feu et demandent certains petits accessoires et objets de matériel qu'on leur expédie. Ces batteries ont été ainsi construites, armées et approvisionnées en *quarante-huit heures*. Poussé activement les travaux de terrassement, de transport de matériel, de construction de plates-formes et d'armement des batteries n°ˢ 1, 2 et 3.

21 *novembre* 1870. — Arrêté l'emplacement de la batterie n° 5 au faubourg de la Madeleine, et cherché celui de la batterie n° 4 au champ Chardon.

Établi dans les batteries n°ˢ 1, 2 et 3 des poudrières et soutes à munitions provisoires dans les caves des maisons avoisinantes.

22 *novembre* 1870. — Les travaux de terrassement des batteries n°ˢ 1 et 3 sont terminés. Activé leur armement.   .   .   .   .

Détaché deux hommes aux ballons du 15° corps, avec deux longues-vues. (Ordre du général en chef) [1].

.   .   .   .

.   .   .   .

25 *novembre* 1870. — .   .   .   .

Ordre du général en chef de construire une deuxième ligne de batteries, en avant de la première, et d'y employer toutes les pièces encore disponibles. Visité et arrêté définitivement l'emplacement de la batterie de Saint-Loup, à toucher la rive droite de la Loire, et qui fait partie de cette deuxième ligne.   .   .   .   .   .

Arrivée à Orléans de M. le capitaine de frégate Cosmao-Dumanoir, qui se met aux ordres du commandant Ribourt et prend la direction spéciale de toute la première ligne de batteries.

26 *novembre* 1870. — Arrivée de M. le capitaine de

----

[1] Le général commandant le 15ᵉ corps avait demandé au général en chef de lui faire envoyer deux timoniers de la marine, munis de bonnes longues-vues, pour le service des ballons captifs établis en observation au village d'Artenay.

frégate Pierre, qui prend les fonctions de chef d'état-major du commandant Ribourt. . . . . . .

Les ponts et chaussées entreprennent avec leur personnel les terrassements des batteries de la deuxième ligne.

Le commandant Ribourt établit son quartier général dans la première ligne de défense, à mi-distance entre les batteries n° 2 et n° 3.

Arrivée par voie ferrée à Orléans, de quatre chaloupes à vapeur, avec un canon par chaloupe, les munitions, le matériel et un chariot de transport. . . .

Les batteries n°s 1, 2, 3 et 5 annoncent qu'elles sont prêtes à ouvrir le feu. On complète dans la journée leurs munitions à 80 coups par pièce, dont 5 paquets de mitraille.

27 *novembre* 1870. — . . . .

Demandé au ministre, du personnel (hommes et officiers) pour armer les batteries de la deuxième ligne de défense (3 batteries comprenant un total de 24 pièces, sans compter les quatre canons de Saint-Loup, pour lesquels on a du personnel)..

Déchargé du chemin de fer et mis à l'eau les quatre chaloupes canonnières. Le grand chariot se casse dans l'opération, et le quai de la Loire s'effondre sur 3 ou 4 mètres de longueur.

28 *novembre* 1870. — . . . .

Travaillé la nuit à creuser les poudrières et mettre les canons sur les plates-formes à la batterie n° 4. Monté les machines des chaloupes canonnières. Établi les pièces parées à faire feu. Fait du charbon et des essais sur la Loire.

29 *novembre* 1870. — Continué à pousser l'armement et l'approvisionnement à toutes les batteries.

La batterie n° 4 annonce qu'elle est prête à ouvrir le feu.

. . . .

Ordre du général en chef, prescrivant au commandant Ribourt de remplacer le général Dariès dans le commandement de la place. Le commandant va voir le général en chef à Saint-Jean de la Ruelle, et lui demande des troupes pour défendre les abords de la place et la série des tranchées construites autour d'Orléans, les marins n'étant armés que de pistolets.

Le général en chef répond qu'il ne peut laisser un seul soldat en ville.

Établi le quartier général du commandant Ribourt dans la maison, près de la mairie, où se trouvaient les bureaux du commandant de place.

Seconde demande d'hommes pour garder les intervalles des batteries. Réponse écrite du général Dariès, disant que les marins, quelles que soient leurs armes, suffiront à garder Orléans, qui est protégé par toute l'armée massée en avant.

30 *novembre* 1870. — Le commandant va inspecter les batteries de Gidy et de Chevilly.

Le général des Pallières, commandant en chef le 15e corps, prie le commandant Ribourt de s'entendre avec l'ingénieur de la gare d'Orléans, pour la construction de wagons blindés pouvant tenir une pièce de 0ᵐ,14 culasse en batterie [1].

Continué à approvisionner les batteries en matériel et en munitions.

[1] C'est dans la visite aux batteries de Gidy et de Chevilly, 18 novembre.

1er *décembre* 1870. — Transport de quatre canons à la batterie de Saint-Loup. On les monte au fur et à mesure sur plates-formes, on les habille, etc.

2 *décembre* 1870. — Le commandant Ribourt envoie M. de Payan porter des plis à Artenay, au quartier gé- néral du général en chef, et demander sur quels points il faut diriger les militaires isolés de l'armée, qui s'accu- mulent dans la caserne Saint-Charles, à Orléans.

3 *décembre* 1870. — .   .   .   .

M. de Payan revient d'Artenay et Chevilly, apportant les ordres du général en chef, et annonce qu'on se bat vers Artenay et la Croix-Briquet, et que la batterie de Chevilly ne tardera pas à ouvrir le feu.

Entendu toute la journée une forte canonnade qui se rapproche peu à peu. Pris dans les diverses batteries toutes les dernières dispositions de combat. Monté sur la cathédrale les boules, pavillons et flammes de signaux de convention établis pour les batteries.

Signaux de convention adoptés.

(Boule, pavillon, flamme.)

TOUR DU NORD.

1   L'ennemi est sur la route de Tours à la Cha- pelle.

2   L'ennemi est derrière le village d'Ingré.

3   L'ennemi est au Grand-Orme.

4   L'ennemi est derrière les Moulins:

5   L'ennemi est à Fillarmoy.

6   L'ennemi est sur la route de Paris en B.

7   L'ennemi est sur la route de Paris en C.

8   L'ennemi est sur la lisière de la forêt en A.

9   L'ennemi est au delà de Bignon.

10   L'ennemi est sur la route de Pithiviers à la Croix-d'Or.

11   L'ennemi est sur la route de Pithiviers au pont de Bordeaux.

12   L'ennemi est sur la route de Gien à Saint-Jean de Bray.

13   L'ennemi se retire.

TOUR DU SUD.

Coup bon.

Coup trop loin.

Coup trop près.

Un signal quelconque, amené et hissé plusieurs fois, indiquera que l'ennemi avance toujours de l'endroit signalé.

––––––

Copie du rapport du commandant supérieur des batteries à Orléans, à M. le ministre de la marine, à Tours.

Carentan, le 20 décembre 1870.

Monsieur le ministre,

J'ai l'honneur de vous rendre compte des événements relatifs à l'évacuation d'Orléans, en ce qui concerne les batteries de la marine placées sous mon commandement.

Lorsque, le 1er décembre, le général en chef de l'armée de la Loire se porta en avant pour se placer au milieu de ses troupes, il ne restait plus aucun soldat dans la ville. Je reçus l'ordre de remplir les fonctions de commandant supérieur de la place et de la défense d'Orléans. Je ne disposais pour ce dernier service, que de 600 marins des batteries, nombre juste suffisant pour servir les pièces, non pour garder les positions. Je mis cette situation sous les yeux du général en chef. Il me fut répondu de faire pour le mieux avec ces faibles ressources, que les circonstances ne permettaient pas d'augmenter. Toute l'armée de la Loire, ajoutait le général, doit dans son mouvement couvrir la ville et empêcher tout corps ennemi de la tourner.

Toutefois, les batteries étaient prêtes et bien approvisionnées, des retranchements remplissaient les intervalles, et j'avais la confiance que ces positions étant garnies de bonnes troupes, le front nord d'Orléans serait

en mesure d'erésister avec avantage à toute une armée,
et ne céderait qu'à un siége régulier, tant que l'ennemi
ne serait pas établi sur la rive de la Loire.

Par contre, les retranchements n'étant pas défendus,
les batteries devaient tomber forcément dès la première
nuit aux mains de l'ennemi, son infanterie pouvant, à la
faveur de l'obscurité, pénétrer librement dans les intervalles et prendre les canons à revers. Le général en chef
était informé de ces détails. Il comptait que si l'armée
était contrainte de se replier sur Orléans, on y puiserait
toujours sans difficulté des troupes solides nécessaires
à la défense des lignes.

Le 2 décembre, le combat s'engagea entre les deux
armées au nord de la forét d'Orléans.

Le 3, la batterie de Chevilly, qui était la plus avancée
dans cette direction, combattit pendant trois heures et
demie, soutint la retraite de notre aile gauche, et reçut
à la nuit, du général commandant la 2ᵉ division du 15ᵉ
corps, l'ordre formel d'enclouer ses pièces et de suivre
le mouvement de retraite de l'armée.

Dans la soirée du même jour, 3 décembre, je rencontrai dans Orléans un aide de camp de M. le général de
Blois, et j'appris de lui que nos troupes avaient été repoussées de Chilleurs-aux-Bois et que la route de Pithiviers était ouverte à l'ennemi.

Je me rendis immédiatement auprès de M. le général
de Blois qui arrivait de Chilleurs, et qui me confirma
cette fâcheuse nouvelle, que je transmis à M. le général
en chef par le télégraphe et par un cavalier d'ordonnance.

Je pris aussitôt les mesures nécessaires pour garnir
les retranchements de la route de Pithiviers avec quel-

ques centaines de soldats que l'on put rassembler dans la place.

M. le général des Pallières, commandant le 15ᵉ corps, arriva à Orléans vers trois heures du matin ; il approuva les dispositions que j'avais prises, et depuis ce moment jusqu'à l'arrivée du général en chef, dirigea le mouvement des troupes.

Le 4, le mouvement de retraite de l'armée française se prononça de plus en plus. La batterie de Gidy, engagée depuis le point du jour avec les batteries ennemies qui la prenaient en écharpe en débordant notre gauche, soutint le feu jusqu'à neuf heures en tirant en travers des plates-formes. Les affûts étaient alors enfouis dans la terre, et le pointage étant devenu impossible, M. le général Peitavin, commandant la 3ᵉ division du 15ᵉ corps, ordonna d'enclouer les pièces, et les marins furent alors formés en compagnie de soutien pour appuyer une batterie de campagne.

Vers midi, les colonnes françaises se montrèrent à 5 ou 6 kilomètres sur toutes les routes qui aboutissent à Orléans. Ces troupes marchaient en ordre, mais paraissaient accablées de lassitude. Elles traversèrent la ville, passèrent la Loire sans s'arrêter, et de ce moment l'armée défila sans interruption sur les ponts.

En parcourant nos positions, je m'efforçais, avec les officiers qui m'accompagnaient, d'arrêter ce courant d'hommes et de le faire refluer vers les retranchements qui devaient protéger les intervalles de nos batteries. Je réussis à leur en faire prendre la direction, mais après quelques pas, ils cédaient de nouveau à la fatigue, et dès que je m'étais éloigné ils reprenaient le chemin de la ville et de ses ponts.

Le général en chef revint à Orléans entre dix et onze heures du matin. L'artillerie ennemie ne parut que vers une heure et demie à portée de nos batteries.

Notre feu s'ouvrit à 4,000 mètres et jusqu'à la nuit répondit avec une supériorité incontestable à celui des canons prussiens, qui furent d'abord obligés de s'arrêter, puis de reculer, et cessèrent d'inquiéter nos colonnes.

La canonnade se termina de part et d'autre vers cinq heures et demie, la nuit étant close.

Peu après une fusillade se fit entendre dans le faubourg Bannier et se maintint avec diverses alternatives de recrudescence et d'affaiblissement jusqu'à dix heures.

Vers neuf heures, je fus informé que l'ennemi occupait la gare des Aubrais. Une reconnaissance opérée par la batterie 2, qui était la plus rapprochée, ayant constaté la réalité de ce renseignement, une salve d'obus fut dirigée par cette batterie sur la gare, d'où l'ennemi s'enfuit aussitôt.

En même temps, le feu de la batterie 4, dirigé sur les dernières maisons du faubourg de Bourgogne, d'où partait une fusillade d'attaque, arrêta les progrès des tirailleurs ennemis de ce côté.

Telle était la situation, lorsque vers neuf heures j'allai prendre les ordres du général des Pallières, chargé par le général en chef de la défense de la ville. Je fis connaître au général que les batteries de la marine étaient en état de tout entreprendre et complétement approvisionnées. Il donna son approbation à l'ordre dont copie est ci-jointe (n° 2), et d'après lequel le feu devait éclater sur toute la ligne dès l'aube du jour et couvrir toute la campagne de nos projectiles. Les munitions permettaient de continuer un feu nourri pendant toute la journée, mais le complément indispensable de ce programme était l'occupation solide des retranchements qui couvraient les intervalles. Les informations que prit le général des Pallières à cet égard lui donnèrent alors la triste certitude que les tranchées s'étaient presque complétement dégarnies depuis la chute du jour.

C'est à ce moment que me parvint l'ordre du commandant en chef, d'évacuer les batteries de la ville, de passer la Loire et de suivre le reste de l'armée, en me dirigeant vers la Ferté-Saint-Aubin.

La copie de cet ordre est ci-jointe (n° 3).

Après avoir pris une dernière fois les instructions du général des Pallières, je prescrivais aux batteries d'enclouer les canons, de détruire les munitions, les accessoires, de traverser le fleuve et de se rallier sur la rive gauche.

A minuit et demi, le 5, tout le personnel marin était réuni à la tête du pont « Jeanne d'Arc », sauf la batterie n° 4, que je supposais, en raison de son point de départ, avoir passé les ponts de bateaux.

Je ne passai moi-même le fleuve qu'après avoir vu couper et incendier ces ponts.

Je fis briser les machines et enclouer les canons des quatre canots à vapeur, que la baisse des eaux avaient immobilisés depuis deux jours, les pilotes de la Loire m'ayant déclaré qu'il était également impossible à des embarcations de ce tirant d'eau de descendre ou de remonter la Loire.

A minuit et demi, je donnai l'ordre à mon chef d'état-major de conduire les marins à la Ferté-Saint-Aubin,

27

rendez-vous fixé par le général en chef, et je demeurai à
la tête du pont jusqu'à ce que les derniers groupes de
l'armée fussent passés.

Le pont avait été miné, suivant les instructions du général en chef, par le colonel du génie de Marcilly ; mais
l'on ne put parvenir à le faire sauter. Je me dirigeai alors
sur la Ferté-Saint-Aubin, où je rejoignis les marins vers
cinq heures.

Nous fîmes une courte halte dans cette localité. Les
hommes commençaient à allumer les feux, quand je
reçus l'ordre du général des Pallières de reprendre immédiatement la route de la Motte-Beuvron et d'y attendre
de nouvelles instructions.

Nous y arrivâmes à une heure, après une marche de
douze heures. Les marins n'étant pas rompus aux fatigues de la marche étaient épuisés de lassitude.

Le général en chef, arrivé à trois heures, me donna
l'ordre de conduire les marins à Tours, à la disposition
du ministère de la marine et de faire ce voyage en
chemin de fer.

La batterie 4 tout entière et de nombreux isolés, sous
la conduite de M. de Payan, qui les a rassemblés sur les
routes, nous ont rejoints seulement aux lignes de Carentan, où les ordres du ministre nous ont été envoyés
de Tours.

Je ne saurais terminer ce rapport, Monsieur le ministre, sans ajouter que, sauf de très-rares exceptions, les
marins des différents détachements envoyés aux batteries
d'Orléans ont toujours fait preuve d'une exacte discipline et d'un très-réel dévouement au service, dans les

circonstances graves et pénibles qui ont précédé ou suivi l'évacuation d'Orléans.

J'ai l'honneur d'être, etc.

Le capitaine de vaisseau commandant
les lignes de défense.

Signé : RIBOURT.

N° 2.

Copie de la lettre du général Dariès, en réponse à la demande de troupes pour garder les tranchées et les intervalles des batteries.

Orléans, le 27 novembre 1870.

Commandant,

Le général en chef me fait savoir qu'il est indispensable que les marins attachés aux batteries gardent ces batteries, quelle que soit l'arme dont ils sont pourvus; il y aura lieu d'installer à cet effet des postes dans les maisons les plus rapprochées, en choisissant de préférence celles qui ne seront pas occupées.

Le général commandant supérieur,
Signé : DARIÈS.

N° 3.

ORDRE.

Demain matin, 5 décembre, le feu s'ouvrira dans toutes les batteries dès la première lueur du jour, à la distance de 10 à 16 encablures et dans toutes les directions du champ de tir. Le pointage se rectifiera ensuite, lorsque la clarté permettra d'apercevoir l'ennemi.

Les pièces seront servies de manière à obtenir dans chaque batterie un feu de file sans interruption.

Après une demi-heure d'activité, le feu sera suspendu pendant un quart d'heure juste et reprendra ensuite pendant une demi-heure, puis un nouveau quart d'heure d'intervalle et ainsi de suite. MM. les chefs de batterie s'attacheront à la régularité méthodique du service des pièces.

Il importe que le feu soit nourri et soutenu; trop d'ardeur, au début surtout, pourrait en déranger la continuité.

Orléans, le 4 décembre 1870.

Le commandant supérieur,

Signé : RIBOURT.

N° 4.

Copie de l'ordre du général en chef pour évacuer la ville.
(Transmis par M. le général Martin des Pallières.)

Mon cher commandant,

Il est de toute nécessité pour le salut de l'armée d'évacuer la ville cette nuit. Veuillez donc donner tous les ordres nécessaires pour que les hommes isolés, les bagages et les charrois de toute espèce se dirigent sur les ponts, sans négliger le pont de bateaux, qui, jusqu'ici, me paraît avoir peu servi. Veillez vous-même à l'exécution de ces mesures.

Le général des Pallières a reçu l'ordre de défendre la ville toute cette nuit et demain matin, aussi longtemps qu'il lui sera possible; néanmoins il n'y aura pas un instant à perdre pour franchir la Loire. Indiquez à tous les hommes isolés de leur corps et à tous les *impedimenta*, la Ferté-Saint-Aubin comme point de ralliement.

Enfin, mon cher commandant, occupez-vous sans retard de prendre les mesures nécessaires pour faire rompre les ponts. Attachez à chacun d'eux un officier qui préside à cette opération.

N'ordonnez cette rupture qu'à la dernière extrémité. Pour le pont de bateaux, on le détachera et on le laissera aller au courant du fleuve.

Quant aux ponts à faire sauter, le colonel de Marcilly a reçu les ordres nécessaires.

Recevez, etc.

P. O. *Le général, chef d'état-major général,*

Signé : BOREL.

N° 5.

Copie du rapport du lieutenant de vaisseau commandant la batterie de Gidy.

Saint-Sauveur le Vicomte, le 17 décembre 1870.

Commandant,

J'ai l'honneur de vous adresser le rapport que vous m'avez demandé sur la journée du 4 décembre, au commencement de laquelle j'ai été obligé d'abandonner la batterie de Gidy, dont vous m'aviez confié le commandement.

Le 4 décembre, à cinq heures du matin, M. le général Peitavin, commandant la 3e division du 15e corps, me fit appeler et me dit que Chevilly était occupé par l'ennemi depuis la veille au soir, et qu'il avait reçu l'ordre d'effectuer sa retraite sur Saran, Ormes et Orléans; de ce seul fait découlait la triste nécessité d'abandonner la batterie.

Le général s'informa ensuite de la possibilité de battre Chevilly, et sur ma réponse qu'une seule pièce placée à droite, en retour, était en position convenable, il me dit que je n'avais qu'à enclouer immédiatement. Je demandai alors l'autorisation de faire feu avec une pièce et de placer les autres en travers des plates-formes, de façon à ce qu'elles pussent tirer les unes au-dessus des autres, et de ne me retirer qu'au moment où les pièces sorties des plates-formes et enfoncées dans la terre humide ne fussent plus en position de rendre aucun service utile. Cette permission me fut aussitôt accordée, et il fut convenu que quand le tir serait impossible, j'en rendrais compte au général, et qu'après avoir encloué les pièces et mis le feu aux soutes, j'irais avec les 76 hommes armant la batterie servir de compagnie de soutien à une batterie de campagne de la division.

Je pris toutes mes dispositions pour exécuter ces ordres, et au jour, vers sept heures et demie du matin, j'étais prêt. Ayant exploré l'horizon avec une longue-vue, je vis dans la direction de Chevilly des troupes ennemies se mettre en mouvement, et une batterie dirigée sur la mienne à 3,000 mètres. Cette batterie était placée de telle sorte que, comme je l'avais prévu, son feu nous prenait presque en enfilade.

Je fis ouvrir le feu à 15 encablures, et la riposte ne se fit pas attendre; pendant une demi-heure environ nous échangeâmes des obus, et le général me fit demander deux fois par un officier d'ordonnance, si je pouvais soutenir le feu d'enfilade. Je répondis que n'ayant eu personne blessé, malgré la justesse du tir prussien, rien ne m'empêchait d'accomplir le programme que j'avais moi-même tracé. Je vis quelques-uns de mes projectiles éclater entre les pièces ennemies, et l'effet ne se fit pas attendre. Les chevaux se mirent en mouvement et la batterie disparut dans les arbres; je fis cesser le feu. Pendant cette demi-heure, 25 à 30 projectiles ennemis éclatèrent dans la batterie même et très-près des pièces; le sang-froid des canonniers fut admirable, et M. Fieschi, enseigne de vaisseau, allant rectifier le pointage lui-même, d'après mes indications, se montra digne des plus grands éloges.

Après avoir cessé le feu, j'examinai de nouveau l'horizon et j'aperçus, à environ 5,000 mètres sur la route d'Artenay, de grosses colonnes ennemies qui défilaient, se dirigeant au nord avec de l'infanterie, de la cavalerie et un grand nombre de batteries d'artillerie. A ce moment, mes pièces étaient déjà à moitié dehors des plates-formes, et avec de grands efforts, on parvint à les diriger vers ce nouveau but, sur lequel je fis ouvrir le feu à 28 encablures. La batterie de Chevilly avait pendant ce temps repris position de façon à tirer exactement en enfilade, même un peu en arrière de ma ligne d'épaulement. Pendant que j'ouvrais le feu sur la route d'Artenay, elle commença à nous envoyer un feu d'obus bien nourri. Ce second engagement dura environ une demi-heure ou trois quarts d'heure. Au bout de ce

temps, les pièces sorties des plates-formes et les affûts
entrant à chaque coup dans la boue, il devint impossible de les remuer et surtout impossible d'obtenir la
moindre exactitude dans ce pointage en hauteur. Je me
décidai à regret à prévenir le général que mon tir
n'ayant plus aucune efficacité, je croyais que le moment
était venu d'abandonner la batterie. Il me donna l'ordre
d'enclouer les pièces et de suivre pour le reste ses instructions du matin; il était alors neuf heures ou neuf
heures et demie. J'ordonnai d'enclouer, et alors, avec
un ordre qui témoignait combien peu nos braves marins
avaient été émus par un feu très-vif et très-exact, les
pièces furent enclouées, les guidons de mire, les écouvillons et refouloirs brisés, les hausses placées dans les
soutes qui allaient sauter. J'autorisai même quelques
chefs de pièce à les emporter, ces hommes ne voulant
pas les laisser. Quand je me fus assuré par moi-même
que tout ce qui pouvait être détruit était brisé, je fis
former le peloton et marcher en arrière sous la direction de mon lieutenant, et je donnai l'ordre aux hommes
désignés de mettre le feu aux mèches.

Nous allâmes rejoindre ensuite le gros du peloton, et
pendant un kilomètre, le feu des obus nous accompagna
sans interruption. Bientôt les magasins à munitions
commencèrent à sauter, mais je crains que l'explosion
des deux premiers n'ait dérangé les mèches des deux
autres, et que ces derniers n'aient pas été brûlés. Vous
savez, commandant, que je n'avais aucun des engins
qui servent ordinairement à cet usage, et j'ai dû me
servir d'une mèche à briquet que j'avais, faute de
moyens plus sérieux.

Dans ce second engagement, un obus a détruit l'embrasure de la première pièce, et pendant la retraite un homme a eu son fusil cassé par un éclat d'obus. Malgré un feu vif et nourri, nous n'avons eu personne atteint.

A partir de ce moment, nos mouvements ont été subordonnés à ceux de la batterie que nous avions mission de défendre. Nous nous sommes déployés en tirailleurs avec une compagnie d'infanterie de ligne, mais sans voir d'ennemis, et jusqu'au village appelé Grand-Orme, à trois kilomètres d'Orléans, tout a marché dans l'ordre le plus parfait.

Vers deux heures, au village précité, sur la route de Saint-Malo, le capitaine commandant la batterie reçut l'ordre d'aller se mettre en position et nous fîmes demi-tour pour l'accompagner. A peine ce mouvement était-il exécuté que les hauteurs de la route furent envahies par plusieurs régiments de cavalerie appartenant à différents corps et s'avançant sur nous au galop et dans le plus grand désordre. En même temps, toutes les hauteurs voisines se couvrirent d'infanterie fuyant en désordre, et une panique incroyable s'ensuivit. La batterie fit de nouveau demi-tour et s'élança au galop dans la direction d'Orléans. La cavalerie arriva presque aussitôt à ma hauteur avec bon nombre de blessés.

Je crus m'apercevoir alors que nous nous trouvions sous la protection de la batterie de Saint-Jean, dite batterie n° 1, et qu'aucune surprise n'était à craindre. Je ralliai avec M. Fieschi tous les hommes que je pus trouver, et nous fîmes tous nos efforts pour les préserver de cette débandade. Nous pûmes ainsi rallier 54 hommes sur 76, dont se composait le détachement, et nous gagnâmes avec autant d'ordre que possible la batterie n° 1.

De la batterie n° 1, j'allai me remettre sous vos

ordres à la batterie n° 2, où je vous ai rencontré à trois heures et demie, au moment où cette batterie commençait le feu. A partir de ce moment, nos mouvements ont été les mêmes que ceux des batteries d'Orléans, et puisqu'ils ont été exécutés sous votre commandement, il est, je pense, inutile de vous relater les faits que vous connaissez.

Je suis avec un profond respect, etc.

Le lieutenant de vaisseau, commandant la batterie de Gidy,

Signé : BILLARD.

N° 6.

Copie du rapport du lieutenant de vaisseau, commandant la batterie de Chevilly.

Cherbourg, le 20 décembre 1870.

Commandant,

J'ai l'honneur de vous rendre compte de la part prise le 3 décembre courant, au combat d'Artenay, par la batterie de position que je commandais.

Cette batterie, armée de 8 canons, bouche 0^{m}14, était située à un kilomètre au nord-est de la gare de Chevilly. L'intervalle entre chaque canon était de 10 mètres.

Le 3 décembre, l'armée française engagea vers neuf heures, en avant d'Artenay, le combat avec l'armée prussienne. Attaquées par des forces supérieures et une formidable artillerie, nos troupes battirent en retraite, et, vers une heure, le village d'Artenay était occupé par l'ennemi.

Je reçus, à ce moment, du général commandant la 2ᵉ division du 15ᵉ corps d'armée l'ordre de faire feu sur Artenay, distant de la batterie de 25 encablures. Malgré une brume assez intense, qui malheureusement persista jusqu'à la fin de la journée, j'exécutai l'ordre reçu.

Bientôt après, des batteries ennemies vinrent s'établir sur la lisière du bois d'Arblay; je dirigeai aussitôt le feu sur ce point, et après une demi-heure de combat, l'artillerie prussienne se retira écrasée par la supériorité de notre feu.

D'autres batteries ayant pris position sur la chaussée du chemin de fer, en avant d'Artenay, ne purent également soutenir la lutte avec nos grosses pièces, et furent bientôt obligées de battre en retraite.

Connaissant toutes les distances de ma batterie aux divers points du champ de bataille, et m'étant assuré de l'efficacité du tir de nos canons à 20 encablures, j'ai laissé, pendant toute la journée, avancer les batteries ennemies jusqu'à cette distance. En commençant alors le feu, nous avons forcé à battre en retraite tous les canons qui ont engagé la lutte.

Malheureusement l'ennemi, au lieu de s'avancer perpendiculairement à la route de Paris, ne cessa pendant toute la journée de gagner du terrain sur notre gauche, de sorte que, vers quatre heures, les batteries ennemies commencèrent à nous prendre en écharpe.

A ce moment, l'armée française continuait toujours à battre en retraite. Le général me fit avertir d'être prêt à enclouer mes canons.

L'ennemi occupait alors avec de l'artillerie le village de la Croix-Briquet. Je dirigeai sur ce point, à la distance de 12 encablures, un feu violent et précipité qui fit bientôt taire le sien.

A quatre heures et demie, le général me fit donner l'ordre d'enclouer mes pièces et de battre en retraite dès que je le jugerais convenable.

Nous continuâmes à tirer jusqu'à ce que les dernières lignes de tirailleurs se fussent repliées en arrière de la batterie et que toute résistance fût devenue impossible.

Je fis enclouer les pièces, détruire les boîtes à hausses, masses de mire et écouvillons, et ayant réuni mes hommes, nous suivîmes le mouvement de la retraite de l'armée française.

Avant de partir, j'avais donné l'ordre de faire sauter les poudres et de mettre le feu à un tas de paille placée dans la soute à obus.

Cet ordre fut exécuté.

En résumé, commandant, la batterie que j'avais l'honneur de commander a tiré pendant trois heures et demie sur l'ennemi et l'a maintenu à une distance telle, que jusqu'à quatre heures du soir les batteries prussiennes n'ont pu réussir à nous atteindre une seule fois.

Elles ne sont arrivées à ce résultat qu'après nous avoir tournés. — Chaque canon, approvisionné à raison de 50 coups, en a tiré 40 environ, et nous n'avons encloué nos pièces que lorsque, la nuit venant, les derniers tirailleurs français se trouvaient derrière nous.

J'ai été satisfait de mes hommes : tous ont montré du courage, du sang-froid et de l'énergie.   .   .   .   .   .

Je suis, etc.

> *Le lieutenant de vaisseau, commandant la*
> *batterie de Chevilly,*
>
> *Signé* : GAMBAR.

TABLEAU GÉNÉRAL DES BATTERIES DE LA MARINE A ORLÉANS.

Nos D'ORDRE.	GROUPES.	DÉSIGNATION DES DIVERSES BATTERIES.	ARMEMENT. CANONS de 16 cent.	ARMEMENT. OBUSIERS de 30 cent.	OFFICIERS.	ÉTAT DE LA BATTERIE.	OBSERVATIONS DIVERSES.
No 5...	Première ligne de défense commandée par M. COSMAO-DU-MANOIR, capitaine de frégate.	Batterie de la Madeleine, au faubourg de la Madeleine.	6	»	MM. DEVOT, lieutenant de vaisseau.	Armée, 80 coups par pièce.	ÉTAT-MAJOR. MM. HUGOUT, capitaine de vaisseau, commandant supérieur.
No 1...		Batterie de Saint-Jean, au faubourg Saint-Jean. . .	8 no 2.	»	TABARCAN, lieutenant de vaisseau.	Armée, 60 coups par pièce.	PIERRE, capitaine de frégate, chef d'état-major.
No 2...		Batterie du bois des Acacias, au bois des Acacias. . . .	2 b.	8	BELLOT, lieutenant de vaisseau.	Id.	DE PAYAN, lieutenant de vaisseau, aide de camp.
No 3...		Batterie du Mont-Beidet, au bout de la rue Verte. . .	8	»	CARREY, lieutenant de vaisseau.	Id.	LEROUX, aide-commissaire.
No 4...		Batterie du Champ-Chardon, au faubourg Saint-Marc. .	6 b. no 1.	»	PILLOT, enseigne de vaisseau.	Id.	DE FORNEL, médecin de 2e cl.
Nos 11 et 11 bis.	Deuxième ligne de défense.	Batterie de Saint-Jean de la Ruelle, à Saint-Jean de la Ruelle.	8 cul.	»	. . . .	Terrassements terminés.	SERVICES DIVERS. HUGON, colonel d'artil. (parc). MENEUC, capit. d'artil. (parc). DUPUY, ingén. en chef des ponts. BAZINE, ingénieur des ponts.
No 12.		Batterie des Murlins ou de la Bascule, au hameau des Murlins.	8 b.	»	. . . .	Plates-formes non faites.	Total des pièces en batterie : Canons de 14 cent. . 50) 58 Obusiers de 30 cent. 8 }
No 13.	Non armée.	Batterie de Bignon en coin rond, au hameau de Bignon, faub. Saint-Vincent.	8 cul.	2	. . . .	Terrassements et plates-formes terminés. Pas de can.	Total des pièces restées sur trucs : Canons de 14 cent. . 24) 26 Obusiers de 30 cent. 2 }
No 14.		Batterie de Saint-Loup, sur la rive droite de la Loire.	4 b. no 1.	»	ROQUEBERT, enseigne de vaisseau.	Armée, 50 coups par pièce.	Ces pièces ont été réexpédiées à Tours avec les munitions non déchargées, dans la nuit du 3 décembre.
No 21₁.	Batteries isolées.	Batterie de Gidy, près de Cercottes.	8	»	BILLARD, lt de vais. FIESCHI, enseigne. GAMBAR, lt de vais.	Armée, 150 coups par pièce.	
No 22.		Batterie de Chevilly. . . .	8	»	BECK, enseigne. LEROUX, 1er maître.	Id.	Nota. Chaque pièce était approvisionnée à raison de 200 coups, en comprenant les munitions des wagons amenés sur la voie par la batterie des Acacios.
		Quatre canots à vapeur attendant les canonnières de Nantes, mises sous le commandement de M. le capitaine de vaisseau PROUHET.	1 c. de 12.	»			

Embarquement en chemin de fer du 15ᵉ corps pour rejoindre l'armée de l'Est, par M. de Freycinet.

Voici un spécimen d'embarquement de troupes en chemin de fer, qui peut donner au public une juste idée de la manière dont la délégation à la guerre comprenait et ordonnait ce genre d'opérations.

Le 15ᵉ corps est établi à Vierzon, occupant la forêt et couvrant Vierzon, Mehun et Bourges.

Le 1ᵉʳ janvier 1871, à deux heures, le ministre adresse la dépêche n° 785, ordonnant que tout l'embarquement s'effectue à Vierzon.

Guerre à général Martineau des Chenetz, commandant le 15ᵉ corps.

N° 785.　　　« 1ᵉʳ janvier, 11 h. 25 m., reçue à 1 h. 35 m.
　　　　　　Pour Vierzon, de Bordeaux.

» Faites tous vos préparatifs en vue de partir avec tout votre corps après-demain, 3 courant. L'embarquement aura lieu à Vierzon : tout le transport s'effectuera par chemin de fer. Le premier train aura lieu le 3 à six heures du matin. Les transports, le 4 au soir. Préparez d'avance tous vos ordres d'embarquement; concertez-vous avec la compagnie d'Orléans qui est prévenue. Accusez réception.

» DE FREYCINET. »

D'après les termes de cette dépêche, des transports doivent partir le 4. Le 3, les troupes doivent toutes être embarquées.

Le 15ᵉ corps avait en ce moment un effectif de 43,000 hommes et 7,000 chevaux.

Le convoi se composait de 1,000 voitures et d'environ 1,500 chevaux.

Il y avait donc impossibilité matérielle d'effectuer cet embarquement.

Une première dépêche est envoyée au ministre pour faire connaître que la gare de Vierzon ne renferme, au moment où la dépêche est reçue, que quelques voitures et pas une seule plate-forme. En outre, l'impossibilité signalée ci-dessus est indiquée.

A minuit, réception de la dépêche n° 7367, suivante :

Guerre à général commandant 15ᵉ corps d'armée à Vierzon, faire suivre; et à M. de La Taille, inspecteur des chemins de fer, Bourges.

N° 7367.   « 1ᵉʳ janvier, à 4 h. 10 m. soir. Pour Vierzon
de Bordeaux, reçue à minuit 7 m.

« Je vous ai passé une dépêche ce matin, pour vous prier de faire tous vos préparatifs afin d'embarquer votre corps d'armée et tout son matériel sur le chemin de fer de Vierzon à Dijon. Je vous confirme pour plus de sûreté : le premier train devra partir de Vierzon mardi matin à six heures précises; les autres trains partiront tous de la même gare et devront suivre à brefs intervalles et de manière à ce que la totalité de votre corps d'armée, y compris l'artillerie et les convois d'intendance, ait quitté Vierzon le lendemain soir mercredi. C'est à vous de régler l'ordre des départs, tant pour le matériel que pour les différents corps de troupes, de façon à ce que tout se passe avec le plus grand ordre et qu'il n'y ait aucun encombrement ni embarras au départ.

» Je vous engage à conférer avec M. l'inspecteur de La Taille, agent très-distingué de la compagnie d'Orléans, qui pourra vous donner de très-utiles indications pour régler les départs et les ordres à donner aux troupes. Je vous engage à le télégraphier à Bourges, pour qu'il vienne vous voir à Vierzon. Je ne doute pas qu'il ne se rende à Vierzon avec empressement à votre appel. Accusez réception de la présente.

» De Freycinet. »

Cette dépêche est formelle : elle ordonne que toutes les troupes, l'artillerie avec son matériel et les convois de l'intendance, aient quitté Vierzon le 4 au soir.

Nouvelle dépêche au ministre pour faire connaître, de nouveau, l'impossibilité matérielle d'exécuter, en quarante-huit heures, un transport aussi considérable.

Réponse du ministre :

Guerre à général commandant le 15ᵉ corps, Vierzon.

EXTRÊME URGENCE.

Nº 7393.   « 1ᵉʳ janvier, 11 h. 45 m. soir. Pour Vierzon,
de Bordeaux, reçue le 2 janvier, 6 h. matin.

» Votre corps n'a que 32,000 hommes, comme vous-même me l'avez dit. Il ne faut pas plus de deux jours pour l'expédier. La gare de Vierzon est telle qu'elle était quand nous y avons expédié votre même corps, alors beaucoup plus nombreux, fin octobre, et tout s'est très-bien passé et très-vite. Je maintiens donc l'embarquement à Vierzon.

» La seule modification que je concède, à raison des

risques militaires que vous invoquez et que je ne puis
apprécier d'ici, c'est de faire embarquer la dernière division à Bourges, au lieu de Vierzon. Quant aux convois, que la compagnie, dites-vous, ne compte pas embarquer, j'ignore ce que vous voulez dire.

» La compagnie embarquera ces convois comme tout
le reste, vous le lui confirmerez de ma part.

» En résumé, je vous prie de bien vous pénétrer de
ma pensée et de vous concerter avec M. l'inspecteur de
La Taille, qui saura, n'en doutez pas, réaliser le transport que j'ordonne, à savoir : expédition de tout le 15ᵉ
corps avec tout son matériel et ses accessoires, à partir
de mardi six heures, et dans les quarante-huit heures
qui suivront, deux divisions s'embarquant à Vierzon et
la dernière à Bourges, si vous le jugez utile.

» Je compte sur votre bon esprit et sur les talents de
M. l'inspecteur de La Taille, pour atteindre exactement
le but.

» DE FREYCINET. »

Le chiffre de 32,000 hommes indiqué par M. le délégué
est celui des troupes d'*infanterie*, quelques jours auparavant; depuis cette époque, des renforts sont arrivés et
beaucoup de traînards ont rejoint. Il y a en outre la cavalerie, l'artillerie et le génie, plus les francs-tireurs, ce
qui donne un total de plus de 43,000 soldats.

Tout ce qui est relatif au transport antérieur du
15ᵉ corps est complétement inexact.

La portion de la dépêche relative aux convois fait voir
d'une manière bien certaine que le délégué à la guerre ne
se représente pas du tout ce qu'est un convoi de corps d'armée. Il appelle un accessoire 1,000 voitures et 1,500 che-

vaux, et persiste à ordonner l'embarquement des troupes et du convoi dans les quarante-huit heures. (Or, pour embarquer le convoi seul, M. l'inspecteur de La Taille demandait dix jours, et ne croyait pas même pouvoir réunir le nombre de plates-formes nécessaire dans ce temps.)

Ce qu'il concède seulement, c'est que la division qui couvrira le mouvement d'embarquement qui s'opère en présence d'un ennemi nombreux, et dont les coureurs s'avancent jusqu'à Salbris, se retire ensuite jusqu'à Bourges et s'y embarque à la suite du corps d'armée. Il a fallu lui faire comprendre le danger qui serait résulté, pour les dernières troupes à embarquer, de la proximité d'un ennemi audacieux, pour qu'il modifie son premier ordre, et encore il ne paraît pas bien comprendre la nécessité de cette mesure de prudence.

Le 2 janvier, M. le délégué écrit encore :

Guerre à général commandant 15ᵉ corps et de La Taille, inspecteur chemins de fer, Vierzon.

Nᵒ 7537.   « Bordeaux, 2 janvier, 2 h. 50 m. soir, reçue
                      à 4 h. soir.

» Vous donnerez les ordres les plus sévères à tous vos chefs de corps, pour que l'embarquement de la cavalerie et de l'infanterie se fasse avec une extrême rapidité; pour l'infanterie surtout. Cela se passe souvent fort mal ; l'embarquement de certains trains de troupes prend quelquefois près d'une heure, tandis que bien conduit, il peut se faire en quinze ou vingt minutes. Il faut que les officiers surveillent leurs hommes, et avertissez-les qu'ils

seront personnellement responsables des retards au départ.

» Maintenez en permanence aux gares d'embarquement un peloton de gendarmerie, et qu'on sévisse inexo-
rablement contre tous les militaires qui n'obéiront pas
immédiatement. Accusez réception.

» DE FREYCINET. »

Cette dépêche indique l'ignorance absolue du temps
nécessaire à une troupe pourvue de ses transports régimentaires, qui doivent marcher à sa suite, pour embarquer en chemin de fer.

Le délégué indique quinze à vingt minutes. Il a fallu
plus d'une heure pour chaque train, en raison du mauvais aménagement de la gare de Vierzon, dans laquelle
cependant le génie a fait de grands travaux. Un train
prêt à être expédié ne pouvait souvent partir à cause de
l'encombrement des voies, le matériel nécessaire arrivant à chaque instant dans la gare, qui manquait de
voies de garage suffisantes.

A la dépêche indiquant l'impossibilité de transporter
le convoi et la troupe en quarante-huit heures, le délégué répond par la dépêche suivante, dont le lecteur
appréciera la bonne foi :

*Guerre à général commandant 15ᵉ corps et M. de La
Taille, inspecteur, Vierzon.*

Nº 7556.   « Bordeaux, 4 h. 15 m. soir, reçue à 5 h.
                40 soir.

« M. l'inspecteur de La Taille objectant la difficulté
de transporter dans le délai fixé les mille voitures d'é-

28.

quipage du 15ᵉ corps, je réponds ceci : Je n'ai pas entendu que la compagnie transporterait ces voitures concurremment avec le corps d'armée lui-même ; elle les
transportera après, ou du moins elle en transportera ce
qu'elle pourra dans les quarante-huit heures qui suivront le transport du corps d'armée proprement dit.
Elle me fera connaître à Bordeaux le chiffre des voitures
qui devront être transportées dans le susdit délai de
quarante-huit heures, afin que je m'occupe de vous reconstituer un train auxiliaire à Besançon.

» DE FREYCINET. »

Il suffit de la comparer avec la dépêche nº 1 et surtout avec la dépêche nº 2, prescrivant que la totalité du
corps d'armée, l'artillerie et les convois de l'intendance,
aient quitté Vierzon le second jour de l'embarquement,
pour en être convaincu. Cette dépêche tend évidemment à établir, à propos du chiffre de quarante-huit
heures, une confusion dont personne n'est dupe. Le
délégué du ministre n'a pas voulu avouer son ignorance de la matière, et retombe dans une autre erreur,
en parlant d'un convoi à reconstituer à Besançon. L'é-
vénement a prouvé que la reconstitution du convoi dans
cette région était une opération des plus difficiles.
Si le convoi du 15ᵉ corps, mis en marche par les
routes ordinaires, n'était pas arrivé à peu près en même
temps que le corps marchant en chemin de fer, il aurait
été difficile de le ravitailler.

En résumé, il a été de la plus complète impossibilité
d'exécuter les ordres du ministère.

L'embarquement a dû avoir lieu dans trois gares simultanément, Vierzon, Mehun et Bourges. Il a été exécuté avec la plus grande rapidité et a demandé, en y
comprenant le parc de réserve et un certain nombre de
voitures du convoi, *neuf* jours.

La troupe a été embarquée en quatre jours.

La durée du trajet devait être de trente et quelques
heures.

Les corps, qui ont passé le moins de temps en chemin de fer y sont restés quatre jours ; la plupart y ont
passé huit jours. Certains sont restés en wagons douze
jours.

Le général commandant le 15e corps a demandé à
faire débarquer en route tous les corps qui ne pouvaient
pas avancer.

Les retards provenaient de ce que la gare de Clerval,
indiquée comme point de débarquement, est des plus
mal disposées. Pendant le temps que l'on employait à
débarquer un train, il en arrivait trois et quatre à la
suite les uns des autres. Il y eut alors nécessité d'arrêter
sur les voies une série de trains dont le chiffre est
monté jusqu'à vingt-cinq. Ces convois sont quelquefois
restés vingt ou trente heures à la même place sans dé-
marrer, par douze degrés de froid et une neige abon-
dante. Un grand nombre de chevaux sont morts. Les
hommes étaient sans vivres, n'en ayant au départ que
pour trois jours, et il y avait impossibilité sur certains
points de leur en procurer.

Ce mouvement a été désastreux.

FIN.

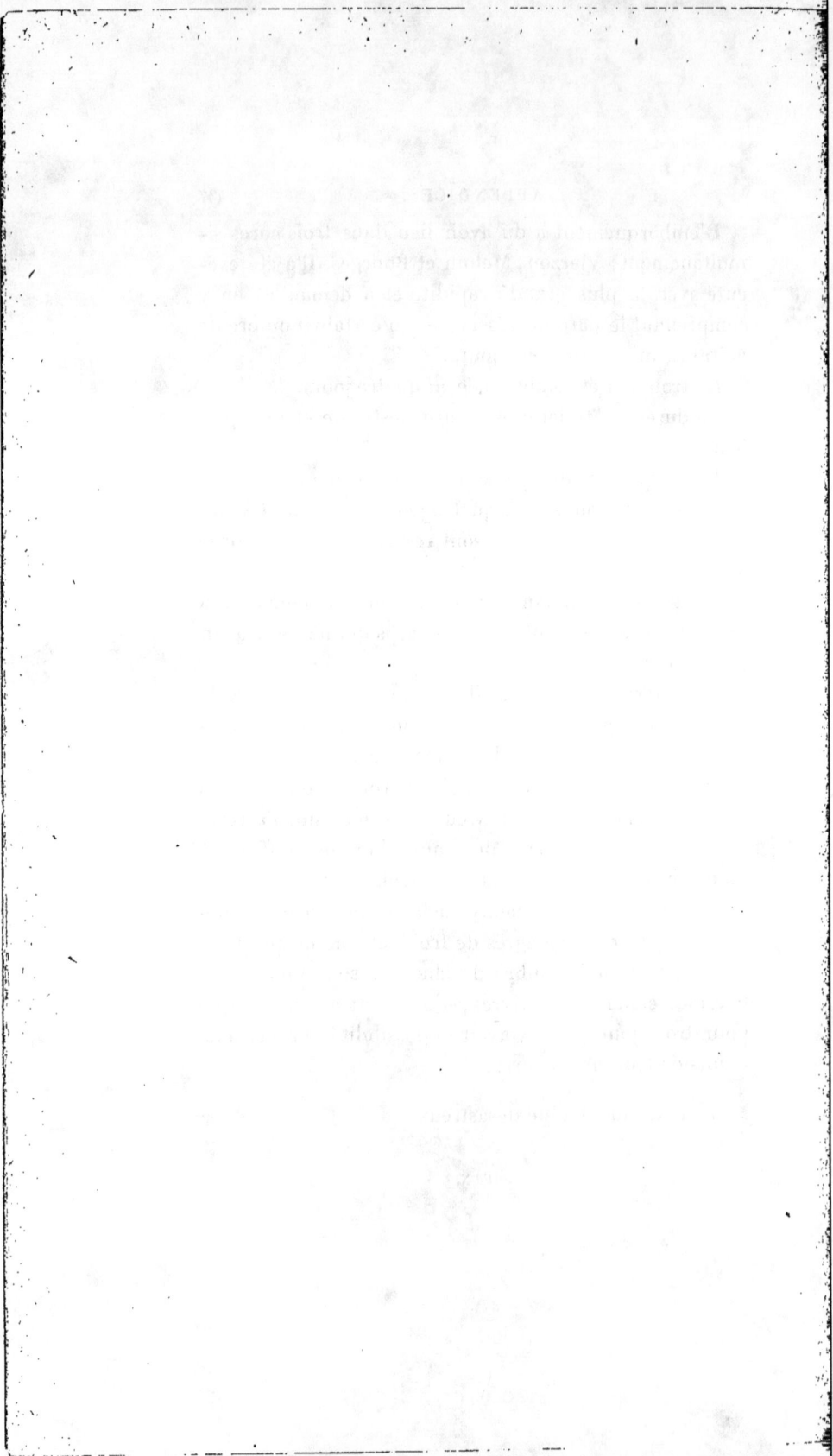

TABLE DES MATIÈRES.

CHAPITRE TROISIÈME.

CHAPITRE QUATRIÈME.

CHAPITRE CINQUIÈME.

CHAPITRE SIXIÈME.

CARTE GÉNÉRALE DES OPÉRATIONS DU XVe CORPS AUTOUR D'ORLÉANS.

Carte Nº1.

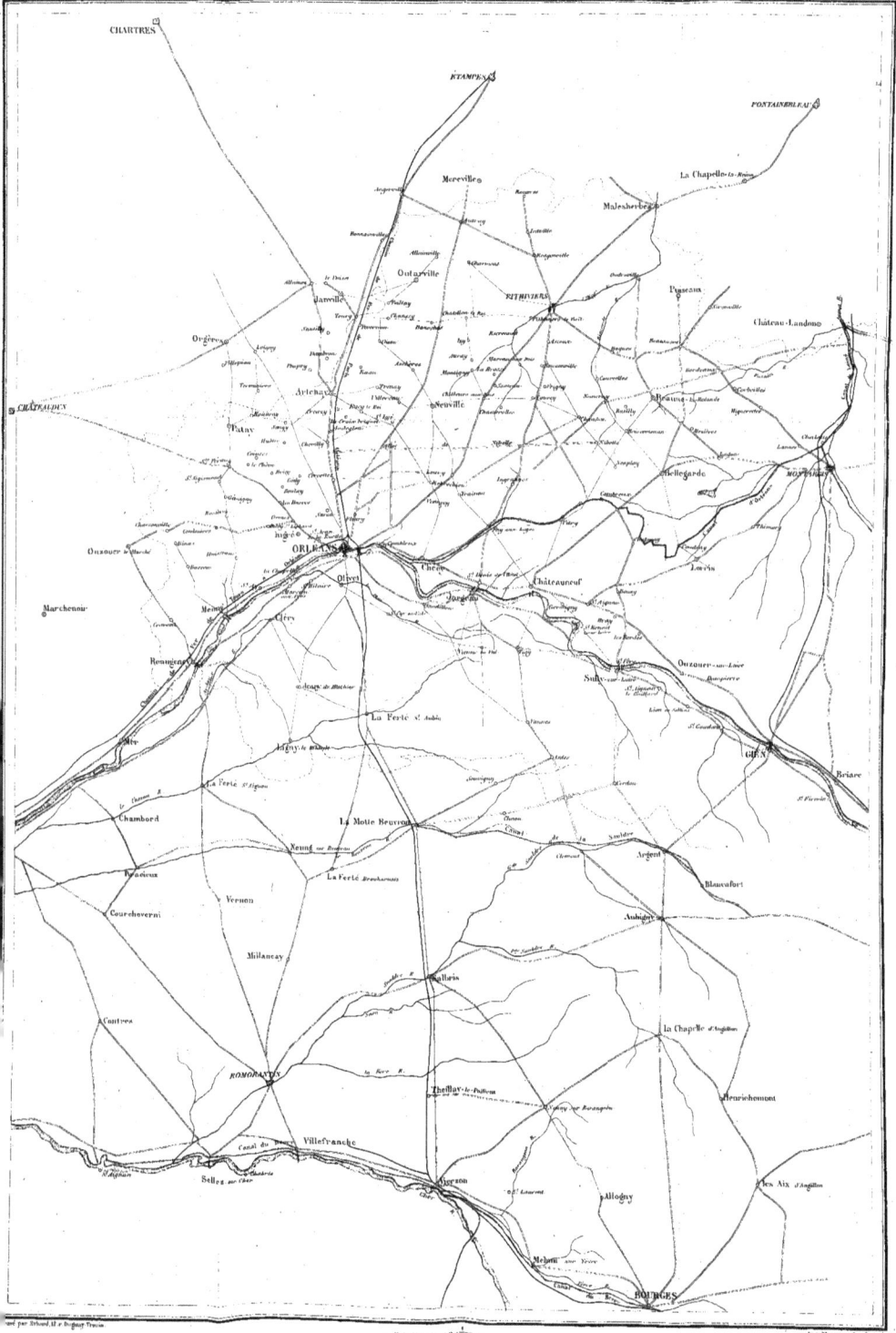

Echelle de (350000)

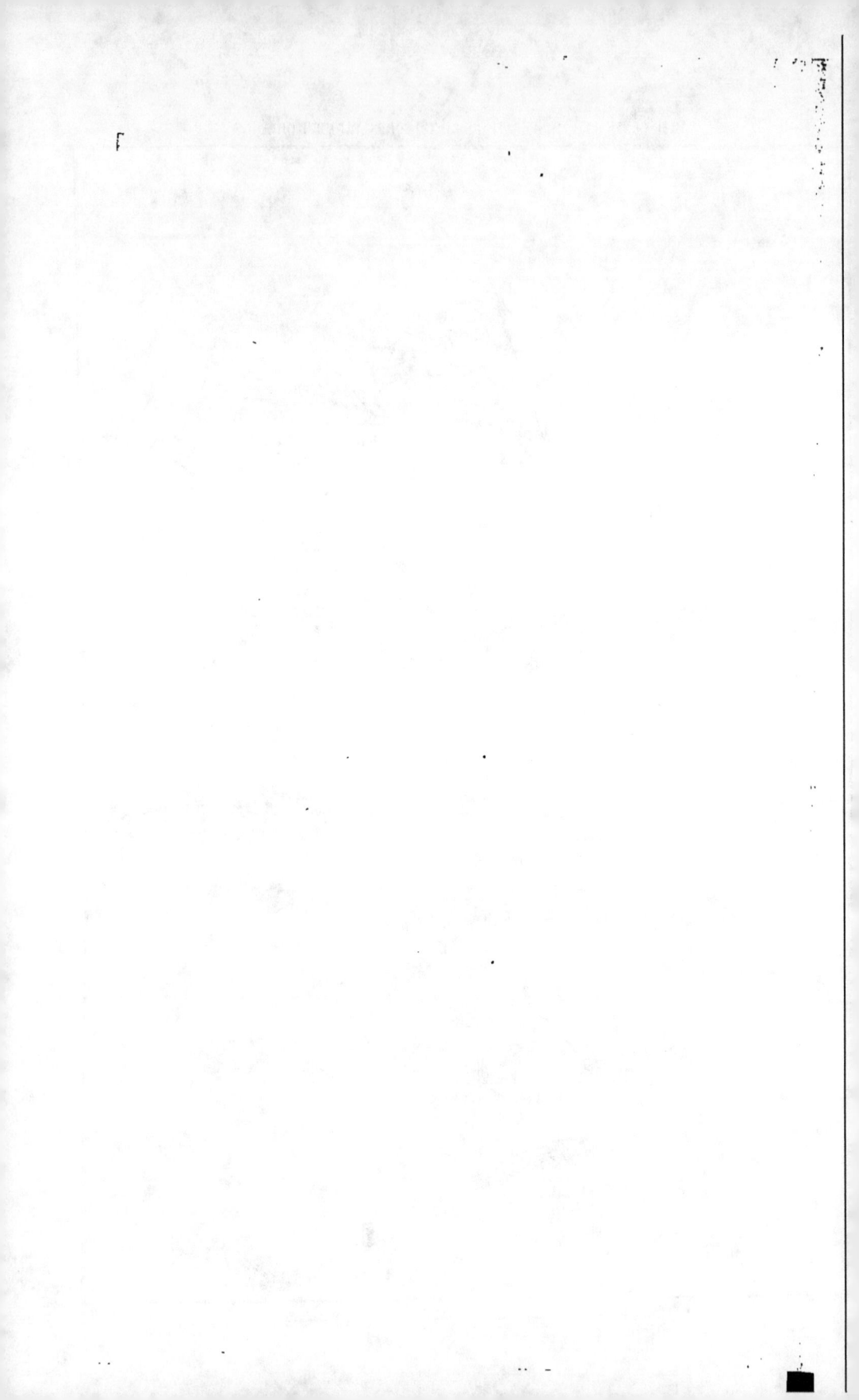

CROQUIS DU COMBAT DE CHILLEURS-AUX-BOIS. 3 Xbre 1870.

Carte Nº 2.

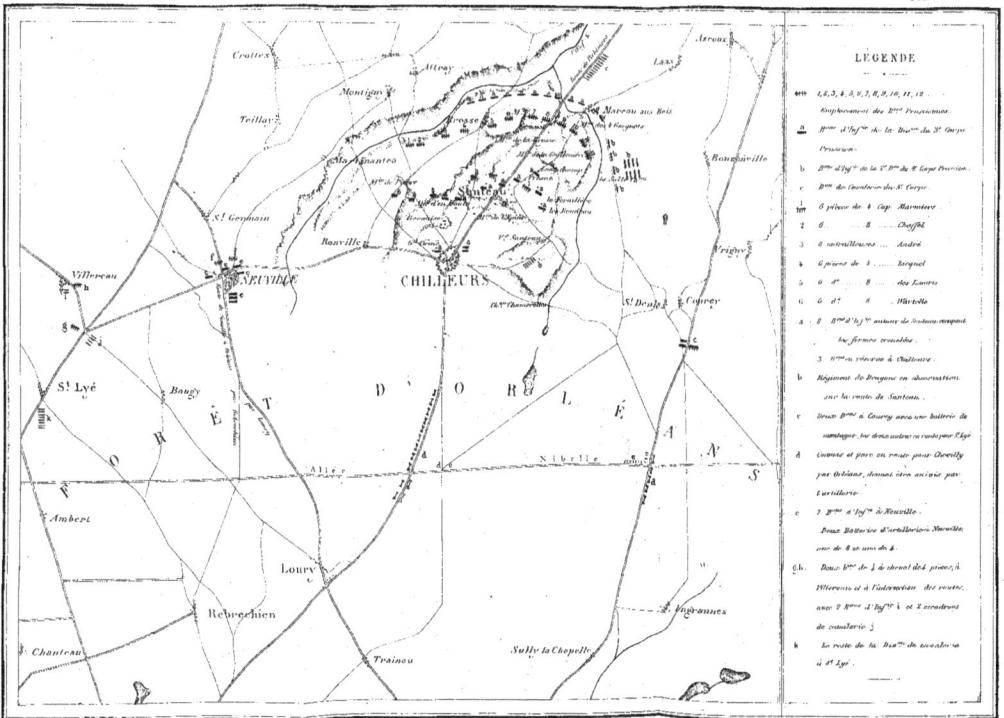

LÉGENDE

Echelle à 80000

CARTE DE LA DÉFENSE D'ORLÉANS.

Carte Nº 3.

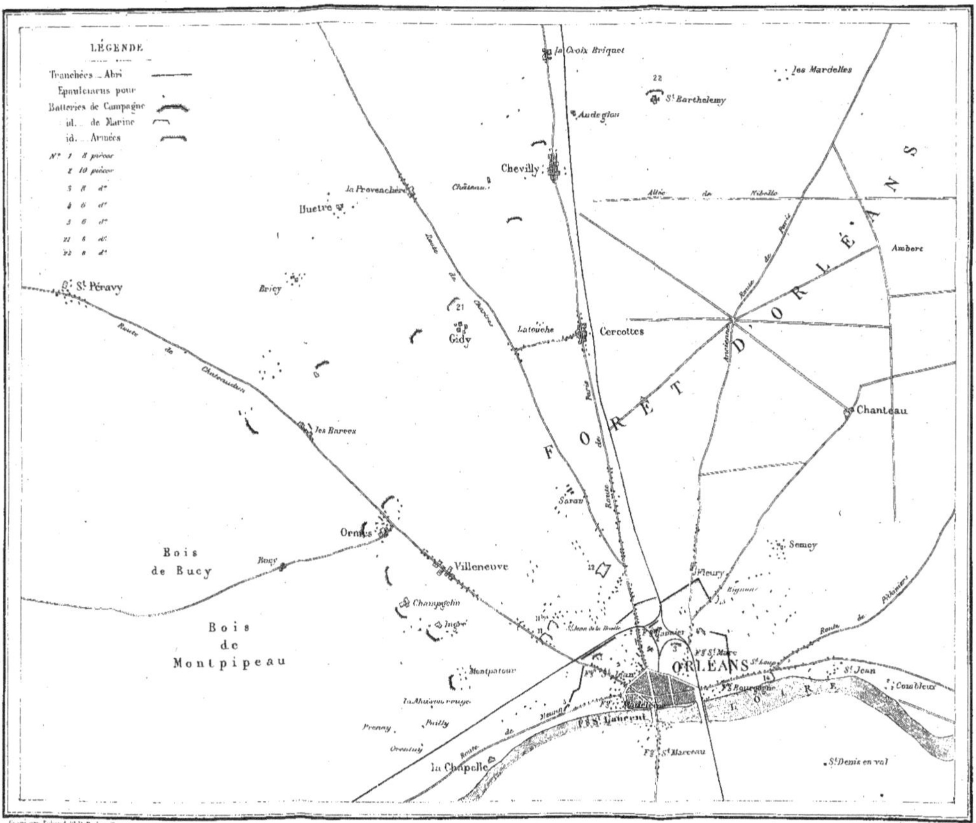

LÉGENDE

Tranchées – Abri
Épaulements pour
Batteries de Campagne
  id.   de Marine
  id.   Armées

Nº 1   8 pièces
   2 10 pièces
   3   8 dº
   4   6 dº
   5   6 dº
   11 6 dº
   22 6 dº

les Mardelles

la Croix Briquet

St Barthélemy

Aude glau

Chevilly

la Provanchère

Château

Huetre

Allée   de   Nibelle

FORÊT D'ORLÉANS

Ambere

St Péravy

Bricy

Gidy

Latouche

Cercottes

Chanteau

les Barres

Saran

Semoy

Bois
de Bucy

Ormes

Bas

Villeneuve

Fleury

Champgobin

Bois
de
Montpipeau

Ingré

Montpatour

Usine de la Route

Moulins

FB St Marc

ORLÉANS

St Jean

Coinblout

La Maison rouge

St Laurent

Bourgogne

Prenny

Pailly

Oroutier

la Chapelle

FB St Marceau

St Denis en val

Échelle à 0,00005

0   1   2   3   4   5   6   7   8 Kil.